아픔공부

아픔공부

초판 1쇄 발행 2016년 11월 1일

지은이 이은대
펴낸이 오형선

펴낸곳 생각수레
출판등록 2009년 5월 1일 제25100-2009-000027
주소 세종특별자치시 만남로 92
전화 070-8277-4048
팩스 02-6280-2964
전자우편 sunnbooks@naver.com
홈페이지 www.sunnbooks.com

생각수레 는 **썬앤북스** 의 실용서를 전문으로 출판하는 브랜드입니다.
이 책은 저작권법에 따라 보호받는 저작물이므로 무단전재와 무단복제를 금지하며, 이 책 내용의 전부 또는 일부를 이용하려면 반드시 저작권자와 썬앤북스의 서면동의를 받아야 합니다.

＊책값은 뒤표지에 있습니다.   ＊잘못된 책은 구입하신 곳에서 바꿔드립니다.

썬앤북스(Sun&Books)는 독자 여러분의 책에 관한 아이디어와 원고 투고를 기다립니다. 책으로 엮기를 원하는 기획안이나 원고가 있으신 분은 이메일 sunnbooks@naver.com으로 간단한 개요와 취지, 연락처를 보내주세요. 저희의 문은 언제나 열려있습니다. 감사합니다.

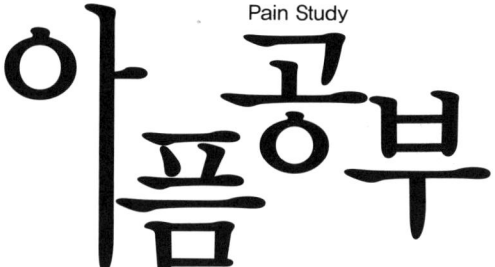

아픔공부

이은대 지음

생각수레

차례 아픔공부

프롤로그 • 8

1장 아픔에 익숙해져버린 삶
• 17

한때는 나도 미쳐 있었다
받아들이기 힘든 현실
차가운 세상
긍정? 웃기지 마!
삶을 포기하다
실패의 눈물은 가식이다
글쓰기를 시작하다

2장 아픔도 공부해야 한다

나를 찾는 것이 먼저다
과거를 내려놓으면 현재가 가득 찬다
상처 하나 없는 사람도 있을까
우리가 가진 최고의 힘
상처를 덧나게 하지 말자
된장을 바르면 낫는다
두려움은 최대의 적이다
반드시 넘어져야 한다

3장 아프지도 말고, 미치지도 마라

꿈은 찾는 것이 아니라 다가오는 것이다
일찍 일어나는 새가 총에 맞는다
정해진 길은 없다

절박하면 하게 된다
성공보다 성장하라
능력보다는 자신감이다
포기만 하지마라
스펙은 없다
아픈 것도 습관이다

4장 매 순간 행복할 권리

생각대로 만들어지는 삶
누구를 위한 삶인가
즐거운 인생 만들기
목표란 무엇인가
나는 백조다
실패해도 괜찮다 – 정말 괜찮다!
불평하고 화 내면 나만 손해다
더 격렬하게 아무것도 안하고 싶다

5장 아픈세상, 그 너머를 보라

• 261

왜 자꾸만 나를 바꾸라고 하는 거지?
경험은 무엇보다 소중한 가치다
아프거나 미친 사람들을 위해
나를 유행시키자
꼭 무엇을 이루어야만 성공한 인생은 아니다
달력도 못 받는 인생
그럼에도 불구하고 내 길을 간다

마치는 글 • 315

■ 프롤로그

언제부턴가 세상은 우리에게 이렇게 말하고 있다.

- 살면서 뭔가를 이뤄내기 위해서는 반쯤 정신이 나가야 한다.
- 그런 과정에서 아픔은 필연적일 수밖에 없으니 묵묵히 인내하며 받아들이고 견뎌내야 한다.

나는 그 말을 조금도 의심하지 않았다. 그래서 지독한 아픔을 참아가며 미친 듯이 일했다.

그러나 모든 것을 잃었고 누구보다 아팠다.

전과자라는 지울 수 없는 상처를 안게 되었고, 파산이라는 치명타를 입었으며, 막노동 외에는 살아갈 방법이 없었다. 절망적인 삶을 딛고 일어나 지금은 작가와 강연가로서 새로운 삶에 다가서고 있다. 이번에는 아프지도 않았고 미치지도 않았다.

이제 세상을 향해 말하고 싶다.

"아프지도 말고, 미치지도 마라!"
우리는 행복하기 위해 태어났다는 사실을 잊어서는 안 된다.

사람들은 누구나 성공을 이루기 위해 열심히 살아가고 있다. 돈이나 권력, 명예, 혹은 안정적이면서 편안한 삶 등 바라는 바는 조금씩 다를 수 있겠지만 나름대로 삶의 목표를 정해두고 그것을 향해 시간과 노력을 아끼지 않는다. 열심히 살아야 한다는 표현이 사람들의 가슴에 그리 와 닿지 않을 정도로 흔하게 사용되면서 더 강하고 자극적인 말들이 생겨나게 되었다.

　불광불급(不狂不及), 미치지 못하면 이르지 못한다는 말이 성취를 이루고자 하는 사람들에게 유행처럼 번져나갔다. 『OOO 하려면 미쳐야 한다』, 『OO만 미쳐라』 등 많은 자기계발서의 제목들까지 시대의 흐름을 반영한 듯 경쟁적으로 '미치기'를 다루고 있다.

　한편, 살아가는 동안 마주치게 되는 실패와 좌절로 인해 상처입은 마음을 치유하기 위한 노력의 일환으로 아픔을 받아들이는 자세에 대해서도 꽤 많은 조언들이 쏟아져 나왔다. 사람들은 도전에 있어서의 실패, 인간관계에서 비롯된 상처, 자신을 잃은 마음 등 수많은 경험을 하면서 살아간다. 그 과정에서 아픔은 필연적으로 만날 수밖에 없는 것이니 그저 당연하게 받아들이라는 소리다.

물론 위에서 '미친다'라는 말은 어떤 일을 행함에 있어 오직 집중하고, 혼신의 노력을 다하라는 뜻으로 사용된 대단히 긍정적인 뜻임을 모르는 바 아니다. 또한 아픔을 지극히 당연하게 받아들이라는 소리는 받아들임으로 끝나라는 뜻이 아니라 그것을 넘어서서 극복해 내라는 뼈있는 조언이라는 것도 잘 알고 있다. 그러나 우리의 삶이란 것이 반드시 그렇게 미쳐야만 이룰 수 있는, 아파야만 성숙해질 수 있는 여행은 아니라는 것이 나의 경험이며, 이 책이 다루는 내용이다.

나는 글을 쓰는 작가이며 강연을 하기도 한다. 이미 두 권의 책을 출간한 경험도 있다. 그러나 불과 얼마 전까지만 해도 막노동이 돈벌이의 전부였다. 게다가 나는 전과자다. 세상의 뒤편에서 모진 시간을 보냈다. 경제적으로는 완벽한 파산자다. 주머니에 십 원짜리 한 장 가지고 있지 못했다. 어떻게 이런 과거를 거쳐 작가와 강연가라는 현재의 삶이 이루어졌는지 나조차도 믿어지지 않는다. 물론 끊임없는 글쓰기와 내 삶을 가장 소중하게 여기는 마음가짐이 있었기에 가능했던 일이지만, 그렇다고 해서 내가 글쓰기에 미쳐 있었던 것도 아니고 엄청난 인내로 아픔을 참아가며 글을 썼던 것도 아니다. 지난 고난의 세월을 돌이켜 보면 얼마든지 아프지 않을 수 있었을 텐데 하는 마음이 애절하다.

글을 읽는 사람들 중에서는 이미 작가가 되었으니 지나간 과거에 대해 그리 쉽게 말하는 것 아니냐고 반문하는 이가 있을지도 모르겠다. 분명히 말해두지만 나는 작가가 되긴 했어도 누구처럼 큰돈을 벌었다거나, 엄청난 명예를 갖게 된 것은 결코 아니다. 기껏해야 이제 겨우 평범한 사람들과 어깨를 나란히 할 정도가 되었을 뿐이라고 생각한다. 그럼에도 불구하고 이 글을 쓰는 가장 큰 이유는, 작가가 되겠다는 것은 절망 속에서 내가 가진 유일한 꿈이었고 그 꿈을 이루는 과정을 돌이켜보니 결코 미치거나 아플 필요가 전혀 없었다는 이야기를 하고 싶었기 때문이다.

평범하게 살아가면서 꿈을 이루기에도 쉽지 않은 세상이다. 하물며 전과자, 파산자, 막노동이라는 최악의 조건 속에서 작가가 되었다면 그 과정 속에서 뭔가 특별함을 찾을 수 있지 않겠는가. 분명 뭔가가 있었다. 하지만 그것이 미친 듯 글을 썼기 때문도 아니고, 아픔을 참는 인내 때문도 아니었다는 사실이 중요하다.

많은 성공한 사람들은 말한다. 꿈을 이루기 위해서는 목표를 세워야 하며, 실패에 굴하지 않고 끊임없이 노력해야 한다고 말이다. 그런데 그 과정이란 것이 반드시 미쳐야만 하고, 아파야만 하는 것일까? 즐겁고 행복하고 유쾌하게 살면서 꿈을 이루는 방법은 절대로 없는 것일까?

나는 살면서 미쳐도 보았고, 아파도 보았다. 너무 많이 미치고, 너무 많이 아팠다. 그런데 모든 것을 잃었다. 내가 모은 전 재산과 사십 년이 넘도록 쌓아온 이름과 주변 사람들까지, 어느 하나도 남아 있는 것이 없었다. 세상 누군가 나와 같은 경험을 하게 될지도 모른다는 생각이 들었다. 만약 가능하다면, 그들에게 전하고 싶었다. 꼭 그렇게 미치지 않아도, 아파하지 않아도 얼마든지 멋진 인생을 살아갈 수 있다고 말이다.

나는 김난도 교수의 『아프니까 청춘이다』라는 책을 좋아하며, 즐겨 읽는다. 어쩌면 그렇게 이 시대의 청춘들이 가진 고민과 방황을 따뜻하게 위로해줄 수 있을까 싶은 마음에 글을 쓰는 작가로서 늘 배우고 싶다는 마음을 잊지 않는다. 하지만 오직 하나, 그 책의 제목만큼은 받아들이기가 힘들다. 아프니까 청춘이란 말은 청춘들이 겪고 있는 고민과 방황, 그들의 아픔은 당연한 것이니 너무 걱정하지 말고 앞으로 나아가란 뜻을 담고 있는 듯하다. 그럼 나이 사십이 다 되어 한치 앞도 보이지 않을 만큼 아팠던 나의 중년은 무엇이란 말인가.

비단 청춘들뿐만 아니라, 나이와 관계없이 우리는 모두 아프지 않을 수 있다. 아픔은 느낄수록 더 아파진다. 지독한 경험을 통해 알 수 있었다. 아픔이란 나 스스로 만들어낸 '아프기 위한 아픔'일지도 모른다는 생각을 하기에 이른 것이다.

사람이 살아가는 인생에는 정해진 길이 없다. 미치도록 도전하고, 아픔에 굴하지 않는 정신으로 살아가는 인생도 더할 나위 없이 훌륭하다. 그러나 그것은 그들의 삶이다. 그들과 다른 삶이라 해서 부족하고, 뒤떨어진 삶이라고 누가 감히 말할 수 있는가.

혹시 미치지 못해서, 너무 아파서 그만 포기하고 싶은 사람들이 있다면 이 책을 통해 우리들만의 삶이 따로 있다는 생각에 공감을 느낄 수 있었으면 좋겠다. 세상은 아직 미치지 않은 사람들이 더 많으니까 말이다.

아픔공부
Pain Study

P

1장

Pain Study

아픔에 익숙해져버린 삶

세상 앞에 무릎을 꿇고 말았던 그때, 한이 서리도록 내 가슴을 찢어놓았던 생각이 하나 있다. '그토록 열심히 살았건만 어떻게 세상이 나한테 이럴 수가 있을까!' 주체할 수 없을 정도로 무너지고 쓰러지면서 더 이상 버틸 만한 힘을 전혀 갖지 못했던 것은 어쩌면 삶에 대한 배신감과 허무함이 너무 컸기 때문일지도 모르겠다. 그때까지만 해도 나는 여전히 믿고 있었다. 열심히 살기만 하면, 일에 미쳐 살기만 하면 아무리 거센 비바람에도 흔들리지 않는 인생이 만들어지는 줄로만 알았다.

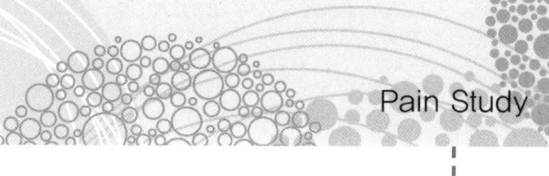

Pain Study

아픔을 참아가며 미친 듯이 살았더니

| 한때는 나도 미쳐 있었다.

누군가를 사랑하게 되었을 때 우리는 그 대상에게 푹 빠져 버린다. 아침에 눈을 뜨면 그대가 생각나고, 밥 먹다가도 슬며시 입가에 미소가 지어지며, 온 세상이 나의 사랑을 축복해 주는 듯하고, 어딜 가나 그대와 함께라면이란 생각을 하게 된다. 눈을 감고 있어도 그대의 모습이 선명하고, 함께 있어도 보고 싶은 마음이 간절하다. 이렇게 누군가에게 미쳐버리는 것이 사랑이다. 그래서 사랑은 모질고 험한 세상을 살아가는 데 큰 힘과 위로가 되어주고, 내 인생의 등불이 되어

준다. 이렇게 미치는 것이라면 언제든 두 팔 벌려 환영이다.

하지만 모든 일이 사랑과 같지는 않다. 일을 하면서 혹은 공부를 하면서 우리는 미치도록 열심히 해야 한다는 강박감에 사로잡혀 있다. 훌륭한 성과를 내게 되면 지난 시절의 혹독했던 과정을 모두 잊을 수 있을 거라는 기대 때문에 오늘의 고통을 참고 견뎌낸다. 어찌 보면 정말 위대한 인생인 듯싶다. 우리는 과정보다 결과에서 행복을 찾으려는 성향이 강하다. 많은 성공철학에서 말하듯 고통과 시련을 참고 견뎌낸 후 위대한 성취를 이루게 되면 땀과 노력의 세월을 얼마든지 보상받을 수 있다고 생각한다. 5년, 10년, 아니 그보다 훨씬 오랜 세월 동안 인고의 시간을 보내며 언젠가 빛을 볼 날만을 기대하고 살아간다. 미래를 위해 현재를 희생하는 삶이다.

꿈을 이루기 위해 시련의 세월을 인내하며 끝까지 도전하고 결국 성취에 이르는 삶을 두고 다소 부정적인 이야기를 꺼내려는 것 아닌가 하며 의구심을 갖는 사람들이 있을지 모르겠다. 나는 성공의 공식을 근본적으로 부정하려는 것이 아니다. 노력과 인내가 위대한 성취를 이룬다는 말은 절대로 틀린 말이 아니다. 중요한 것은 그 과정이 왜 꼭 고통과 시련의 시간일 수밖에 없는가 하는 것이다.

나는 대학을 졸업하고 군에 다녀온 직후 대기업에 입사했다. 처음에는 지방에서 1년간 근무를 했다. 함께 입사한 동기들 중에는 처음부터 본사로 발령을 받은 이들도 있었는데, 나는 내심 그들이 부러웠다. 아무래도 서울 중심가에 우뚝 서 있는 화려한 빌딩으로 출근하는 것이 대기업에 다니는 회사원의 그럴 듯한 모습이 아닐까 싶었기 때문이다. 그래서 본사에 들어가는 것을 입사 후 첫 번째 나의 목표로 삼았다.

나는 처음부터 미친 듯이 일했다. 새벽 다섯 시에 일어나 출근하면 회사에 도착하는 시간이 여섯 시쯤 되었고, 퇴근은 매일 밤 열 시가 넘었다. 아침에 사무실 문을 열었고, 퇴근하면서 출입문을 단속하는 것도 내 몫이었다. 누가 시킨 적도 없었고, 회사의 방침이 그런 것도 아니었다. 당연히 일도 열심히 했다. 그때 상사였던 분의 말이 기억난다. "회사 일은 자네 혼자 다 하는 것처럼 보인다." 다소 비꼬는 말이었던 것인지는 모르겠지만 아무튼 그때의 나는 상사의 말을 대단히 기분 좋게 받아들였다. 몸과 마음이 지칠 대로 지쳐서 더 이상은 못하겠다는 생각이 들기 시작했을 때쯤 본사로 발령이 났다. 책에서 읽은 대로 미친 듯이 노력해서 목표를 이루게 된 것이다.

확신이 들기 시작했다. 사회초년생이었던 나에게 세상은 정해진 공식대로 살아가면 되는 것이라는 자신감과 도전의식이 강하게 자리 잡게 된 계기였다. 그런데 본사에서의 근무는 나의 생각과 크게 달랐다. 우선 학벌이 문제였다. 내가 아무리 미친 듯이 일을 해도 서울대,

연세대, 고려대 출신의 동료나 후배들에게 전혀 인정받을 수가 없었다. 겉으로는 공평하게 대하는 것 같으면서도 그들만의 눈빛과 제스처를 눈치채지 못할 만큼 내가 바보는 아니었다. 우리나라 최고의 기업이라는 곳에서도 대학이라는 간판이 여전히 이렇게 깊숙하게 자리하고 있다니 놀랍기도 하고 실망스럽기도 했다. 그럼에도 불구하고 미친 듯이 일을 했지만 결국 사건은 터지고 말았다.

당시 내가 일했던 회사는 그룹의 방침으로 문을 닫게 되었고, 직원들은 모두 그룹의 계열사로 뿔뿔이 흩어지게 되었다. 나는 대부분의 직원들처럼 동일한 계열의 회사로 이동하길 간절히 바랐지만 결국 전혀 다른 계열사로 이동하라는 지시를 받았다. 내가 속한 부서에서 나 혼자만 튕겨져 나왔던 것이다. 그토록 열심히 일을 했지만 대학이라는 간판이 갖는 연대감을 이겨낼 수는 없었다.

물론 그 후에 자리를 옮긴 회사에서도 미친 듯이 일하는 건 변함이 없었다. 오히려 지방대 출신이 회사에서 성공하려면 남들보다 몇 배 더 노력하는 길밖에 없는 것이라고 스스로를 다독이며 더욱 열심히 일을 했다. 출퇴근은 물론이고 휴일도 없을 정도였다. 회사의 상사들과 동료들 사이에서 인정받기 위해 회식자리도 빠짐없이 참석했고, 다른 사람들이 꺼리는 일이라면 두 팔 걷고 나서기도 했다. 그렇다고 해서 함께 일하던 동료들로부터 재수 없다는 인상을 남겼다거나 따돌림을 당한 적은 한 번도 없었다. 지금 돌이켜 보아도 그때의 내 모습에는 한 치의 부끄러움도 없으며 후회되는 일이라고는 눈곱만치도 없다고 자부할 수 있다.

그토록 혼신을 다해 일하던 나에게 돌아온 것은 또 한 번의 발령이었다. 당시 회사 내에서 가장 열악한 환경과 저조한 실적을 보이고 있던 부서였다. 발령을 내는 인사팀에서는 나를 그곳으로 보내는 이유에 대해 온갖 달콤한 말들을 늘어놓았지만, 후에 알게 된 것은 모두가 새빨간 거짓말뿐이었다는 사실이다. 내가 아니면 누구라도 그 부서에서 일을 해야 한다는 사실에는 절대적으로 공감했다. 그러나 문제는 내가 너무 지쳐 있었다는 사실이다. 인정받고 싶다는 욕구 때문에 누구보다 열심히 일을 했지만, 그 과정은 쉬운 일이 아니었다. 가족을 내팽개치다시피 했고, 건강은 아예 챙길 엄두도 내지 못했다. 내 일이 마무리되면 다른 사람의 일까지 도와주었고, 늦은 밤까지 사무실에 혼자 남아 조금이라도 완벽하게 처리하기 위해 일에 몰두했다. 너무 힘들고 괴로웠지만, 지방대 출신이라는 약점을 극복하고 회사 내에서 인정받는 존재가 되기 위해 혼신을 다했던 것이다.

미친 듯이 일을 하면 성공에 이를 수 있다는 생각에 더 이상 아무런 믿음을 가질 수 없게 되었다. 물론 그 당시에는 이런 생각을 진지하게 할 겨를도 없었지만, 지나온 과정을 돌이켜 보면 열심히 일하는 것과 성공에 이르는 것 사이의 절대적인 인과관계가 무너지기 시작한 것이 바로 그때가 아니었나 싶다.

꿈이란 무엇인가? **살아가면서 꼭 이루고 싶은 간절한 소망이다.** 되고 싶고, 하고 싶고, 그래서 삶의 보람과 긍지를 느낄 수 있는 우리의 목표가 바로 꿈이다. 혹시 꿈이란 단어를 떠올리면 마음속이 어두워지고 불안해지거나 우울해지고 슬퍼지는가? 아마 아닐 것이다. 오히려 그런 것들과는 전혀 반대의, 밝고 희망찬, 기쁨과 환희의 느낌으로 가슴이 가득찰 것이다. 꿈이란 단어가 갖는 긍정의 기운이 그 만큼 강하다는 말이다. 그 좋은 꿈을 이루기 위한 일이니까 아무리 견디기 힘든 고통과 시련의 시간도 얼마든지 참아낼 수 있어야 한다는 말이 힘을 얻게 된 것이다.

그런데 조금은 다르게 생각해볼 필요가 있다. 꿈이란 결국 자신이 하고 싶은 일, 되고 싶은 모습을 의미한다고 볼 수 있다. 앞의 말과 연결지어 보면, "자신이 하고 싶은 일, 되고 싶은 일을 하려면 고통과 시련을 참고 견뎌내야 한다"라고 해석할 수 있다. 어찌 보면 맞는 말 같지만 여기에는 커다란 모순이 있다. 내가 하고 싶은 일을 하는데 힘들고 고통스럽다는 말은 앞뒤가 어울리지 않는다는 것이다. 하고 싶다는 말의 의미는 무조건 즐겁고 행복해야 한다는 것이 나의 지론이다. 게임을 하고 싶다는 말은 게임이 즐겁다는 말이다. 통닭을 먹고 싶다는 말은 배가 고프다는 말도 되지만 통닭을 먹으면 행복하다는 뜻도 된다. 사람이 뭔가를 '하고 싶다'라고 말할 때는 그 하고자 하는 대상이 주는 즐거움과 행복이 존재하기 때문에 욕구를 느끼게 된다고 보아야 한다.

꿈이란 반드시 성취를 해냈을 때에만 행복을 느낄 수 있는 결과론적 해석의 대상이 되어서는 절대로 안 된다. 만약 꿈이란 것을 결과에만 초점을 두고 보자면 우리 인생은 너무나 오랜 세월 불행할 수밖에 없다. 좋은 회사에 취업하는 것을 목표로 둔 젊은이들이 취업을 준비하는 과정이 온통 시련과 고통으로 가득 차 있다면 얼마나 불행한 현실인가? 요즘은 학교에 다니면서부터 취업을 준비해야 한다고 하니 아무리 빨리 취업을 한다고 해도 보통 4년에서 6년이란 시간을 취업준비에 보내야 한다는 결론인데, 취업성공이라는 반짝 성취를 위해 그 소중한 청춘의 시간 6년을 시련과 고통으로 보내야 한다는 것을 나는 도저히 받아들일 수가 없다. 대학입학이라는 성취를 위해 고등학교 3년을 고통스럽게 보내야 하고, 취업을 위해 6년 동안 시련을 맞이해야 하며, 그 후에 또 다른 목표를 향해 수 년간을 참아내야 한다면 우리 삶은 결국 짧은 행복을 위한 기나 긴 불행이라고밖에 정의내릴 수 없다는 말이다.

우리 인생은 과정의 연속이다. 결과는 짧고 과정은 길다. 과정 속에서 즐거움과 행복을 찾지 못한다면 바라는 목표를 이룬다 하더라도 큰 의미를 가질 수가 없다. 길고 긴 과정이 행복 그 자체라면 비록 꿈을 이루지 못한다 하더라도 인생의 대부분을 행복하게 보냈으니 아쉬울 것이 뭐가 있겠는가.

회사에서 열심히 일하는 그 자체에서 행복을 찾으려고 노력했다면, 부서 발령 따위는 나에게 아무런 의미가 없었을지도 모른다. 어느 곳에서 일을 하든 즐겁고 행복한 마음이 가득한데 대학이며 학벌 따위가 무슨 필요가 있겠는가.

정신없이 바쁘게 살아가고 있는 사람들이 많다. 걷는 사람보다 뛰어다니는 사람들이 훨씬 많은 것 같다. 한 번씩 떠올려본다. 저들은 과연 지금의 바쁜 생활 속에서 얼마나 즐겁고 행복함을 느끼며 살아가고 있는 것일까. 혹시 먼 훗날의 행복을 위해 지금은 그런 자신의 모습에 대한 생각조차 하지 못하고 달리고 있는 것은 아닐까.

| 받아들이기 힘든 현실

나는 두 가지의 이유 때문에 나의 실패를 최대한 간단하게 기술하고자 한다. 그 첫 번째 이유는 세상의 어떤 실패도 사소할 뿐이라고 여기게 된 삶의 철학 때문이며, 두 번째는 성공에 관한 세상의 잣대에 대해 하고 싶은 말이 훨씬 더 많기 때문이다. 그렇다고 해서 내가 겪은 실패가 다른 사람들의 그것보다 강도가 약했다는 말은 결코 아니다. 국내 굴지의 대기업에서 10년간 근무하다가 사업의 실패로 인해 하루 아침에 전과자, 파산자가 되었고, 막노동으로 생계를 유지했으며 알코올 중독에까지 이르렀으니 아마 실패의 정도로 보자면 최상위에 속하고도 남을 것이다.

지치고 힘들었던 나는 더 이상 회사에 다니고 싶은 마음이 없었다. 그렇다고 해서 당장 뭔가 새로운 일을 하려는 결심이 선 것도 아니었고, 그나마 안정적인 월급을 쉽게 포기할 수도 없었다. 몸은 출퇴근을 반복하였고 마음은 허공에 뜬 채로 살았다. 재미, 즐거움, 행복 따위는 생각조차 하지 않았다. 단지 내 머릿속에 번쩍 하고 떠오르는 일이 생긴다면, 그래서 그 일을 지금처럼 미친 듯이 해 나간다면 반드시 성공할 수 있으리라는 확신이 들었고 그렇게 되면 내 인생은 행복해지리라 의심치 않았다.

찬바람이 불던 12월의 어느 날, 지금 돌이켜보아도 충동적이란 말 외에는 적당한 단어를 찾기 힘든 중대한 결정을 내리게 된다. 회사에서 일하며 월급을 받는 것보다 내 사업을 하는 편이 훨씬 더 성공에 이르기 쉽다는 생각이 머릿속을 가득 채웠다. 만약 무슨 일을 하든 회사 일을 할 때만큼 미친 듯이 하기만 하면 최소한 망하지는 않겠지 라며 스스로를 부추겼다. 물론 당시 서점가를 휩쓸었던 '직장을 당장 때려 치우라'는 식의 책 제목들이 내 마음을 휘집었던 것도 조금은 이유가 되겠지만 아무튼 여러 가지로 흔들리고 있던 나에게 사업이라는 두 단어의 엄습은 꽤 위력적이었다. 많은 시간이 흐른 뒤에야 비로소 깨닫게 된 사실이지만, 그때의 나에게 성공이란 오직 돈뿐이었다. 회사에서는 아무리 열심히 일해도 똑같은 월급을 받는다. 하지만 사업을 하게 되면 매 순간 내가 이루는 성취에 따라 때로는 어마어마한 돈을 벌 수도 있다는 유혹이 나를 설레게 했던 것이다. 만약 직장 생활에서 충분히 만족스러운 대우를 받았더라면 월급 따위에는 전혀 신경을 쓰지 않았을지도 모른다. 그러나 세 번에 걸쳐 기대와 다른 발령과 처우를 받았을 때 이미 내 마음은 회사를 떠나 있었다. 그런 과정 속에서 오기가 생겼고, '까짓것 회사 때려치우고 너희들보다 더 많은 돈을 벌면 되는 거지 뭐!'라는 생각뿐이었다. 내 인생의 목표가 누군가로부터 인정받고 능력의 한계에 도전하는 이상(理想)에서 돈이라는 물질로 변해가는 순간이었다.

결론부터 말하자면 나는 사업을 시작한 지 6개월 만에 처절하게 망했다. 사람이 망해도 어찌 그리 완벽하게 망할 수 있느냐 할 정도로 부서지고 말았다. 가진 돈을 몽땅 날린 것은 물론이며, 여기저기서 대출받은 돈을 감당하기 위해 오랜 시간 동안 돌려막기를 해야만 했다. 그 과정에서 불어난 빚은 실로 어마어마했으며 내 힘으로는 도저히 어찌할 도리가 없을 만큼 거대해지고 나서야 제정신이 들었다. '사업에 실패했다'라는 말과 '사업에 실패하여 빚더미에 앉게 되었다'라는 말은 차원이 다르다. 누군가 나에게 사업에 실패했다는 말을 하면 가장 먼저 물어보게 된다. "빚은 얼마나 돼?" 만약 빚은 없다거나 충분히 감당할 정도라고 대답하는 사람에게는 더 이상 실패에 대해 논하지 않는다. 누구나 자신의 실패가 가장 아픈 법이지만, 그만큼 내가 빚 때문에 겪은 고통이 크기 때문이다.

결국 채권자들 중 몇 명이 법적인 조치를 취하게 되었고 나는 인생의 중반에 세상의 뒤편으로 보내지고 말았다. 물론 그 과정에서 내 모든 채무를 감당할 길이 없어서 파산신청까지 했던 것이다.

충격적인 사실은, 감옥에 가게 되었다는 것과 파산에 이르게 되었다는 자체보다 그 모든 현실을 도무지 받아들일 수가 없었다는 데 있다. 부모님 품에서 한 번도 어긋남 없이 자랐고, 4년제 대학을 졸업했으며, 파출소 앞에도 한 번 가보지 않았던 내가 어쩌다가 세상 밖으로 밀려나게 되었는지, 마치 악몽을 꾸고 있는 듯했다. 게다가 파산이라니. 대기업에 다니면서 또래의 동료나 친구들보다 훨씬 빨리 자리를 잡았고, 경기도에 마련한 마흔 평짜리 집과 할부도 끝나지 않은 신형 승용차를 날려 버린 것은 그나마 견딜 만했다. 평생을 공직생활에 몸담은 부모님의 노후자산까지 몽땅 말아먹은 현실은 아무리 가슴을 쥐어뜯어도 인정할 수 없는 현실이었다.

최근까지도 나는 그때를 회상할 때면 항상 왜 그렇게 현실을 받아들이지 못했을까 하는 의구심을 가졌다. 글을 쓰면서, 책을 읽으면서, 그리고 하루 열 시간이 넘는 막노동을 하면서 조금씩 그 이유를 알게 되었다.

  나의 마음은 단단한 껍질에 쌓여 있었다. 양복에 넥타이를 매고, 대기업 배지를 가슴에 달고 당당하게 살았던 내 모습과 완전히 무너져 내린 삶을 전혀 연결짓지 못했다. 삶이란 과정이다. 아무 것도 정해져 있지 않다. 언제나 무너질 수 있고, 언제든 다시 쌓아올릴 수 있다는 사실을 미처 깨닫지 못했다. 아이가 블록을 쌓아올리듯 한 계단, 한 계단 최선을 다해야 하지만 그렇다고 해서 쌓아올린 블록이 절대로 무너지지 않을 거라는 생각은 착각일 뿐이다. 누군가 지나치면서 발로 툭 건드릴 수도 있고, 내가 실수로 한 개의 블록을 잘못 끼워 맞추는 바람에 한순간에 와르르 무너질 수도 있다. '내가 쌓아올린 블록은 절대로 무너지지 않아'라고 생각하는 것은 물론 열심히 땀을 흘리며 쌓았던 내 노력에 대한 신념과 확신이라고 볼 수도 있겠지만 그럼에도 불구하고 현실에는 항상 예상치 못한 변수가 존재하기 마련이다. 언제라도 무너질 수 있다는 사실을 받아들인다는 것은 생각보다 꽤 힘든 일이다. 자칫 잘못 생각하면 언제 무너질지 모르는 블록을 왜 그렇게 열심히 쌓아야 하는 거냐고 반문하게 될지도 모른다. 다시 말하지만 우리 삶의 의미는 도착지에 있는 것이 아니라 과정에 있기 때문이다. 하나씩 쌓아올리는 과정 자체에서 기쁨과 행복을 느낄 수 있어야만 한다. 무너졌느냐, 아니면 끝까지 쌓아올릴 수 있느냐 하는 문제는 큰 의미가 없다. 설령 마지막 한 개의 블록을 남겨둔 채 무너지고 말았다 하더라도 오랜 시간 블록을 쌓아올리는 과정에서 이미 충분한 기쁨과 행복을 느꼈기 때문에 전혀 아파하거나 불행해할 이유가 없다.

더욱 중요한 점은 언제든지 무너질 수 있다는 사실을 인정하는 것은 곧 언제든 다시 쌓아올릴 수도 있다는 것임을 잊지 말아야 한다. 사람들은 모두 똑같은 수의 블록을 가지고 태어난다. 마치 경쟁이라도 하듯 누가 먼저 탑을 쌓아 올리느냐 하는 것에만 초점을 맞춘 사람들은 그 과정에서 즐거움이나 행복을 전혀 느끼지 못한다. 다만 '탑을 완성하게 되면 비로소 행복할 거야'라고 짐작할 뿐이다. 근사하게 완성된 탑을 보면서 행복을 느끼는 순간은 찰나에 불과하다. 그 찰나의 행복을 위해 블록을 쌓아올리는 수많은 세월 동안 고통과 불행, 시련과 아픔을 느껴야 한다면 그것은 불행한 인생이라고밖에 할 말이 없다.

한 번도 실패라는 것을 경험해보지 않았기에, 대기업에 다니면서 남들의 부러운 시선을 한 몸에 받으며 살았던 시절이 원래의 내 모습이라고 착각했었다. 그래서 나는 언제나 다른 사람들의 선망의 대상이 되어야 하며, 한 계단 먼저 탑을 쌓아올려야만 한다는 생각에 사로잡혀 있었다. 탑이 무너지게 되면 자연스럽게 다시 처음부터 하나씩 쌓아올리면 된다. 이미 쌓아올려 봤던 경험이 있기 때문에 처음보다 훨씬 더 빠른 속도로, 그리고 훨씬 더 견고하게 쌓을 수 있다. 그럼에도 불구하고 나는 무너진 탑의 조각들을 멍하니 쳐다보면서 이게 도대체 무슨 일이지 하며 현실을 받아들이지 못했다.

자신의 앞에 어떤 문제나 난관이 닥쳤다면 가장 먼저 해야 할 일은 그것을 받아들이는 것이다. 부정하고 싶고 외면하고 싶은 것은 당연한 사람의 심리다. 하지만 우리의 임무는 문제를 해결하는 것이지 도망가는 것이 아니기 때문에 눈을 똑바로 뜨고 정면으로 바라보아야 한다. 그리고 망설이지 말고 행동으로 옮겨야만 한다.

감옥에 가게 되었다는 사실을 깨닫고 난 후부터 나는 세상의 흐름 속에서 흥청망청 시간을 보냈다. 아무것도 하지 않고 오로지 술만 퍼마셨다. 무너진 블록을 난장판으로 흩어놓은 채 다시 쌓아올려질 거라고만 기대하고 있었다. 술에 취해 세상을 원망하고, 다음 날 술이 깨면 혹시 꿈이 아니었을까 하는 헛된 기대와 망상 속에 살았다.

현실을 있는 그대로 받아들여야만 한다. 문제해결을 위해 우리가 해야 하는 첫 번째 임무다. 한 가지 다행스러운 것은 현실을 있는 그대로 받아들이는 순간, 문제는 생각보다 훨씬 쉽게 풀려진다는 사실이다. 문제를 외면하고 부정하게 되면 해결할 수 있는 길도 함께 외면하게 된다는 사실을 잊지 말았으면 좋겠다.

차가운 세상

대기업이라는 커다란 울타리 안에서는 전혀 알지 못했던 사실이다. 사람들은 늘 따뜻했고, 나에게 정중했으며, 이 사회는 더불어 살아가는 좋은 세상인 줄로만 알았다. 그러나 사람들이 보여 주었던 따뜻한 배려는 나를 위한 것이 아니었고, 내 가슴에 달려 있던 대기업의 배지를 향한 것이었다.

5미터의 담장을 나서 세상 속으로 다시 돌아왔을 때 머릿속에 가장 먼저 채워졌던 것은 막막함이었다. 우선 가진 것이 아무것도 없었다. 주머니 속에 십 원짜리 하나 없었다. 몽땅 잃고 빈털터리가 되어 파산신청까지 하고 떠났으니 돌아올 때 빈손인 것은 당연한 일이었지만 막상 현실 앞에 서고 보니 아무런 대안이 없다는 사실에 망연자실할 뿐이었다.

처음에는 다소 희망을 품기도 했다. 비록 아무 것도 가진 것은 없었지만 그래도 건강한 몸을 가지고 있고, 아직 나이도 젊으니까 무슨 일이든 처음부터 다시 시작한다는 마음으로 열심히만 하면 얼마든지 일어설 수 있다고 믿었다. 무슨 일을 해야 할지 고민하기 시작했다.

잘라 말하면, 내가 할 수 있는 일은 아무 것도 없었다. 우선 전과가 문제였다. 아무리 세상이 많이 달라졌다고 하지만 사람을 채용하는 회사의 입장에서 과거의 이력은 문제가 될 수밖에 없었다. 굳이 내가 아니더라도 입사를 희망하는 사람은 줄을 섰으며, 그 많은 지원자들 중에서 나라는 사람이 특출한 능력을 가지고 있었던 것도 아니었기 때문이다. 과거의 이력을 전혀 보지 않는 회사들도 물론 많았다. 그러나 이번에는 파산의 경력이 문제였다. 파산은 곧 최악의 신용등급을 말한다. 대부분의 회사들은 고객들에게 있어 신뢰와 무한책임을 가장 우선하는데, 직원 중에 신용상의 문제가 심각한 사람이 있다는 것은 회사의 이미지에 큰 타격을 줄 수 있다는 것이다. 모두 쉽게 이해할 수 있는 부분이었다. 처음에는 그래도 어느 한 곳 정도는 나의 과거보다는 성실히 일하는 내 모습을 원하는 곳이 있을 것이라고 생각했다.

6개월 정도 시간이 흐르고 나니 녹녹지 않은 현실이 피부로 느껴지기 시작했다. 어쩌면 취직은 두 번 다시 할 수 없을지도 모른다는 생각이 들었다. 만약 그렇다면 나는 어떻게 해야만 하는가. 가족의 생계를 책임지고 있는 가장으로서 두 손 놓고 마냥 세월을 보낼 수는 없는 노릇이었다. 술만 마시며 세상을 원망하고 내 신세를 한탄하기만 할 수도 없었다. 가슴이 무거워졌고, 앞은 보이지 않았다.

어릴 때부터 피부에 문제가 많았다. 두드러기 때문에 수도 없이 병원에도 다녀야 했다. 용하다는 한의사를 찾아가기도 했고, 음식을 조심하기도 했지만 조금도 나아지지 않았다. 문득 정신을 차려보면 나도 모르게 온 몸을 긁고 있던 적이 한두 번이 아니었다. 오랜 시간 피부병을 앓다 보니 적응이 되어버려서 큰 문제가 아닌 것처럼 여기며 살게 되었다.

직장을 구하기 위해 6개월이란 시간을 보내는 동안 내 피부는 더욱 엉망이 되어 버렸다. 세상의 뒤편은 매우 취약한 환경이었고, 민감했던 내 피부는 그곳에서 완전히 망가져 버렸다. 붉게 부풀어올라 가렵기만 했던 피부가 이제는 종기처럼 튀어 나왔고, 보기에도 아주 흉했다. 팔이나 다리, 등과 배처럼 주로 옷으로 가려진 부위에만 집중되었던 병변이 얼굴에까지 번지기 시작했다. 마치 희귀한 전염병에 걸린 환자처럼 얼굴 주위가 엉망이 되어 버렸다. 이런 몰골로 직장을 구하려 하니 더욱 힘들어질 뿐이었다. 성실히 일하겠다는 의지만으로 먹고 살 방법을 찾는다는 것이 얼마나 힘든 일인가를 뼈저리게 느끼기 시작했다. 젊은 사회 초년생들이 취업대란을 겪고 있다는 말을 이제야 조금은 이해할 수 있을 것 같았다.

그동안 나는 직접 겪어 보지 않은 일들에 대해 무관심한 삶을 살았다. 뉴스에서 누군가 삶을 비관하여 자살했다는 소식을 들으면 솔직히 얼마나 나약해 빠졌으면 저렇게 쉽게 삶을 포기할까 하며 비웃기

일쑤였고, 취업대란이란 말을 들을 때면 '능력없는 것들이 돈만 많이 벌려고 욕심을 부리니까 입에 맞는 회사를 못 구하는 거지' 하며 그들을 비난했었다.

말은 씨앗이 된다. 될 수도 있다 정도가 아니라 반드시 된다. 그래서 언젠가 싹을 틔우고 잎이 무성할 정도로 자라면 필연적으로 그 말을 뱉은 사람을 뒤덮는다. 나는 이 사실을 뼈아픈 경험을 통해 믿고 있다. 생각없이 뱉는 말들은 언젠가 덩치가 커져서 내게로 돌아온다. 그래서 사람은 말을 조심해야 한다. 사사로운 말 한 마디가 그렇게 대수겠느냐 하며 중요하게 여기지 않는 사람들이 많겠지만, 사사로운 말 한마디이기 때문에 조심하기가 훨씬 쉽다. 내 입에서 나온 말 때문에 이렇게 힘든 삶을 살고 있다고 생각하니 후회도 되었지만, 한편으로는 희망도 생겼다. 불평이나 불만, 다른 사람들을 비난하는 말 대신 밝고 긍정적인 말, 미래를 열어주는 말만 하게 되면 내 삶에도 빛이 보일 거라는 확신이 생겼다. **다른 사람의 삶을 함부로 말하지 말자. 그것은 내 삶의 텃밭에 해로운 씨앗을 심는 것과 같다.**

결국 내가 선택한 것은 막노동이었다. 한 푼이라도 벌지 않으면 당장 먹을 것을 살 돈조차 없는 형편이었다. 무슨 일이든 하지 않으면 안 되는 상황에서 내 앞에는 막노동 외에는 아무런 답이 없었다. 인력시장에서는 과거를 묻지 않는다. 신용상태 따위는 아무런 상관이 없었다. 게다가 그곳에 나오는 대부분의 사람들이 내가 겪은 일들과 유사한 상처들을 안고 있었다. 가진 기술이 아무 것도 없었지만 잡부를 필요로 하는 일거리도 상당히 많았다.

허름한 작업복에 운동화를 신고 갈아입을 옷을 담은 가방을 어깨에 걸치고 처음으로 그곳을 찾았던 날은 아마 평생 잊지 못할 것이다. 난생 처음으로 육체노동을 하게 되었다. 평생 망치 한 번, 못질 한 번 해보지 않았던 내가 막노동을 하게 될 줄 누가 알았겠는가. 첫 날 일을 마치고 손에 쥔 금액은 9만원이었다. 집으로 돌아오는 길에 처음으로 그렇게 눈물을 흘려보았다. 사업에 실패한 후 수도 없이 울어 보았지만, 그날의 눈물을 감당하지는 못했다. 비참한 현실이 서러웠고, 가족들의 마음이 심란할까 싶어서 먼지가 잔뜩 묻은 작업복을 재래시장의 화장실에 들어가 갈아입던 내 모습이 애처로웠다. 스스로 받아들일 수 있느냐 하는 차원의 문제가 아니었다. 이렇게 살아가야만 하는 건가 하는 절망적인 상황에 넋을 놓을 수밖에 없었다.

세상은 나에게 더 이상 온화하거나 만만하지 않았다. 내가 무슨 일을 하든 지지하고 따라주던 세상은 이제 어떤 일도 쉽게 허락하지 않는 곳이 되어 버렸다. 대기업이라는 커다란 울타리와 근사한 명함에 고개를 숙였던 세상은 고개를 빳빳이 들고 나를 내려다보고 있었다. 세상의 뒤편에서 갖은 마음고생을 하고 돌아와서 다시 따뜻한 세상의 품으로 들어가려 했지만 세상은 나를 허락하지 않았다. 그 차가운 빙벽을 뚫고 들어갈 힘이 더 이상은 없었다.

참 웃기는 일이다. 세상은 아무 것도 변하지 않았다. 원래부터 세상은 지금과 전혀 다르지 않은 세계였다. 많은 사람들이 지금의 나처럼 차가운 대접을 받으며 살고 있었다. 왜 나는 그것을 몰랐을까. 사람들이 나를 향해 고개를 숙인 것이 아니라, 내 뒤에 버티고 있던 회사와 나의 명함쪼가리를 인정했었다는 사실을 미처 몰랐다는 것이 너무나 한스러웠다. 왜 그토록 많은 자기계발 작가들이 직장생활을 하는 동안 자신의 능력을 키워야 한다고 소리높여 강조했던가를 이제야 비로소 느낄 수 있었다. 나는 아무 것도 아니었다. 인정받는 삶에 대해 한 번도 감사할 줄 몰랐다. **모든 것을 당연하게 느낄 때 사람은 가장 위험하다.** 건강한 부모님이 계시다는 것, 아내와 아들이 있다는 것, 내 몸이 아프지 않다는 것, 아직 나이가 젊다는 것, 멀쩡한 팔다리가 있다는 것, 나를 소중히 여기는 가족의 품에 있다는 것, 볼 수 있고 들을 수 있으며 느낄 수 있다는 것, 살아 있다는 것 등이 얼마나 소중한 지 깨달을 수 있어야 한다. 이 모든 것들을 너무나 당연하게 느끼며 살기 때문에 그 소중함을 전혀 모른다. 모든 것을 잃고 나서야 내가 서 있던 자리가 얼마나 따뜻한 보금자리였는지 깨닫게 되었다.

직장생활 때려치우고 사업을 하라, '1인기업으로 성공하라', '더 이상 회사의 부속품으로 살지 마라' 등의 내용을 책에서 읽을 때가 있다. 물론 모두가 새로운 삶을 향해 도전하라는 긍정의 메시지임이 분명하다. 그러나 이런 내용을 접할 때에는 항상 냉철하게 자신을 분석하는 태도가 필요하다. 과연 회사를 떠난 내 모습이 어떠할지, 내가 가진 강점은 무엇인지, 새롭게 무슨 일을 시작할 만큼 자본은 충분한지, 시작하려는 일이 진정 나의 꿈인지 등등 가슴을 뛰게 하는 뭔가를 반드시 찾아야만 시작할 수 있다. 즉흥적이고 감정적인 도전은 무모할 뿐이다. 실패의 경험을 두려워하지 말고 도전하라는 말은 함부로 해서는 안 된다. **실패, 그것은 오직 진정한 자신의 꿈에 도전했을 때에만 받아들일 수 있는 경험이다.** 그저 돈 많이 벌어보겠다는 단순한 욕심에서 덜컥 사업을 시작했던 내가 받아들이기에는 실패의 냉정함과 참혹함이 너무도 컸다.

내가 충분히 단단하지 못할 때, 세상은 태평양의 한 가운데보다 훨씬 차갑고 깊은 곳이 되고 만다.

| 긍정? 웃기지마!

　막노동을 시작한 후로 몸과 마음이 끝도 없이 지쳐갔다. 운동이라고는 담을 쌓고 살았던 내가 40킬로그램이 넘는 시멘트를 수 백포씩 지고 날랐고, 삽자루 한 번 잡아본 적이 없던 내가 2미터씩 땅을 파댔으니 체력이 남아날 리가 없었다. 불과 3일 만에 내 손은 퉁퉁 부어올라 주먹을 쥘 수가 없을 정도였고, 발목과 다리는 후들거리고 삐걱거려서 제대로 걸을 수도 없을 정도였다. 군대도 잘 다녀왔고 하니 어떻게든 몸으로 때우는 일이 가능하지 않을까 생각했지만 천만의 말씀이었다. 막노동과 군대는 차원이 달랐다. 지독히도 더운 여름에는 아침부터 온 몸에 땀이 비오듯 흐른다. 땀을 닦기 위해 먼지가 잔뜩 묻은 장갑으로 생각없이 얼굴을 훔치면 울툭불툭 튀어나온 종기 모양의 상처들이 덧나서 진물까지 흘렀다. 땀과 진물이 뒤섞여 온통 가려움으로 견디질 못했고, 함께 일하는 사람들과 보조를 맞추기 위해 쉽게 휴식을 취할 수도 없었다.

　그렇게 힘들고 어려운 과정 속에서도 한 가지 좋은 점은 있었다. 남산만했던 배가 쏘옥 들어간 것이다. 운동도 하지 않았고, 5미터 담장 안에서 오랜 시간 먹기만 하고 앉아만 있었으니 체격에 비해 배만 터질 듯이 불러 있었다. 그런데 하루가 멀다 하고 땀을 엄청나게 흘려댔으니 배에 가득찼던 기름기가 빠질 수밖에 없었을 터였다. 시간이 갈수록 몸은 점점 가벼워졌고, 일도 어느 정도 손에 익었다. 대충 눈도장을 찍은 업자들도 몇 있어서 인력시장에서의 생활이 그리 힘들게 느껴지지 않게 되었다.

사람만큼 적응력이 강한 동물도 없을 것 같다. 군에 다녀온 남자들은 공감하겠지만, 입대를 앞둔 며칠 동안은 잠도 오지 않는다. 그곳의 생활이 낯설고 힘들 거라는 짐작 때문이다. 하지만 한 달 동안의 신병훈련을 마치고 나면 금세 군대라는 조직에 적응할 수 있다. 나도 마찬가지였다. 게다가 세상의 뒤편으로 가면 인생이 곧 끝날 거라고만 생각했지만 여전히 그 악몽 같은 시간들도 무사히 견뎌낸 것이다. 막노동도 마찬가지다. 인생막장에서 도저히 다른 길을 찾을 수 없을 때 온 몸으로 돈을 벌어야 하는 최악의 상황이 막노동이라 여겼는데, 막상 일을 계속하다 보니 이것 또한 그럭저럭 해나갈 수 있었던 것 같다.

함께 일하는 사람들과 이야기를 나눈 적이 있다. 그 중에서는 아예 막노동을 최고의 직업으로 여기는 사람도 있었다.

"우리 일도 조금만 달리 생각하면 아주 괜찮은 직업이란 말이야. 생각해봐. 오후 다섯 시만 되면 땡 하고 일을 마치는 거야. 저녁에 소주 한잔 하면서 하루의 스트레스를 풀 수도 있지. 그뿐이야? 우리가 누구 눈치 볼 일은 없잖아. 직장인들처럼 상사의 눈치를 봐야 한다거나, 같이 일하는 동료들끼리 부딪칠 일도 전혀 없지. 더 좋은 것은 하기 싫은 날은 얼마든지 쉬어도 된다는 거야. 하고 싶으면 나오고, 하기 싫으면 쉬어도 돼. 얼마나 좋아. 돈도 마찬가지야. 요즘 웬만한 직장생활하면서 한 달에 삼백 만원 벌기 힘들거든. 우린 어때? 하루에 십 만원씩 받아도 한 달이면 삼백이야. 게다가 일을 조금만 제대로 하면 십이만원도 받고 십오만원도 받을 수 있어. 그러니 제대로만 하면 한 달에 사백, 오백도 벌 수 있거든. 또 있어. 콘크리트 작업의 경우에는 두세 시간이면 일이 끝나. 그러니 하루에 두 탕도 뛸 수 있는 거지. 일당도 당연히 두 배야. 무엇보다 최고로 좋은 것은 정년이 없다는 거야. 오랜 시간 육체노동을 하니까 몸에 힘이 붙게 되어 있거든. 나이를 먹어도 여전히 건강해. 팔십 다 되어서도 일하는 사람이 얼마나 많냐고. 그러니까 이러쿵 저러쿵 신세한탄 할 것 하나도 없어. 긍정적으로 생각하면 막노동도 결국 사람이 하는 일이고, 아무리 시대가 변해도 우리같은 사람을 필요로 하는 일은 반드시 있기 마련이야. 불평하지 말고 힘내서 일하자고."

대단히 긍정적인 이야기였다. 같은 일도 이왕이면 이렇게 긍정적인 마음을 갖고 하면 몸도 마음도 견디기가 훨씬 수월할 것 같았다. 그래서 한동안은 그 사람의 말을 가슴에 새기고 일을 했다. 생각대로 훨씬 덜 힘들었고, 오히려 웃으며 일할 수 있게 되었다. 함께 땀흘리는 사람들이 곁에 있고, 내가 흘린 땀의 대가로 가족들의 생계를 유지할 수 있으니 어느 정도는 만족스러웠다. 이렇게 사는 삶도 괜찮구나 싶은 마음이 자리잡을 무렵, 이 바닥에서 꽤 오래 일하고 있는 노인을 만나게 되었다. 그리고 그 분의 이야기 덕분에 어쩌면 나는 지금 작가의 삶을 살고 있는지도 모른다.

"제발 헛소리 좀 하지마라. 할 만한 일이라고? 옘병하고 자빠졌네. 오후 다섯 시만 땡 하면 피땀흘려 번 돈으로 술이나 처마시고 살아. 그게 사람이 할 짓이냐? 스트레스 푼다고? 그래, 좋다. 스트레스 풀려면 꼭 술을 마셔야 되냐? 술 안 마시는 사람은 스트레스 쌓여서 빨리 죽겠네. 누가 오래 사나 어디 한 번 봐라. 상사 눈치 안 본다고? 업자들이 우리를 데려다 쓰면서 괜히 돈 주는 줄 아냐? 어쩌다가 만만한 업자들만 만났나본데 지랄같은 업자들 만나면 열 시간 동안 십 분도 못 쉬어. 담배도 한 대 못 피운다고. 눈치같은 소리 하고 있네. 눈치도 사람이 보는 거야. 업자들 눈에 우린 사람도 아니야. 그냥 일 하는 소라고 소. 알기나 하고 그런 소릴 해. 하기 싫은 날은 쉬어도 된다고? 미친 소리 작작해. 아무리 우리가 일하고 싶어도 비오면 쉬어야 하고, 눈 오면 답 없어. 너무 더워도 일이 없고, 너무 추워도 일 끊겨. 비온 다음 날도 미끄러워서 일이 줄어들고, 눈 내리면 며칠은 그냥 가. 날씨 좋고 멀쩡한 날도 일보다 사람이 많으면 몇 명은 쉬어야 한다고. 그렇게 쉬는 날 다 따지면 일 년에 절반 가까이 된다는 말이야. 내가 쉬고 싶을 때 쉰다고? 말 같은 소리를 해라. 그러니까 당연히 돈도 마찬가지야. 쉬는 날 다 빼고 나면 한 달에 이백도 손에 쥐기 힘들어. 일 할 수 있는 날만 빠짐없이 일해도 일 년에 6, 7개월 채우기 힘들어. 먹고, 입고 하면 일 년에 천 만원도 벌기 힘들다는 말이야. 몸에 힘이 붙어서 정년이 없다고? 나를 봐. 이제 내일 모레면 팔십이다. 내가 건강하게 보이냐? 팔이고 무릎이고 어디 한 군데 성한 데가 없어. 말 그대로 골병이 들었다고 골병이. 일당보다 약값이 더 들어가. 이게 사람이 할 짓이냐? 정신 좀 차려라. 다른 방법이 없으니까 인생의 막다른 곳에 와서 몸으로 때우며 일하는 곳이 인력시장이야. 그게 바로 노가다판이라고. 어떻게든 돈을 모아 일어서서 제대로 된 삶을 찾아가야지, 언제까지 여기서 비천한 삶을 살 거야. 막노동도 할 만 하다고 말하는 사람들 이야기에 솔깃해 하지 마라. 여긴 지옥이야. 지금이 무슨 구석기시대도 아니고 몸으로 때워서 일한다는 게 어디 말이나 되는 소리냐? 물론 가족들 위해서 열심히 땀을 흘린다는 것 자체는 무엇보다 훌륭해. 방구석에 처박혀 한숨이나 쉬고 있는 백수들에 비하면 정말 높이 평가를 해 주어야 마땅하지. 하지만 이곳은 비전이 없는 곳이야. 아무런 희망이 없는 곳이라고. 기술을 제대로 배워서 자기만의 특별한 재주를 갖지 않는 한 평생 잡부로 살아야 해. 아무리 좋은 말로 둘러치고 메쳐도 세상은 막노동하는 사람들을 인정해주지 않아. 긍정이라고? 웃기지 말라고 해!"

사람의 생각은 모두 다르다. 어떤 사람들은 자신이 하고 있는 일에 대해 스스로 만족하며 보람을 느낀다. 반면 또 다른 사람들은 늘 자신의 일에 불평과 불만을 갖고 최선을 다해 일하지 않는다. 당연히 전자의 사람들이 성취도 빠르며 행복감도 높을 것이다. 그런데 노인의 말을 들었을 때, 내 가슴에 깊이 박히는 구절이 있었다. 비전이 없다는 말. 우리는 항상 더 나은 삶을 지향한다. 그것이 물질적인 것이든 정신적인 것이든 미래는 항상 지금보다 더 나은 삶이어야 한다는 가치관을 갖고 살아간다. 만약 그렇지 않다면 우리는 자신을 성장시키려는 노력을 더 이상 할 필요가 없다. 내 삶이 더 나아지지 않는데 굳이 나를 성장시킬 필요가 없지 않겠는가.

어쩌면 나도 이 바닥에 적응을 하게 될지 모른다는 두려움이 몰려왔다. 막노동으로 내 삶이 끝나게 된다는 두려움보다는 타성에 젖어 나를 더 이상 성장시킬 필요를 못 느끼게 되는 날이 올지도 모른다는 생각이 두려웠다.

노인의 말처럼 땀흘려 일한다는 사실은 중요하다. 그것이 직장생활이든, 막노동이든 상관없이 성실하게 일하고 돈을 벌어 살아간다는 사실만큼은 누구도 부정할 수 없다. 하지만 그 다음이 문제다. 우리 삶에 있어서 가장 중요한 것은 바로 나 자신이다. 먹고 산다는 일차원적인 문제를 넘어 삶의 목표를 정하고 매 순간 나를 성장시켜 나가는 것이 우리가 살아가는 이유가 된다. **어떤 일이든 그곳에 멈추어 안주해 버리면 더 이상 발전할 수 없다.**

많은 현자들은 젊은이들에게 현재의 삶에 만족하는 법을 배우라고 전한다. 그러나 현재의 삶에 만족하라는 이야기는 욕심을 부리지 말라는 의미인 것이지, 성장을 멈추라는 이야기가 아니다. 시간은 멈추지 않고 흐르기 때문에 우리가 나이를 먹는 것을 멈출 수는 없다. 육체는 나이를 먹는데 정신은 멈추어 있으면 그것은 죽은 것과 다름없다. 새로운 상황에 적응하는 것은 인간의 본능이지만, 적응과 동시에 새로운 삶을 향해 끝없이 성장해야만 한다. 비록 다른 방법을 찾을 수 없어서 육체노동을 하기 시작했지만, 그 삶에 적응해 버리고 편안함과 안락함을 느낀 나머지 '그래, 이렇게 살면 되는 거지'라고 멈추어 버린다면 소중한 내 삶에 너무나 미안한 일이다.

노인의 마지막 말을 오래도록 기억할 것 같다.

"긍정이라고? 웃기지 마! 그건 긍정이 아니라 자기연민이고 자기변명일 뿐이야."

삶을 포기하다

새벽부터 부슬거리며 비가 내렸다. 아직 동이 트기도 전에 집을 나섰다. 편의점에 가서 소주 두 병과 새우과자 한 봉지를 사서 차를 몰았다. 겨울 새벽이라 해가 뜨는 시간도 늦었지만 비가 내린 탓에 한참을 달린 후에도 여전히 날은 컴컴했다. 그렇게 새벽을 가르며 차를 몰아 도착한 곳은 서해안 고속도로였다. 차선도 좁았고 갓길도 위태로웠지만 그런 걸 가릴 만큼 여유롭지 않았다. 운전석에 앉아 가만히 지켜보니 공사를 위한 대형 트럭들이 그 속도를 가늠할 수 없을 정도로 빨리 달리고 있었다. 언제든 문을 열고 차에서 내리기만 하면 삶을 포기할 수 있었다. 소주 한 병을 비운 것은 도착한 지 십 분도 채 되지 않아서였다. 주머니에서 휴대전화를 꺼내 부모님과 아내에게 전화를 걸었다. 비가 많이 내리니까 밖에 나갈 일이 있으면 꼭 우산을 챙기라며 별 것 아닌 내용으로만 통화를 마쳤다. 그러고는 남아 있던 소주 한 병을 마저 비웠다. 꽤 오랜 시간 그렇게 나는 차 안에 가만히 앉아 생각에 잠겼다.

가진 것을 모두 잃었다. 도박이나 술, 아니면 주식이나 여자 때문이라면 그렇게까지 분하지는 않았을지도 모른다. 더 잘 살아보려고 했다. 돈을 많이 벌어서 높은 곳에서 살고 싶었다. 좋은 집에서 좋은 차를 타고 남부럽지 않게 떵떵거리며 살려고 했다. 그리고 …… 나에게 그럴 만한 능력이 있는 줄로만 알았다.

무너졌다는 사실을 깨달았을 때 내 마음속에 첫 번째로 가득찼던 생각은 도저히 믿을 수가 없다는 것이었고, 그 이후로는 이제 모든 것이 끝났다 라는 심정뿐이었다. 사업을 하다가 망할 수는 있다. 그 이유는 수도 없이 많겠지만 아마 성공하는 사람들보다는 실패하는 사람들이 훨씬 더 많으리라 생각한다. 경험의 부족, 자본금, 시장상황 등 여러 가지의 요인들에 의해 얼마든지 실패할 수 있다. 그리고 나 또한 그런 실패가 전혀 없으리라고는 생각지 않았다. 하지만 처음으로 손을 댄 사업이 어쩌면 이토록 한꺼번에 껍데기까지 홀랑 벗겨버릴 정도로 처절하게 망할 수 있는지 믿기지 않았다. 가진 돈을 몽땅 날린 것은 물론이고 부모님의 평생 모은 재산까지 탈탈 털어버리고 말았다. 게다가 여기저기서 끌어온 돈은 상상을 초월할 정도의 이자가 붙어 그 금액이 현실적으로 느껴지지 않는 상황이 되어버렸다. 빚을 갚지 못하는 상황이 길어지자 법적인 처벌을 피할 수 없게 되었고, 결과가 뻔한 재판이 눈앞에 다가오자 나는 점점 더 깊은 절망 속으로 빠져들고 말았다.

살아가는 동안 꽤 많은 일에 도전을 하고 그 도전에서 성공을 하기도 하며 실패를 하기도 한다. 어떤 사람들은 실패를 인정하고 다시 일어서서 도전을 반복해 결국 성공을 쟁취해 내기도 하고, 또 어떤 사람들은 실패의 쓴맛을 돌이키고 싶지 않아 포기해 버리기도 한다. 고속도로 위에 정차해 둔 위태로운 차 안에서 내 삶은 과연 어땠을까 돌이켜 보았다. 나는 얼마나 도전했고, 얼마나 성공했으며, 또 얼마나 실패했던가. 지난 시간들이 영화필름처럼 머릿속을 스쳐 지나갔다. 행복했던 시간들, 소중한 사람들이 하나 둘씩 떠오르자 참았던 눈물이 쏟아져 내렸다. 나는 과연 무엇을 위해 그토록 열심히 살았으며, 어디를 향해 그리도 급하게 뛰어가고 있었을까. 어쩌다가 이런 초라한 모습으로 죽음까지 생각하게 되었을까.

그런데 한 가지 기억나지 않는 것이 있었다. 성공과 실패의 기억들은 모두가 선명하게 떠오르는데 실패를 극복해 내고 기어이 성공에 이르렀던 적은 한 번도 없었던 것 같았다. 분명 한두 번은 있었을텐데 하며 머리를 쥐어짜 보아도 도무지 생각이 나질 않았다. 아마 그 동안 너무 많은 일을 겪다 보니 기억력이 나빠진 탓일 거야 하며 스스로를 이해시켜 보았지만, 결국은 인정하지 않을 수가 없었다. 내가 거둔 성공이란 것들은 너무도 쉽게, 한 번 만에 이르게 되었던 것들 뿐이었다. 나는 성공이라 불렀지만 실제로는 그 이름이 과한 것들이었다. 실패를 하고 난 후 이를 악물고 다시 도전해서 가슴 뿌듯하게 성공을 이루어 낸 적은 단 한 번도 없었다. 그래서 지금, 여기까지 온 것이다. 실패를 하면 당연히 포기를 하는 것이 내 삶이었다. 남들의 눈을 의식하고, 스스로의 마음에 실패를 받아들이지 못했기 때문에 아무리 별것 아닌 일을 겪어도 그저 실패려니 하고 물러서기만 했다. 그래서 지금도, 지금의 실패에도 나는 너무나 맥없이 쓰러져 삶을 포기하려 했다.

고등학교 농구 팀의 코치가 선수들을 향해 말했다.

"우리가 잘 알고 있는 애플의 창시자 스티브 잡스는 본인의 일을 포기한 적이 있다고 생각하는가?"

선수들이 큰소리로 대답했다.

"없습니다."

그러자 코치는 더 큰 소리로 물었다.

"에디슨은? 그가 포기했다는 말을 들은 적이 있는가?"

이번에도 선수들은 한소리로 대답했다.

"없습니다."

"윌 브라이언이 자신의 일에 포기한 적이 있다고 생각하는가?"

선수들은 아무 대답도 하지 않았다. 긴 침묵이 흐른 뒤 한 선수가 코치에게 물었다.

"윌 브라이언이 누구입니까?"

그러자 코치가 말했다.

"물론 여러분들은 모를 것이다. 왜냐하면 그 사람은 중간에 포기했기 때문이지."

포기한다는 것은 그것으로 끝이란 말이다. 내가 어디까지 갔는지, 얼마만큼 노력했는지 아무도 기억하지 않는다. 스스로에게도 아무런 의미가 없다. 그저 내가 서 있는 그곳이 아무런 의미도 가지지 못한 채 사라지고 만다. 만약 내가 스스로 목숨을 끊는다면 나는 삶을 포기한 것이다. 그렇게 포기한 내 삶의 뒤에는 기껏 사업에 실패하더니 맥도 못추고 가버렸어 라는 사람들의 손가락질만 남을 뿐이겠지.

나는 실패의 강도에 주목했었다. 내가 얼마나 많은 것을 잃었는가 하는 것에만 생각이 머물렀다. 다른 사람의 그것보다 훨씬 더 아프다는 사실만 강조하고 싶었다. 그래서 나의 실패를 위로받고 싶었다. 지금 돌이켜보면 차마 눈뜨고 못볼 꼴이지만 나는 '동정'을 바라고 있었을 뿐이다.

실패의 원인은 무엇이었는지, 내가 고쳐야 할 태도와 사고방식은 어떠한 것인지, 다시 일어서기 위해 내가 해야 할 일은 무엇인지 등에 관해 주의를 기울였던 시간이 조금도 없었다. 실패가 중요하다는 것은 실패 그 자체를 말하는 것이 아니다. 그것으로부터 배울 수 있는 삶의 지혜가 성공으로부터 배울 수 있는 것보다 훨씬 더 많기 때문이다. 그래서 **실패를 거듭할수록** 사람은 **더욱 강해진다**고 말할 수 있다.

우리는 늘 잃은 것에만 관심을 갖는 습관이 있다. 가지고 있는 것,

가질 수 있는 것, 그래서 충분히 행복하다는 사실을 외면한다. 아무것도 배울 수 없는 실패란 없다. 그래서 성공으로 가는 길에는 항상 수많은 실패들이 줄지어 있다. 이런 모든 것들을 배우면서 진정한 성공에 이르라는 신의 뜻이며 법칙이다.

이 세상에서 성공한 사람들이 그렇지 못한 사람들보다 그 숫자가 훨씬 적다는 말은 실패한 사람이 많다는 뜻이 아니라 포기한 사람들이 많다는 뜻이다. 왜 우리는 실패를 통해 뭔가를 배우고 다시 도전하는 것보다 포기를 선택하게 될까. 포기가 쉽고, 내 몸과 정신이 더 쉬운 것을 택할 만큼 나약해져 있기 때문이다. 그래서 이를 악물고 악착같이 다시 도전하는 것보다 술이나 마시며 내가 그렇지 뭐, 인생이 다 그런거지 뭐 하며 자기연민과 신세한탄만 쏟아놓고 만다.

포기라는 말은 누구나 인정하기 싫어한다. 자신이 뭔가를 도전함에 있어서 포기했다고 생각하기도 싫어하고, 다른 사람들로 하여금 패배자로 보이기도 싫어한다. 그럼에도 불구하고 실제 행동에 있어서는 꽤 많은 일을 포기하며 살고 있다. 이것은 습관이 되었기 때문이고, 스스로도 포기하는 삶에 익숙해져 버렸기 때문이다. 삶이 통째로 흔들릴 만큼 커다란 실패란 없다. 모든 실패는 받아들이는 사람의 마음에 따라 그 크기가 정해지기 때문이다. 실제로 나보다 훨씬 더 혹독한 시련을 거친 사람들이 얼마나 많겠는가. 그들 모두가 나처럼 술을 마시고 자살을 시도하지는 않는다. 오히려 '이 정도야 뭐' 하며 가볍게 여기고 힘차게 다시 뛰어 오른다.

사실 그날 내가 삶을 포기하지 않았던 가장 큰 이유는 따로 있었다. 두 병의 소주를 모두 마신 채 운전석에 앉아 멍하니 앞을 바라보고 있는데 문득 내 시야에 새우과자 한 봉지가 들어왔다. 아침에 편의점에 들러 소주와 함께 안주삼아 구입한 것이었다. 죽겠다고 결심한 놈이 안주를 사다니. 아직은 죽을 때가 아닌가 보다 싶었다.

한밤중이 되어서야 술이 모두 깼다. 그날 하루는 아무것도 하지 않은 채 흘려보낸 시간이 되었지만, 어느 날보다 많은 생각을 할 수 있었던 날이었다. 차를 돌려 고속도로를 달렸다. 집으로 향하는 마음이 꽤 가벼워졌다. 현실은 아무 것도 바뀐 것이 없었지만 내 마음은 마치 다른 사람의 그것 같았다. 법원의 판결이 얼마 남지 않았던 그 날부터 마음을 새롭게 정리하기 시작했다.

| 실패의 눈물은 가식이다

슬픈 영화를 보면 눈물이 난다. 슬프다는 감정은 진실이다. 사랑하는 사람을 잃게 되었을 때 흐르는 눈물은 심장이 흘리는 눈물이다.

슬픔의 눈물은 지극히 자연스러운 감정의 표현이다.

너무 행복에 겨워도 눈물이 난다. 전쟁터에 나갔던 아빠가 어느 날 갑자기 무사히 돌아오면 가족들은 기쁨과 안도의 눈물을 흘린다. 이 또한 가슴이 함께하는 진실의 눈물이다.

문득 궁금해졌다. 아이들은 눈물이 많다. 아이들만큼 자신의 감정에 솔직한 사람은 없다고 한다. 아이들의 눈물에는 어떤 의미가 있을까. 그들은 아파도 울고, 슬퍼도 울고, 기뻐도 울고, 겁이 나도 울고, 깜짝 놀라도 운다. 아이들의 눈물 중에 이해할 수 없는 부분이 있었다. 감동의 눈물이다.

우리는 영화를 보다가 감동스러운 장면이 나오면 가슴이 뜨거워지고 눈물이 흐르기도 한다. 그러나 아이들은 감동적인 영화를 봐도 별 반응이 없다. 감상을 이야기해 보라고 하면 그저 재미있었다 정도로 그친다. 아이들은 감정에 대단히 솔직하며 거짓이 없다고 하는데 왜 어른들이 느끼는 감동의 눈물은 그들에게 없는 걸까.

내가 무슨 철학자나 심리학자는 아니지만 꽤 오랜 시간 이 궁금증을 풀어보려고 애썼다. 그러던 어느 순간 문득 이런 생각이 들었다. 혹시 감동의 눈물이라는 것은 인간이 가진 본능적 감정이 아니라 경험에서 우러나온 것은 아닐까. 그래서 삶의 경험이 부족한 아이들은 감동이라는 것이 무엇인지 아예 모르고 있기 때문이 아닐까. 크리스

가드너의 일생을 담은 〈행복을 찾아서〉라는 영화가 있다. 나는 이 영화를 보면서 꽤 많은 눈물을 흘렸던 기억이 난다. 마지막 장면, 주연을 맡은 윌 스미스가 직장을 갖는데 성공하면서 두 주먹을 불끈 쥐고 걸어가는 모습은 내 가슴에 진한 감동으로 다가왔다. 혹시 어린 아이들 중에 〈행복을 찾아서〉라는 영화를 보고 눈물을 흘리는 이가 있을까. 만약 아주 어린 꼬마가 이 영화를 보고 눈물을 흘린다면 나는 분명 그 녀석의 눈물이 가식이라고 판단할 것 같다.

평생토록 울어본 기억이 없다. 아주 어릴 때는 당연히 울보였겠지만 최소한 기억이 선명한 시절부터는 눈물을 흘려본 적이 없다. 삶의 바닥으로 치닫기 시작했을 무렵만 해도 눈물을 흘릴 만한 여유가 없었지만, 모든 것을 잃고 말았다는 차가운 현실을 피부로 느끼기 시작했을 때부터는 멈출 수가 없었다. 아마 앞으로 죽는 날까지 그렇게 우는 날들이 또 있을까 싶다.

우선 혼자 있는 시간이 힘들었다. 이게 도대체 뭔가. 내가 왜 이렇게 된 거야. 나는 정말 어떻게 해야 되는 거야. 내 인생은 정말 끝난 건가. 별 생각이 다 들었다. 아무리 생각을 해봐도 도무지 뚫고 나갈 길이 보이지 않는다는 생각이 가슴을 메우고 있었다. 땅을 치며 통곡도 하고 차에 앉아 핸들을 사정없이 내려치며 소리도 질러 보았다. 나보고 어쩌란 말이야!

혼자 있는 시간뿐만 아니었다. 누구를 만나든 내 이야기를 하고 싶었다. 처음에는 간절하게 도움을 청하기 위해 시작했던 하소연이 습관이 되어 아무나 만나면 술자리를 갖고 나의 처절한 상황을 장황하게 늘어놓았다. 매번 눈물로 범벅이 된 얼굴로 내가 얼마나 딱한지 설명하고 있었다. 이야기를 듣고 있던 사람들은 모두 한결같은 반응이었다. 그래, 얼마나 힘들겠냐, 쯧쯧쯧.

그때의 내 눈물은 대체 무엇일까? 슬픔의 눈물일까? 아니면 아픔의 눈물일까? 그런데 딱 부러지게 납득될 만한 감정이 떠오르지 않았다. 슬픔이나 아픔이란 말로 표현하기에는 적당치 않은 것 같았다. 혹시 분하고 원통한 심정에 흘린 눈물이었을까? 그것도 충분치 않은 듯했다. 사업에 실패하여 모든 것을 잃게 된 내가 흘린 눈물은 과연 어떤 의미였을까. 만약 그것이 슬픔이나 아픔, 분하고 원통한 마음에서 비롯된 것이라면 왜 굳이 만나는 사람들마다 붙잡고 늘어지며 울어댔을까. 사람들에게 눈물을 보임으로서 뭔가를 바라는 심정이 있었던 것은 아닐까. 남자인 내가 그토록 처절하게 흘린 눈물의 진정한 의미를 알고 싶었다.

위기에 봉착하거나 견디기 힘든 시련을 겪을 때, 사람들은 누군가로부터 위로받고 싶어 한다. 어깨를 다독거리며 힘내라는 말을 들으면 다시 용기가 솟기도 하고 마음이 편해지기도 한다. 그래서 함께 사는 세상이라고 하기도 하고, 다른 사람에 대한 배려가 중요하다고 말하기도 한다. 그런데 여기에는 중요한 사실이 하나 있다. 실패에 부딪혔을 때 당당하게 다시 일어나 새롭게 시작하려는 단계에서 누군가의 위로와 따뜻한 말 한 마디는 분명 힘과 용기를 주는 것임에 틀림없다. 그러나 겉으로는 아닌 척하면서도 이미 모든 것을 포기한 사람들에게는 의도와 달리 전혀 다른 효과를 주기도 한다. 힘들었던 과정에 공감을 느끼는 타인의 위로를 자신의 좌절에 슬며시 얹어 정당화시켜버리는 사람이 있다.

그래, 얼마나 힘이 들었을까. 이 말에서 자신의 힘든 삶을 인정받은 것처럼 느낀다. 다시 일어서라는 격려와 응원으로 받아들이는 것이 아니라 그렇게 힘이 드니까 포기할 만도 하잖아 라는 공감을 느껴버리는 것이다. 나의 포기가 결코 두려움이나 아픔 따위 때문에 좌절하는 못난 모습이 아니라고 스스로 해석한다. 모든 사람들이 내 생각에 공감하고 있다고 스스로를 위로하기 시작하는 것이다. 누구도 자신의 주저앉은 모습에 손가락질을 하지 못하도록 미리 방어벽을 치고 있다는 얘기다.

결국 이것도 습관이 된다. 그래서 조금만 어렵고 힘든 일이 생기면 사람들을 만나 자신의 처지를 하소연한다. 또 한 번 위로받는 것이다. 그래, 힘들 거야. 힘들겠지. 얼마나 힘이 들면 그렇게 눈물까지 흘리겠나. 이제 당당히 도전을 그만둘 수 있다.

　모든 것을 포기하고 싶었다. 아니, 어쩌면 이미 포기하고 있었는지도 모른다. 엄청난 채무는 감당할 길이 없었고, 법원의 판결은 불과 며칠 남지도 않았고, 가진 것은 아무 것도 없었으며, 가족들은 엉망이 되어 버린 상황. 차라리 정신을 똑바로 차리고 모든 상황을 받아들인 뒤에 가족들에게라도 따뜻한 말을 건네며 "내가 반드시 다시 일어설 테니까, 우리 조금만 참고 견디자"라고 다독거려 주었다면 어쩌면 지금쯤 조금은 멋진 내 모습으로 과거를 회상할 수 있을지도 모르겠다. 하지만 그렇게 하지 못했다. 사람들을 만나고, 술을 마시며, 눈물만 흘려댔다. 내가 이렇게 힘든 상황이니 할 수 있는 일이 아무 것도 없다. 그렇게 무기력하게 나자빠진 내 모습을 어떻게든 정당화시키고 싶었다. 누군가로부터 손가락질 받고 싶지 않았다. 어쩌면 썩어빠진 자존심이 아직도 남아 있었던 건지도 모르겠다.

　눈물은 감정을 진정시키는 효과가 있다. 실컷 울고 나니까 기분이 좀 나아졌다는 말을 흔히 들을 수 있는 것처럼, 눈물은 격한 마음을 가라앉히는 데 분명 효과가 있었다. 하지만 잠시뿐이었다. 위로받고자 흘렸던 눈물은 사람들이 떠나간 뒷 자리에도 여전히 남아 있었으며, 조금도 변하지 않은 현실은 더 무거운 압박이 되어 나를 짓눌렀을 뿐이다.

내가 흘렸던 눈물은 나를 감추기 위한 가식이었다. 왜 그렇게 멍청한 짓을 저질러서 모든 것을 날려버리고, 가족들에게 치명적인 상처를 주고, 사람들을 떠나가게 만들었냐는 비난과 욕설을 듣기 싫었기 때문에 다른 사람들의 입을 막기 위한 눈물이었던 것이다. 누군가 비난을 시작하기 전에 내가 먼저 펑펑 울어대면 아무 소리 없이 쯧쯧쯧 하며 물러나 주었기 때문이다. 내가 이만큼 힘드니 나 좀 이해해주라 하며 봐달라고 빌었던 눈물이다. 사람의 눈물 중에서 가장 형편없는 눈물이 아니었을까.

나의 눈물은 상황을 조금도 변화시키지 못했고 오히려 시간이 갈수록 점점 더 깊은 늪으로 빠져들고 있었다. 거짓된 눈물과 태도로 나를 잃어갔고, 아무런 영혼도 없이 껍데기만 철그렁거리며 세상 밖으로 밀려나고 있었던 것이다.

실패를 딛고 일어선 사람들의 자서전을 읽어보면, 눈물을 흘렸던 과거의 이야기가 한두 번씩은 꼭 나온다. 그들의 눈물은 자신의 과오를 뉘우치는 참회의 눈물이기도 하고, 돌아가신 부모님께 성공한 자신의 모습을 보여드리지 못한 회한의 눈물이기도 했으며, 모든 것을 잃었을 때의 허망함을 털어내고자 쏟아내는 비장한 눈물이기도 했다. 그래서 눈물을 흘려낸 다음의 모습은 마치 새롭게 거듭난 나비의 그것처럼 당당하고 멋져 보이기까지 했다. 눈물 다음은 환희와 기쁨이라는 인생의 공식이 정확히 어울리는 참으로 근사한 모습이란 말이다. 어느 책을 읽어 보아도 내가 흘렸던 자기연민의 약해빠진 눈물의 흔적은 찾아볼 수가 없었다. 아마도 그런 눈물을 흘린 사람들이라면 절대로 성공하지 못했을 테니 당연한 일이기도 하다.

실패로 인해 어깨가 축 늘어진 사람들에게 꼭 전하고 싶다. 절대로 눈물은 흘리지 말라고. **눈물을 흘리면 앞이 보이지 않는다. 앞이 보이지 않으면 한 발자국도 나아갈 수가 없게 된다.** 혹시 눈앞이 흐려지기 시작하면 소매로 힘껏 닦아내 버리자. 확 트인 앞날을 바라보며 당당하게 발을 내딛는 순간, 지나간 과거는 더 이상 내 삶에 아무런 영향을 미치지 못할 것이다.

| 글쓰기를 시작하다

나는 인생의 가장 힘든 시기, 세상의 뒤편에서 글쓰기를 만났다. 처음에는 할 수 있는 일이 아무것도 없어서 글을 쓰기 시작했지만 얼마간의 시간이 흐른 뒤에는 나에게 없어서는 안 될 소중한 존재가 되어 버렸다.

글쓰기가 나에게 준 최고의 선물은 내 마음을 가질 수 있다는 사실이다. 내 삶의 극적인 변화는 오직 글쓰기 덕분이었다. 미치지 않고,

아프지 않으면서도 바라는 소망을 이루게 해 주었고, 어쩌면 이 책 또한 글쓰기라는 신의 선물에 보답하고자 쓰고 있는 지도 모르겠다. (글쓰기에 관한 자세한 이야기는 필자가 쓴 『내가 글을 쓰는 이유』라는 책에 모두 담겨 있다.)

사람은 생각하는 동물이다. 하루 종일 머릿속은 생각으로 가득찬다. 심지어 잠을 자는 동안에도 우리의 머릿속은 생각하고 있으며, 때로는 그것이 꿈으로 나타나기도 한다. 물론 무의식적인 반응이긴 하지만 어쨌든 우리는 생각이란 것을 떠나서 살 수는 없다.

그런데 하루 종일 머릿속을 가득 채웠던 생각들이 잠자리에 누우면 하나도 떠오르지 않는다. 그토록 많은 생각이 스쳐 지나갔는데 왜 하나도 기억나지 않는 것일까? 그것은 말 그대로 생각이 스쳐 지나갔기 때문이다. 머릿속을 비우고 생각을 하지 않기 위해 노력해 보자. 오랜 시간 철학적 사색을 통해 마음 비우는 방법을 터득한 부처 정도 되면 모를까, 일반 사람들은 생각을 하지 않기가 힘들 것이다. 생각을 하지 않겠다는 생각이 강렬하게 일기 때문이다.

내 경험상 생각은 크게 두 가지로 나뉜다. 하나는 의식적으로 몰두하게 되는 생각, 예를 들면 수학문제를 풀 때는 의도적으로 그 문제의 해결을 위한 생각을 하게 되는 것이다. 다른 하나는 나의 의도와는 상관없이 마구 떠오르는 생각이다. 차 한잔을 마시면서 멍하니 창밖을 바라보고 있으면 수 만 가지의 생각이 스쳐 지나가는 것을 느낄 수 있다. 열심히 공부를 하고 있었지만 어느 순간 연필을 턱에다 대고 멍하니 허공을 응시하며 아름다운 여인의 모습을 상상하는 자신을 발견할 때도 있다.

그렇게 우리는 두 가지의 생각을 품고 살아간다. 그런데 가만히 들여다보면 의도된 생각을 하는 시간보다 의도되지 않은 생각으로 보내는 시간이 훨씬 많다는 사실도 함께 알 수 있다. 뭔가를 의식적으로 생각하기보다 그저 머릿속을 스쳐 지나가는 생각이 더 많기 때문이다.

- 우리는 의도된 생각과 의도되지 않은 생각을 항상 품고 살아간다. 그중에서 의도되지 않은 생각으로 보내는 시간이 훨씬 더 많은 비중을 차지한다.

생각은 말이 되고, 말은 행동이 되며, 행동은 습관이 되고, 습관은 인생이 된다. 결국 생각이란 것이 우리의 삶을 만든다는 이야기다. 좋은 생각을 많이 해야만 한다는 뜻이다.

- 우리의 생각이 삶을 만든다.

그럼 이제 위에서 말한 우리가 늘 생각을 품고 산다는 것과 생각이 삶을 만든다는 이야기를 연결지어 보자.

- 우리는 의도되지 않은 생각으로 대부분의 삶을 살아 가고 있다.

글을 쓰는 과정에서 우연히 적게 되었던 방정식이다. 이 글을 썼던 그때, 나는 꽤 오랜 시간 동안 노트를 들여다보고 있었다. 철학을 배운 적도 없고, 명상을 즐기는 사람도 아니며, 심리학을 전공한 것도 아니다. 그러나 대단한 것을 깨닫게 되었다는 느낌은 지울 수가 없었다. 그동안 지나온 내 모든 삶의 시간들이 어쩌면 무의식적으로 떠올랐던 수많은 쓸데없는 생각들로 인한 결과일지도 모른다는 결론에 이르렀다. 기가 막히고 어이가 없었다. 만약 조금이라도 더 나은 생각들로 머릿속을 가득 채웠더라면 내가 겪었던 그 참담한 상황이 조금은 나아질 수 있지 않았을까 싶은 마음에 가슴이 터질 것만 같았다. 자리에서 일어나 방 안을 서성이기 시작했다. 지나온 삶에 대한 깨우침이 일자 앞으로의 삶에 희망이 생겼다. 당장 생각부터 정리해야겠다는 마음이 들었다. 갑자기 이런저런 생각들이 마구 밀려오기 시작했다. 정신이 없을 정도로 떠오르는 생각들 때문에 혼란스러워졌고, 그래서 다시 자리에 앉아 생각들을 적어나가기 시작했다.

생각을 붙잡아야 했다. 내 삶을 다시 일으켜 세우기 위해서는 무엇보다 중요한 일이라 여겨졌다. 생각을 붙잡을 수 있는 가장 좋은 방법은 그것을 글로 쓰는 일이다. 글을 쓰기 위해 생각하는 것이 아니라 생각나는 것을 적는 것이다. 수많은 작법 책에서 글을 잘 쓰기 위해서는 생각을 많이 하라고 권하고 있다. 나는 조금 생각이 다르다. 이미 많은 글을 쓰고 있는 사람이라면 모르겠지만 이제 막 글쓰기를 시작하려는 사람들에게는 **생각하기보다는 먼저 쓰라**고 권하고 싶다. 이것이 훨씬 생각을 붙잡는 데 도움이 된다. 아무튼 한참 동안을 꼼짝않고 써 나가기 시작했다.

가장 먼저 떠오른 생각이 걱정이었다. 지독한 실패가 시작된 그 순간부터 나는 걱정을 떨쳐버린 적이 한 번도 없었다. **내가 했던 걱정 중에서 실제로 일어난 일은 절반도 채 되지 않았다.** 쓸데없는 걱정들로 밤잠을 이루지 못했던 것이 하루이틀이 아니었다. 몸도 마음도 걱정 때문에 지쳐갔다. 어쩌면 그런 걱정들 때문에 내 삶이 더 엉망이 되어 버렸는지도 모른다는 생각이 밀려왔다. 그래서 적었다.

- 걱정하지 말자!

이렇게 썼다고 해서 그 순간부터 모든 걱정이 사라진 것은 아니었다. 그러나 나도 모르는 사이에 수도 없이 밀려들었던 온갖 걱정거리들이 마치 일렬로 줄을 지어 순서를 기다리듯 정리가 되었고, 내 의지로 하나씩 선택할 수 있다는 생각까지 들었다. 이제는 걱정이란 것이 내 머리를 휘저어 버리도록 내버려두지 않아도 되었다. 생각의 주체는 걱정이 아니라 내가 될 수 있었고, 그 사실은 실로 엄청난 변화였다.

생각을 붙잡는다는 것, 그것은 나의 감정을, 그리고 나의 마음을 통제할 수 있다는 무한한 자신감으로 다가왔다. 마음을 통제할 수 있다는 뜻은 슬픔이나 기쁨, 증오와 분노, 환희와 희열, 억울함과 원통함, 시기와 질투 등의 모든 감정을 나의 의지대로 조절할 수 있다는 뜻이다. 그동안 살아오면서 감정이란 것에 휘둘려 하고 싶은 일, 해야 하는 일들을 하지 못하거나 꽤 어려운 과정을 통해서야 비로소 해결할 수 있었던 적이 많았다. 예를 들면 공부를 하려고 마음을 먹었다가도 부모님의 잔소리나 친구들과의 다툼으로 인해 마음이 심란할 때는 아예 책을 덮어버리고는 몇 시간씩 울적한 기분에 휩싸여 있던 적도 있었다. 매일 새벽에 일어나 등산을 하려고 마음을 먹었다가도 전날 회사에서 기분이 상하는 일이 있었다면 에라 모르겠다 잠이나 자자 하는 식의 태도를 가지곤 했었던 것이다. 그러나 감정을 통제할 수 있게 된다면 외부에서 일어나는 어떠한 자극에 대한 나의 반응도 더 중요한 내 삶의 여정에 더 이상 방해를 줄 수가 없게 된다. 생각이 나는 대로 계속 적어 나갔다.

- 나는 충분히 행복할 자격이 있다.
- 내 마음의 외부에서 일어나는 일들이 내 마음을 흔드는 일은 절대 없다.
- 나는 오롯이 나일 뿐이다. 누군가와 비교하는 것은 어리석은 일이다.
- 다른 사람들의 시선이나 말에 신경쓸 필요가 없다. 이것은 내 인생이다.
- 지금 하고 있는 생각이 내 삶을 만든다.
- 생각은 진취적이며 밝고 긍정적이어야 한다.
- 세상의 중심은 나다. 누구도 나를 힘들게 하지 않는다. 오직 마음뿐이다.
- 나는 우주의 일부분이며, 내가 하지 못할 일은 아무것도 없다.

이 글을 적는 동안 내 가슴을 가득 채웠던 충만함과 기쁨은 이루 말로 표현할 수가 없다. 빈 종이에 글씨를 적어 나갔을 뿐인데 마치 새로운 세상을 만난 듯했다. 지난 몇 년간 죽고 싶을 정도로 힘에 겨웠던 삶의 굴레와 무거운 짐들이 한 번에 사라지는 것 같았다.

그 뒤로 단 한 번도 글쓰기를 멈춘 적이 없다. 하루 열 시간의 막노동을 마치고 집으로 돌아오면 허리가 끊어질 듯 피곤하고 힘들었지만, 육체적인 피로는 글쓰기 앞에서 아무런 문제가 되지 않았다. 매일 밤마다 나를 만날 수 있었고, 나를 중심으로 움직여가는 세상을 느낄 수 있었다. 살아 숨쉬고 있다는 사실이 너무나 고맙고 주위의 모든 것들이 새롭게 보였다.

P 2장
Pain Study

아픔도 공부해야 한다

감기에 걸리게 되면 여러 가지 증상이 나타난다. 머리가 지끈거리고, 기침이 나고, 코가 막히며, 온 몸에 열이 난다. 우리는 이 모든 증상을 통틀어 '아프다'라고 말한다. '아프다'라는 표현도 결국은 인간이 만들어낸 단어다. 어쩌면 아프다는 것은 평소와는 조금 다른 나의 상태를 일컫는 말일지도 모르겠다. 병원에 가서 주사를 맞고 약을 복용하면 씻은 듯 나을 수 있지만, 시간이 흐르면 자연스레 낫기도 한다. 어쨌든 아프다고 표현을 한 사람도, 그렇게 말하지 않았던 사람도 모두 회복된다. '아프다'는 것을 '다르다'고 표현할 수 있다면 우리는 꽤 많은 아픔에서 벗어날 수 있을지도 모른다.

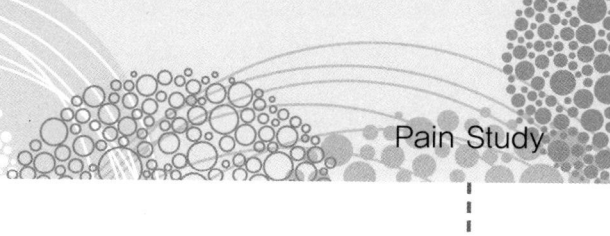

Pain Study

아픔을 지우고 제정신을 찾다

| 나를 찾는 것이 먼저다

배우가 되겠다는 꿈을 가졌지만 800번이나 오디션에서 탈락한 남자가 있다. 오디션을 보러 다니는 10년의 세월 동안 바텐더, 요리사, 페인터공 등 안 해본 일이 없을 정도로 많은 직업을 전전하며 생활했다. 그는 결국 단역을 맡게 되었고 점차 비평가들의 눈에 띄기 시작했다. 하지만 배우생활을 시작한 지 얼마 되지 않아 뇌종양 판정을 받게 되고 10시간의 긴 수술을 받게 된다. 수술의 후유증으로 인해 왼쪽 귀의 청각을 잃고, 안면이 마비되는 끔찍한 현실과 마주한다.

이제 막 영화배우로서 자신의 꿈을 이루기 시작한 남자에게 청각의 상실과 안면의 마비는 치명적일 수밖에 없었다. 그럼에도 불구하고 그는 꾸준한 재활치료와 안면근육 운동으로 회복에 성공하게 되고, 최고의 배우로 거듭나게 된다. 우리에게 너무나 익숙한 영화 어벤저스의 헐크, 비긴 어게인의 음반프로듀서 댄으로 열연한 마크 러팔로가 바로 그 주인공이다.

사람들은 마크 러팔로의 이야기를 한다. 자신의 꿈을 이루기 위해 800번의 실패에도 불구하고 꿋꿋하게 다시 일어나 성공을 거두었다고 말이다. 그리고 청각의 상실과 안면근육의 마비라는, 배우로서는 도저히 상상도 할 수 없는 아픔을 딛고 일어선 혼신의 노력을 높이 평가한다. 그의 이야기는 우리에게 감동을 주고, 현실 앞에서 좌절하고 포기하는 많은 사람들에게 힘과 용기를 준다. 그런데 나는 마크 러팔로의 이야기를 조금 다른 눈으로 보았고, 덕분에 내 삶은 지금도 여전히 행복하다.

마크 러팔로는 얼마나 힘들고 고통스러웠을까? 오디션에서 한 번 실패하고 나면 그 좌절감과 상실감은 아마 쉽게 상상하기 어려울 것 같다. 자신의 꿈을 이루어가는 과정에서 전문가들로부터 재능을 인정받기 위한 것이 오디션인데, 거기서 '당신은 재능이 부족합니다'라는 말을 듣게 된다면, 어쩌면 꿈에 이르는 것이 불가능할지도 모른다는 생각마저 들지도 모르겠다. 그럼에도 불구하고 800번이라니. 한 번의 거절과 상처도 치유하기가 어려운데 800번이라는 숫자는 가히 짐작이 어려울 정도다. 게다가 그토록 꿈에 그리던 배우가 되었음에도 불구하고 갑작스런 뇌종양 판정, 청각의 상실, 안면근육의 마비는 청천병력과도 같지 않았을까. '꾸준한 재활치료와 안면근육 운동'이라는 짧은 문장의 표현 속에 담겨진 그의 노력이 얼마나 처절했을지 눈앞에 그려지는 듯하다.

그런데 여기서 한 가지 궁금한 점이 생겼다. 10년이 넘는 세월 동안 그토록 모진 경험을 하면서 좌절과 고통을 견뎌냈다는 부분이다. 과연 그는 배우가 되는 과정에서 정말 힘들고 괴롭고 절망스러웠을까? 그래서 오직 참고, 견디기만 했을까? 나는 결코 그렇지 않았을 거라고 장담한다. 오히려 그는 800번의 실패를 거듭하면서도, 재활치료와 안면근육 운동을 하면서도 늘 행복했을지도 모른다. 그 모든 실패와 거절과 회복의 시간들이 모두 배우라는 꿈을 이루기 위한 과정으로 받아들였다면 순간순간이 기쁨과 행복으로 넘쳐났을지도 모른다는 말이다.

마크 러팔로는 멋진 배우로 성공했기 때문에 행복한 것이 아니라, 늘 행복했기 때문에 배우가 될 수 있었다는 것이 내 주장이다. 물론 실제로 마크 러팔로가 얼마나 고통스러웠는지, 얼마나 행복했는지는 알 수 없다. 그를 직접 만나거나 그의 과거를 생생하게 돌이켜보지 않는 한 우리는 그의 과거를 짐작만 할 뿐이다.

두 가지의 방법이 있을 것이다. 마크 러팔로의 성공을 악몽같은 절망과 시련을 참고 견뎌가며 딛고 일어선 인내와 극복의 과정으로 보는 사람이라면, 그래서 그의 꿈을 이룬 과정을 본보기로 삼아 자신의 삶에 적용시키는 사람이라면 눈앞에 놓인 불우한 현실들을 기꺼이 참고 이겨내서 당당히 성공에 이르게 될지도 모른다. 반면, 그의 성공이 꿈을 이뤄가는 과정 속에서 매 순간 행복을 느꼈기 때문이라고 보는 사람이라면, 마찬가지로 내 삶의 모든 순간을 행복하게 느끼며 나아갈 수도 있지 않을까.

과거의 불우한 환경을 딛고 성공에 이른 사람들이 수도 없이 많다. 우리는 그들의 삶을 보면서 많은 것을 얻는다. 비록 내 앞의 현실이 초라하고 힘들어도 성공한 그들이 나보다 더한 위기를 이겨낸 것처럼 나도 할 수 있다는 용기와 자신감을 얻게 되는 것이다. 그런데 왜 여전히 성공에 이른 사람보다 그렇지 못한 사람들이 더 많은 걸까. 그것은 절망적인 현실을 이겨내고, 참고, 견디는 과정이 생각만큼 쉽지 않기 때문이다. 성공한 사람들은 잘 이겨냈지만, 나는 그렇지 못했기 때문이다.

혹시 우리가 방법을 잘못 알고 있는 것은 아닐까? 성공한 사람들은 실제로 시련과 고통을 참고, 견디며, 이겨낸 것이 아니고 그 모든 과정을 즐기며 행복하게 여겼던 것은 아닐까? 무조건 참고 견디기만 하려니까 너무 힘들어서 우린 그만 포기하고 말지만, 진실은 참고 견디는 데 있는 것이 아니라 기쁘고 즐겁게 맞이하는 데 있었다는 말이다.

꿈을 이루어가는 과정이 매우 힘들고 고통스러우며 좌절과 절망의 연속이라는 것은 우리들 스스로가 만들어낸 각본일지도 모른다. 오디션에서 탈락했다는 사실이 배우가 될 수 없다는 현실로 받아들여질 수는 없다. 아마 마크 러팔로는 800번이 아니라 8000번을 떨어졌어도 계속 도전했을 것이다. 그에게는 오디션에서 탈락하는 것 자체가 꿈을 이루어가는 과정일 뿐이었기 때문에 도전과 탈락이라는 끊임없는 과정 속에서도 늘 행복했음이 분명하다. 나는 그렇게 믿는다. 아무리 심장이 단단한 사람도 수 백 번의 실패를 이겨낸다는 것은 물리적으로 불가능하다고 본다. 그것은 이겨낸 것이 아니라 즐긴 것이다. 오디션을 보는 매 순간을 즐겼고, 거기에서 행복을 느꼈을 것이다. 마크 러팔로의 삶은 성공한 배우로서의 삶이 아니라 늘 행복한 삶이었다고 말해주고 싶다.

작가가 되기 위해 글을 쓰고 있지만 내가 쓰는 모든 글이 책으로 나올 수도 없고, 책으로 나온 모든 내용이 베스트셀러가 될 수는 더욱 없다. 출판사로부터 거절의 메시지를 받을 때마다 좌절하고 절망하며 오직 참고 견뎌내야만 한다면 나는 절대로, 두 번 다시 글을 쓰지 못할 것이다. 그렇게 버틸 만한 힘과 능력이 내게는 전혀 없다. 글을 쓰는 행위 자체가 즐겁고 행복하기 때문에 쓰는 것이다. 아무리 막노동을 하고 몸이 쓰러질 것 같아도 글을 쓰고 있으면 그 순간만큼은 피곤을 잊는다. 만약 내가 단 한 권의 책도 내지 못하고 생을 다한다 하더라도 후회하지 않을 자신이 있다. 이렇게 삶의 매 순간을 행복하게 살 수 있었는데 책을 내고 안 내고가 무슨 문제가 되겠는가 말이다.

주위의 사람들로부터 꿈이 없다는 말을 종종 듣게 된다. 누군가의 성공스토리를 듣고 나면 그 사람은 꿈이 있었기에 가능했지만 나는 도무지 꿈이란 걸 찾지 못하겠다 라고 말하는 사람들이다. 무슨 말인지 공감이 간다. 우리 사회는 대학입시와 취업이라는 삶의 지극히 작은 부분을 마치 인생의 전부인 양 몰아붙이는 경향이 있다. 그래서 꿈을 찾으려는 노력과 과정이 생략된 채 어른이 되어버리고 만다. 한편으로는 꿈을 찾는 시간 동안 허송세월 하는 것 같아 그만 포기하고 생긴 대로 살겠다는 사람까지 나오고 있다. 이 또한 심각한 문제다.

꿈이란 나를 찾는 것이다. 세상에 하나뿐인 소중한 내가 이 세상에

온 이유를 찾는 과정이다. 얼마나 숭고하고 고귀한 가치가 있는 일인가. 그러니 꿈을 찾지 못했다고 아쉬워할 것도 없고, 꿈을 찾느라 시간을 낭비할 필요도 없다. 꿈을 찾는 과정조차 우리의 삶의 목표라 여겨야 한다. 그러니 꿈을 찾는 과정 또한 즐겨야 하고, 그 과정에서도 행복을 느껴야 한다. 행복하지 않은데 어떻게 행복하란 말이냐 하고 소리 지르지 말자. **내가 스스로 행복하다고 느끼면 그것이 곧 행복이다.** 마치 어느 깊은 산 속에서 평생 속세를 떠나 살아온 위대한 스님이 하는 말처럼 들릴지도 모르겠다. 나도 늘 그렇게 비꼬며 살아왔으니까 말이다. 하지만 이것은 내가 겪은 경험이며 진실이다. 나의 감정은 얼마든지 내 마음대로 가질 수 있다.

좋은 일이 있어 행복한 것이 아니라, **늘 행복하다는 마음을 간직하고 있으면 주위에 좋은 일이 마구 일어난다.** 생각은 삶이 된다. 어렵고 힘든 일이 있으면, 불평이나 불만을 쏟아내지 말자. 어렵다, 힘들다 라는 말에는 대단히 긍정적인 의미가 내포되어 있다는 사실을 알아야 한다. 어렵다는 말은 어쨌든 가능하단 말이다. 힘들다는 말도 마찬가지다. 불가능이란 말은 방법이 없다는 뜻이지만, 어렵다, 힘들다는 말은 가능성을 가진 단어들이다. 그러니까 우리는 할 수 있다. 무엇보다 가장 중요한 것은 먼저 자신을 찾아야 한다. 나를 찾고 나면 세상이 우습게 보인다. 지나온 내 삶이 너무나 안타깝게 느껴지기도 한다. 지금부터라도 나를 찾아, 마음을 마음대로 다루는 희열을 맛볼 수 있다면 바랄 게 없겠다.

| 과거를 내려놓으면 현재가 가득 찬다

내가 다녔던 직장의 사장은 직원들 앞에서 연설을 할 때면 늘 꺼내는 레퍼토리가 있었다. 자신의 집에 가 보면 가족과 함께 찍은 사진이 거의 없다는 말이다. 그게 무슨 자랑인가 싶어서 끝까지 들어보면 그만큼 회사의 일에 삶의 모든 시간을 쏟아부었다는 결론에 이른다. 대기업 계열사의 사장이란 자리는 직장인이라면 누구나 한 번쯤 꿈꾸어 보는 자리다. 대기업 계열사의 사장이란 직위만으로 꽤 괜찮은 부와 명예, 그리고 권력까지 한눈에 들어오기 때문이다. 그리고 여자라면 누구나 자신의 남편이 직장생활을 하면서 사장의 자리에 오르게 되는 것을 못마땅하게 여기지는 않을 듯하다.

한 번쯤 생각해 보자. 만약 당신에게 선택의 기회를 준다면 가족들과 사진 한 장 찍을 수 없을 정도로 바쁜 삶을 살아가면서 사장의 자리에 오르고 싶은가? 그리고 남편이 가정에 절대적으로 소홀할 수밖에 없는 생활을 하는데도 사장의 자리에 오른다면 기꺼이 만족하고 살 수 있겠는가?

사장이란 자리만큼은 꽤 욕심이 난다. 기회만 주어진다면 당장이라도 내 것으로 만들고 싶다. 하지만 그 외에 포기해야 할 것들을 곰곰이 생각해 보면 선뜻 내키지가 않는다. 아마 대부분의 사람들이 나와 같은 생각을 할지도 모르겠다.

돈, 명예, 권력, 지위 등 인간의 욕망은 다양한 모습을 가지고 있다. 이 욕망이란 것을 손에 쥐기 위해 많은 사람들이 열심히 땀을 흘리며 살아간다. 물론 사람마다 노력하는 과정도 다를 것이고, 그 과정 속에서 가지는 고통과 희열도 제각각일 것이다. 문제는 과정에 임하는 자세다. 위에서 말한 사장의 자리를 예로 든다면, '사장'이라는 자리만 보고 열심히 살아가는 사람이 있는가 하면 자신에게 주어진 일을 행복한 마음으로 즐기며 몰입하다보니 어느새 사장이 되는 경우도 있다. 사장의 자리에 오르고 나면, 어느 과정으로 보나 욕망을 이루었다는 점에서는 다를 바가 없다. 하지만 '사장'이라는 자리만을 보고 달려온 사람은 본전 생각이 난다. 이 자리에 오르기 위해 희생했던 수많은 날들에 대한 보상심리가 작용한다. 달리 표현하자면 결핍증세가 나타난다는 말이다. 바라던 모든 것을 이루었는데 결핍증세가 나타나니 감당할 방법이 없다. 우리가 보기에 도무지 부족할 것이 없을 것만 같은 사람들이 도박, 성(性), 비리, 횡령, 뇌물 등의 문제로 한순간에 추락하는 게 바로 이 결핍증세 때문이다.

결핍증세를 느끼는 근본 원인은 과거에 있다. 지나간 시간에 대한 보상을 받고자 하는 마음이 너무 강하기 때문에 일어나는 증세다. 매 순간 행복했던 과거는 추억이 된다. 그러나 이를 악물고 억누르며 참아낸 시간들은 욕망의 성취가 모두 메워줄 수가 없다. '내가 어떻게 여기까지 왔는데'라는 생각이 머릿속을 가득 채우기 때문에 어떤 식으로든 과거에 대한 보상이 이루어져야만 만족을 느끼게 된다.

사장이란 자리를 비롯해서 인간이 가진 모든 욕망이 나쁘다는 말을 하자는 게 아니다. 목표를 세울 때는 내 삶의 가치와 존재 이유가 함께 고려되어야 한다. 무조건 돈을 많이 벌겠다, 무조건 사장이 되겠다, 무조건 좋은 대학에 들어가고 보겠다 라는 식의 무의미한 목표는 그 성취과정을 매우 불행하게 만든다. 설령 성취를 이뤄냈다 하더라도 앞에서 말한 바와 같이 뭔가 부족한 결핍을 느끼지 않을 수가 없다.

게다가 사람의 욕심은 끝이 없다. 대기업의 사장 자리도 탐이 나고 가족들과 행복한 시간을 보내고도 싶다. 내 앞에 닥친 모든 문제들이 어렵게만 느껴지고 '이것 하나만' 해결되면 모든 것을 풀어낼 수 있는 것처럼 장담한다. 그래서 사장이 되면 그 다음 자리를 생각하게 되고, 고비를 넘기게 되더라도 여전히 돌파구를 찾지 못한다. '~하기만 하면 ~할 것이다'라는 말을 입에 달고 살게 된다.

나는 학력고사의 마지막 세대이자 수학능력평가의 첫 세대이다. 93년도에 시행된 마지막 학력고사에서 대학진학에 실패했고, 다음해 처음으로 시행된 수학능력평가에서 겨우 대학에 입학할 수 있었다. 학력고사라는 제도는 희망하는 대학과 전공학과를 미리 정해놓고 시험을 보도록 되어 있었다. 그래서 합격여부와 시험성적이 동시에 발표되었다. 당시 내가 지원한 대학의 담당부서로 전화를 하고 ARS 음성 안내방송을 통해 불합격의 통보를 들었던 때가 생생히 기억난다.

"죄송합니다. 귀하의 이름은 합격자 명단에 없습니다. 다시 들으시려면 1번을……."

시험을 준비하는 동안 나름대로 열심히 공부하긴 했지만 그래도 나 스스로 생각할 때 혼신을 다했다고 자부할 수는 없었기 때문에 실망스럽긴 해도 좌절까지는 아니었다. 공중전화 박스에서 걸어나오며 마음속으로 다짐을 했었다. '한 해 더 고생해서 내년에 더 좋은 성적으로, 더 좋은 대학에 가면 돼. 용기 잃지 말고 다시 도전하자.' 크게 심호흡을 하고 집까지 걸어갔다.

마음을 그렇게 단단히 부여잡을 수 있었음에도 불구하고 나는 그 후로 꽤 오랫동안 힘들고 괴로운 시간을 보내야만 했다. 우선 부모님의 마음을 헤아려야만 했다. 하나뿐인 아들이 대학에 떨어지고 나니 집안이 상가집 분위기가 되어 버렸던 거다. 다시 도전하겠다며 불끈 쥔 주먹을 보였다가는 한 대 쥐어터질 분위기였다. 게다가 시기적으로 아직 고등학교 졸업을 하지 않은 상태였다. 학교에 가서 친구들과 섞이게 되면 당연히 합격한 녀석들과 비교될 수밖에 없었다. 지금 생각해 보면 너무 잔인한 생활이었던 것 같다. 특히 사이가 좋지 않았던 녀석들이 합격했을 때는 한없이 쪼그라들 수밖에 없었다. 한 해 더 공부를 하기 위해 재수학원을 찾아 다닐 때도 마찬가지였다. 다른 친구들은 대학에 가는데 나는 학원으로 발걸음을 돌려야 한다는 사실이 창피하고 분해서 견딜 수가 없었다. 내 마음은 얼마든지 다시 도전해볼 용기가 있는데 그것만 가지고 현실을 마주하기에는 역부족이었던 것이다.

과거를 잊는다는 것은 어려운 일이다. 많은 사람들이 지나간 과거에 연연하지 말고 현재의 삶을 충실하게 살라고 충고하지만, 실제로 지나간 일들을 무심하게 대한다는 것은 보통의 의지를 가지고는 실천하기 힘든 과정이다. 아무리 현재에 집중하려고 애를 써봐도 불현듯 머릿속에 떠오르는 과거의 영상을 깨끗하게 지우기란 쉽지 않다. 스스로 과거를 청산했다고 생각하는 경우에도 외부의 자극이 지속적으로 일어나는 경우에는 더욱 힘이 든다. 아무리 노력해도 세상이 나를 그냥 두지 않는다며 통탄하는 일이 잦아지게 된다.

그렇다면 우리는 과연 어떻게 해야 할까? 아무리 노력해도 안 되는 것이니까 그냥 포기하고 과거에 얽매여 살아야 하는 것인가? 아니면 심장을 도려내듯 독하게 마음먹고 과거의 기억이 떠오를 때마다 머리를 절레절레 흔들어 가며 잊으려는 노력을 계속해야 하는 걸까?

세상 속으로 돌아와 새롭게 내 인생을 시작하려고 마음 먹을 때마다 지나간 시간들이 내 발목을 잡았다. 뭔가를 시도하려고 하면 전과와 파산이라는 두 단어가 내 온 몸을 집어삼키며 가로막았다. 그럴 때마다 도대체 내가 왜 그런 실수와 잘못된 선택을 했을까 하는 후회가 물밀 듯이 밀려왔다. 긍정적이고 희망적으로 생각해야 한다는 수많은 조언들이 맥없이 무너져 내렸다. 의욕과 자신감의 상실은 내 어깨를 한없이 추락시켰고, 행동을 하고 있는 나보다 멍한 눈으로 허공을 바라보는 내가 훨씬 많아지게 만들었다. 분명 뭔가 크게 변화하지 않으면 더 이상 소중한 내 삶을 지켜나갈 수가 없다는 불길한 생각이 들기에 이르렀다.

내가 선택한 방법은 '무시하기'였다. 오랜 시간 머릿속을 가득 채우는 과거의 쓰라린 기억들로 몸살을 앓았고, 또 그보다 더 오랜 시간 과거를 지우기 위해 애를 써 봤지만 아무런 소용이 없었다. 그래서 결국 선택한 것이 **무슨 생각이 떠오르든 상관하지 말고 지금 하는 일에 집중하기**였다. 처음엔 무척이나 힘들었다. 그러나 막노동을 시작하면서부터 오히려 도움이 되었던 것 같다. 몸을 혹사시키다 보니 머릿속에 잡념이 떠오를 틈이 없었다. 그래서 일을 마칠 때까지는 별 문제가 없었지만 문제는 집으로 돌아온 이후부터였다. 글쓰기를 시작하려고 책상 앞에 앉기만 하면 넥타이를 매고 편안하게 회사를 다녔던 시절, 순간의 실수로 저질렀던 사업의 실패, 그 뒤로 겪었던 채권자들의 압박, 파산, 감옥, 그리고 지금의 막노동까지 마구 떠오르는 회한과 아픈 기억들을 주체할 수가 없었다. 그래서 몇 번이나 몽땅 때려치우고 될 대로 되라고 행동하기도 했었다. 시간이 조금씩 흐르기 시작하자 미친 듯이 날뛰던 기억들이 서서히 그 모습을 감추어가기 시작했다. 잊으려고 애를 쓸수록 더 선명하게 떠올랐던 과거가 아무런 반응없이 내버려두니 지쳐가고 있는 듯했다. 신기하기도 하고 두렵기도 했다. 혹시 내가 미쳐가고 있는 건 아닐까. 정신적으로 문제가 생겨 착란을 일으키고 있는 건 아닐까 싶을 정도였다.

과거는 지나간 시간이다. 사람은 누구나 현재만을 살기 때문에 과거란 이미 사라진 삶이라고 볼 수 있다. 돌이킬 수도 없고 바꿀 수도 없다. 인간이 가진 무한한 능력으로도 전혀 손댈 방법이 없는 것이 과거다. 영화에나 나오는 것처럼 타임머신을 타고 돌아간다면 모를까, 현실에서는 있을 수 없는 일이다. 그러니 과거 속에 빠져 헤어나

오지 못하는 것은 내 삶에 아무런 도움이 되지 않는다. 아니, 도움이 되지 않는 정도가 아니라 크게 해악을 끼치게 된다. 영광스러웠던 과거에 빠져 현실의 노력을 게을리 하게 될 수도 있고, 한스러운 과거에 빠져 후회와 한숨으로 세월을 보내게 될 수도 있다. 어느 쪽도 우리의 인생에 도움이 되질 않는다. 나도 한때는 과거에 얽매이지 말라는 내용의 책을 수도 없이 읽었지만 피부로 느껴지지 않았다. 그래서 더 절실하게 사람들에게 전하고 싶다. 남아 있는 우리 삶의 시작은 언제나 오늘, 지금부터다. 흘러간 시간은 남은 삶과는 아무런 관계가 없다는 말이다. 과거에 연연하며 헛되이 오늘을 보내면, 그 오늘은 다시 과거가 되어 영원히 벗어날 수 없는 악순환만 반복되는 결과가 생긴다. 어느 누구도 아닌 나 스스로 그런 삶을 자초하게 된다. 지금 딱! 집중하자. 아무리 머릿속을 괴롭히는 과거가 있다고 하더라도 그냥 내버려두자. 우리는 지금의 삶과 친구가 되어야 한다. 악마의 모습으로 우리를 꾀는 과거를 따돌려 버려야 한다. 그냥 내버려두면 지쳐 쓰러지게 되어 있다. **과거를 놓아버리면 현재가 보인다.** 현재의 삶은 언제나 우리 힘으로 가득 채울 수 있다는 것, 그것이 행복이다.

상처 하나 없는 사람도 있을까

앞서 말한 바 있지만, 나는 절대적인 위기에 처해 있을 때 꽤 많은 사람들을 만났고 그들의 앞에서 눈물을 흘리며 하소연 했다. 사업은 망했고, 전 재산을 날렸으며, 빚더미에 올라 파산했고, 이제 감옥에까지 가게 될지도 모른다며 울부짖으며 매달렸다. 도와달라고 매달린 것이 아니라 나 좀 봐달라고, 내가 이렇게 힘들다고, 힘든 나 좀 알아달라고 소리를 질렀다. 내가 이런 이야기를 꺼내면 상대방은 처음에는 상당히 놀라는 눈치다. 소문을 들어서 어려운 줄은 알았지만 그 정도일 줄은 몰랐다는 반응이다. 그러다가 점점 내 이야기에 빠져 함께 고민하는 모습을 보이거나, 슬픔을 나누는 시늉도 보여주었다. 어쩌면 내가 처한 최악의 상황을 놀랍게 받아들이는 그들의 모습을 보며 순간적으로 현실을 잊어버리는 묘한 감각에 사로잡혔는지도 모르겠다.

막노동을 처음 시작할 때만 해도 현장에서 마주치는 사람들과 전혀 어울리지 못했다. 일도 서툴렀고, 말투도 달랐다. 나는 완전히 다른 세상 사람처럼 홀로 떨어져 일할 수밖에 없었다. 그러나 점차 시간이 흐르면서 일이 손에 익숙해지기 시작하자 주위 사람들이 다가오기도 했고, 자연스럽게 내가 다가가기도 했다. 일을 마치고 나면 가끔씩 어울려 술잔을 기울이기도 했다. 이런 일을 할 것처럼 보이지 않는다는 이야기를 가장 많이 들었는데, 그럴 때마다 나는 술기운을 빌어 지나간 시간들에 대해 마치 영웅담처럼 쏟아놓곤 했다.

당황스러운 일이 아닐 수 없었다. 당연히 내 과거의 이야기를 들으면 아주 놀라거나 저런, 저런 하며 탄성을 지를 줄 알았는데 뜻밖에도 그들의 반응은 너무나 태연했다. 아니, 태연한 정도가 아니라 마치 유치원생이나 초등학생의 이야기를 듣는 것처럼 관심조차 없는 듯했다. 나중에 그들의 사연을 듣고 나서야 이유를 알 수 있었다. 인생의 막장에서 몸으로 일을 하는 그들의 지난 시간들에 비하면 내 사연은 그야말로 새발의 피였다. 그토록 갖은 고생을 다했다고 여겼던 내가 입이 떡 벌어질 정도의 사연들을 하나씩은 품고 살았던 것이다.

혼자만 아픈 줄 알았다. 세상에 이토록 처절한 인생이 또 있을까 싶었다. 홀로 세상 밖에 튕겨져 나와 진흙탕에서 뒹굴고 있다고 생각했다. 그런데 **세상에는,** 바로 내 주위에는 **나와 똑같은, 나보다 훨씬 더 무거운 삶의 무게를 지고 사는 사람들이 많았다.** 겉으로 보기에는 전혀 알 길이 없었지만 모두가 찢긴 가슴을 부둥켜 안고 살아가고 있었던 것이다.

중요한 것은, 그들의 사연을 알게 된 후부터 내가 느끼는 절망과 시련의 고통이 크게 줄어들었다는 사실이다. 나 혼자만 겪고 있는 아픔이 아니라고 느끼기 시작하자 어깨가 훨씬 가벼워졌다.

이렇게 생각해 보자. 만약 당신에게 소중한 딸이 한 명 있다. 그런데 어느 날 학교에서 말썽을 피우는 바람에 수업이 모두 끝난 후 혼자만 남아서 화장실 청소를 했다고 한다. 퇴근 후에 이 이야기를 들은 당신의 기분이 어떠하겠는가? 왜 혼자만 남아서 화장실 청소를 하게 되었는지 그 이유도 확인해야겠지만 분명 엄청나게 화가 났을 것이다. 부모의 심정이란 모두가 똑같기 때문에 공감할 수 있다. '왜 내 딸 혼자만 남아서 화장실 청소를 해야 한단 말이야'라는 격한 심정으로 화가 머리끝까지 솟을 것이다. 그런데 이번에는 상황을 좀 바꿔서, 딸아이 혼자가 아니라 학급 전체가 남아서 화장실 청소를 했다면 어떨까. 전교생이 모두 남아서 화장실 청소를 했다고 하면 어떨까. 녀석들, 말썽 꽤나 피운 모양이네. 얼마든지 웃으며 넘길 수 있는 일이 된다.

위의 상황을 그대로 내 삶에 적용시켜 볼 수 있다. 나 혼자만 겪고 있는 아픔, 시련, 고통이라면 견디기가 힘들다. 그러나 나와 똑같은 시련을 누군가가 함께 겪고 있다면 마음은 훨씬 가벼워질 수 있다. **혼자서만 가지고 있는 독특한 시련은 없다.** 그것이 어떤 종류의 무엇이든 상관없이 세상에는 그와 유사한 삶의 과정을 겪은 사람들이 반드시 존재하기 마련이다. 아무리 해결하기 힘든 문제에 부딪혔다고 할지라도 세상에는 이미 그 문제를 극복하고, 해결한 사람들이 있기 마련이다. 삶의 지혜란 이것을 이해하고 받아들일 수 있을 때 생겨난다.

친하게 지내며 많은 이야기를 나누는 동료가 있다. 나 못지않게 어렵고 힘든 상황을 겪었고, 지금은 누구보다 열심히 일하는 친구다. 그에게 위의 이야기를 하며 대화를 나눈 적이 있었다. 나 혼자만 시련을 겪고 있다고 생각하는 것은 착각이며, 수많은 사람들이 세상을 살아가면서 좌절과 절망을 경험하기 때문에 용기와 힘을 잃지 말자고 말이다. 그런데 그 친구가 뜻밖의 말을 했다.

"아주 좋은 이야기임에 분명하지만, 그거 자칫하면 대단히 위험한 생각이 될 수도 있어."

위험한 생각이 될 수도 있다는 말이 언뜻 이해되지 않았다. 친구의 말을 빌자면 이런 얘기였다.

"나도 처음에 이 일을 시작할 때 많은 사람들의 이야기를 들었어. 그 중에는 나와 비슷한 경험을 가진 사람들도 있었고, 또 대부분은 나보다 훨씬 더 힘든 시기를 겪은 사람들이었지. 솔직히 말해서 그들 덕분에 정말 많은 힘을 얻었고, 위로가 되었던 것도 사실이야. 문제는 그 다음이지. 난 사람들의 갖가지 사연들을 알고 난 후부터 내가 겪은 일들에 대해 대수롭지 않게 여기기 시작했어. 모든 사람들이 한두 개쯤 아픔을 안고 살아가는 세상이니까 나도 당연히 그럴 수밖에 없다고 스스로를 일깨웠어. 그런데 자꾸만 이 생각이 반복되니까 문제가 생기기 시작한 거야. 크든 작든 내 앞에 어떤 문제가 생기면 그걸 해결하거나 극복해내려고 노력하기보다 그저 누구나 겪는 일이라며 대수롭지 않게 여기고는 지나쳐 버리려는 습관이 생기고 말았어. 내 힘으로 조금만 노력하면 얼마든지 극복할 수 있는 문제들조차도 아예 손을 대지 않게 되더라고. 모든 사람들이 위기를 겪고 시련을 경험하면서 산다는 건 분명한 사실이야. 우린 그 사실로부터 나 혼자만 절망과 싸우는 것이 아니라는 위안과 힘을 얻을 수는 있지. 하지만 정말로 중요한 것은, 그 위안과 힘을 가지고 최선을 다해 살아야 한다는 점이야. 나와 똑같이 힘든 사람들이 있으니 그냥 이렇게 살아도 되는 거지 뭐. 이런 생각은 우리가 겪었던 과거의 상황과 비교도 할 수 없을 만큼 더 위험하다는 사실을 절대로 잊으면 안 돼."

친구의 이야기는 조금도 어렵지 않게 내 가슴에 와닿았다. 실제로 막노동의 현장에서 땀흘리며 일하는 사람들 중에는 친구의 말처럼 자신의 현실을 그저 '그러려니' 하면서 자포자기한 심정으로 받아들이는 경우가 아주 많았다. 상처가 깊은 사람들이 많이 모여있는 현장이기 때문에 자칫하면 내 앞에 닥치는 문제들이나 극복해야 할 상황들이 그들의 사연에 비해 작아보이게 될지도 모른다. 그래서 극복을 하기 위해 노력하기보다는 모두가 겪는 일이라고 여기게 될 수도 있다.

나 혼자만 고통을 겪고 있다는 생각은 고통 그 자체보다 훨씬 괴롭고 힘들게 느껴진다. 그러나 세상 사람들 대부분이 나와 유사한 경험을 하고 있다고 생각하면 견디기가 훨씬 수월하다. 누군가와 아픔을 공유하고 있다는 사실이 엄청난 에너지를 준다는 것은 부정할 수 없는 사실이지만, 그렇다고 해서 내가 할 수 있는 일임에도 불구하고 손을 놓고 사는 것은 자신의 삶을 더 깊은 수렁으로 밀어넣는 것과 마찬가지라는 사실을 잊어서는 안 되겠다.

나이가 마흔이 넘게 되면 다들 몸에 상처 하나쯤은 가지고 있다. 어떤 사람은 작은 종기자국이 있을 수도 있고, 어떤 사람은 심장에서 배꼽까지 수술했던 자국이 선명하게 남아 있기도 한다. 살아가면서 생기는 수많은 상처들은 결국은 모두 치유가 된다. 조금은 색이 바래지고, 흉터가 크게 남아 볼썽사납기도 하겠지만 세월이 지나면 흔적만 남을 뿐 그때 얼마나 아팠는지 기억조차 나질 않는다.

상처의 흔적은 아픔을 떠올리라고 남은 것이 아니다.
우리가 살아온 세월 동안 그 모든 상처를 잘 지나왔음을 잊지 말고 앞으로 어떤 시련이 닥쳐도 꿋꿋하게 이겨 나가라는 응원의 흔적인 것이다.

아이가 밖에서 놀다가 무릎이 깨져서 들어오면 부모는 호들갑을 떤다. 약을 발라주고, 붕대를 감아주면서 혹시나 상처가 흉하게 남을까봐 노심초사 한다. 어느 정도 치료가 끝나고 나면 등짝을 한 대 후려 갈기며 "그러게 조심 좀 하면서 놀아야지!"라고 소리를 지른다. 우리의 아이들도 성장하면서 수많은 시련과 좌절을 겪게 될 것이다. 깨진 무릎은 낫겠지만 여전히 남아 있는 흉터를 보면서 어떤 시련 앞에서도 굴하지 않는 용기와 힘을 가졌으면 좋겠다.

| 우리가 가진 최고의 힘

어느 살기좋은 작은 나라의 왕이 있었다. 그에게는 사랑스러운 딸이 하나 있었는데 누구에게 시집을 보내야 할지 걱정이 되었다. 고민 끝에 왕은 후보자들을 골라 자신의 질문에 가장 옳은 대답을 하는 젊은이를 사위로 맞겠다는 결정을 내렸다. 많은 후보자들이 모였고, 계

속해서 테스트를 한 결과 최종적으로 단 세 명만이 남게 되었다. 왕은 그 세 명의 젊은이에게 마지막 질문을 했다.

"이 세상에서 가장 힘이 센 것은 무엇이냐?"

질문을 받은 세 젊은이는 각자 열심히 고민하기 시작했고, 첫 번째 젊은이가 대답했다.

"세상에서 가장 힘이 센 것은 바로 사람입니다."
"음, 그래? 어째서 사람이라고 생각하느냐?"
"세상에는 사람보다 힘이 센 짐승들도 많이 있습니다. 그러나 사람은 어떤 무기도 만들어낼 수 있는 능력을 가졌기 때문에 짐승보다 훨씬 힘이 세다고 할 수 있습니다."

첫 번째 젊은이의 대답을 들은 왕은 흐뭇한 표정으로 고개를 끄덕였다. 이 때, 두 번째 젊은이가 입을 열었다.

"세상에서 가장 힘이 센 것은 사람이 아니라 시간입니다."
뜻밖의 대답에 왕이 물었다.
"시간? 어째서 그리 생각한 것이냐?"

"물론 사람은 어떤 무기든 만들 수 있습니다. 그러나 아무리 강력한 무기를 만든 사람이라 할지라도 시간이 흐르면 늙고 병들며 죽기 마련입니다. 이 세상에 시간을 이길 수 있는 사람은 아무도 없기 때문입니다."

왕은 앉아있던 의자를 손으로 내려치며 감탄을 금치 못했다. 호탕하게 웃으며 두 번째 젊은이를 바라보는 왕에게 마지막 세 번째 젊은이가 말했다.

"이 세상에서 가장 힘이 센 것은 사람의 마음입니다."
"뭐라고? 그게 대체 무슨 말이냐? 좀 전에 분명 사람보다 더 힘이 센 것은 시간이라고 하는 두 번째 답변을 듣지 못했단 말이냐?"
"물론 시간은 사람을 병들게 하고, 늙게 하며, 죽음에 이르게 합니다. 그러나 그 시간조차 사람의 마음에 따라 조절할 수 있으니 마음이 가장 강하다고 볼 수 있습니다."
"시간을 사람의 마음으로 조절한다니, 그게 무슨 소리냐?"

세 번째 젊은이는 잠시 입을 다물고 있더니 이내 또렷한 목소리로 대답하기 시작했다.

"폐하의 따님인 공주마마가 아주 어렸던 시절을 회상해 보시기 바랍니다. 막 걸음마를 시작하고, 말문이 트이기 시작했던 그때를 말입니다. 그 시간들이 짧았던 것 같습니까? 아니면 아주 길었던 것 같습니까? 당연히 짧게 느껴지셨을 겁니다. 그럼 이번에는 다른 경우를 말씀드리겠습니다. 만약 공주마마가 지금 깊은 바다에 빠져 생사를 헤매고 있다고 가정해 보겠습니다. 공주마마를 구하기 위해 출발한 배가 오 분 뒤에 도착할 예정이라고 합니다. 아마 눈앞에서 바다에 빠진 공주마마를 지켜보는 폐하의 심정으로는 오 분이 마치 오십분과 같을 것입니다. 아무리 강한 시간이라고 하더라도 어떻게 마음을 먹느냐에 따라 빨리 가기도 하고 천천히 가기도 하는 것이지요. 따라서 세상에서 가장 힘이 센 것은 바로 사람의 마음인 것입니다."

왕이 자신의 소중한 딸을 누구에게 시집보냈을지는 보지 않아도 알 수 있을 것 같다. 세 번째 젊은이의 대답은 지극히 현명하면서도 정확한 답변이다.

지독하게도 힘든 시련과 절망의 시기를 겪으면서 나는 마음의 힘을 절대적으로 믿게 되었다. 지금 이렇게 편안하게 글을 쓰고 있는 것조차도 마음의 힘 덕분이다. 과거에는 사람의 마음이 가진 힘이 얼마나 대단한 것인지 수도 없이 읽고, 들었음에도 불구하고 전혀 관심을 갖지 않았다. 마치 사이비종교의 교주가 말하는 내용처럼 헛소리라고만 여겼다. 힘겨운 삶에 지쳐 아무런 방법이 없다고 느꼈을 때조차도 고작 마음을 어떻게 먹느냐 하는 것이 무슨 도움이 되겠는가 라고 중요하게 생각하지 않았다.

그러나 사람의 마음이 강력한 힘을 지니고 있다는 것은 부정할 수 없는 사실이다. 지금 바로 머릿속에 신맛이 나는 레몬을 떠올려 보자. 실제로 우리 눈앞에는 레몬이 없다. 단지 과거에 그것을 먹어본 경험만을 가지고 레몬의 빛깔과 모양을 상상할 뿐이다. 싱그러운 레몬이 입안에서 터지고 강한 신맛이 온 입안에 가득 차는 것을 마음속으로 생생하게 느껴보자. 그러면 입안에 있는 침샘에서 침이 솟아나고 곧 입안을 가득 채우게 된다. 우리는 아무 것도 먹지 않았다. 마음속으로 생각만 한 것인데도 침이 솟아오르지 않는가. 머리가 깨질 듯이 아플 때 약을 먹으면 씻은 듯이 낫는다. 그런데 알고보니 그 약은 제조한 것이 아니라 밀가루였던 것이다. 약을 먹으면 낫는다고 생각한 우리의 마음이 두통을 낫게 한 것이다. 연약한 여자의 몸으로 자식을 구하기 위해 버스를 들어올리는 엄마의 모습, 전원이 꺼져 있는 냉동차 안에 갇혀 얼어죽은 사람 등 우리 마음의 힘이 빚어낸 초현실적인 일들은 얼마든지 찾을 수 있다.

말을 잘 듣지 않는 사람에게 흔히 '네 마음대로 해라'라는 표현을 자주 한다. 우리가 말하는 것, 행동하는 것 모두가 마음에서 비롯된다는 뜻이다. 생각한다는 것, 그것은 뭔가를 이루어내기 위한 시작이 되며 어떤 생각을 하든 결과는 반드시 생각한 대로 나오기 마련이다. 그래서 마음이 중요하다. 어떤 마음을 먹느냐에 따라 어떤 결과가 나올지가 미리 정해지기 때문이다. 결국 바라는 결과를 얻기 위해서는 그에 어울리는 마음을 강력하게 작동시켜야 한다는 결론에 이른다.

이처럼 사람의 마음이 강력한 힘을 가지고 있다는 사실을 부정할 수 없음에도 불구하고 우리는 '마음먹기'에 대단히 소홀하는 때가 많다. 나도 모르게 실패, 절망, 불가능, 좌절, 고통, 시련 등 부정적인 의미를 가득 담고 있는 생각을 하게 된다. 두려움과 불안함을 완벽하게 없애기가 힘들기 때문이다.

마음의 힘을 가장 효율적으로 이용할 수 있는 좋은 방법이 있다. 그것은 마음이 만들어내는 생각을 눈으로 볼 수 있게 하는 것이다. 우리의 생각은 의도적으로 만들어내는 것과 그렇지 않은 것으로 나뉘는데 이것이 바로 의식과 무의식의 차이다. 두 가지의 생각 중 훨씬 더 강력한 힘을 가진 것이 무의식인데, 사실 무의식을 통제하기란 말처럼 쉽지 않다. 그 방법이 대단히 어렵기 때문이 아니다. 대부분의 사람들이 무의식의 통제 즉, 끌어당김의 법칙을 이용함에 있어서 성공하지 못하는 이유는 무의식을 의식과 동일하게 간주하는 습성 때문이다. 의식적인 생각은 말 그대로 생각하는 것만으로 충분하다. 그러나 무의식의 힘을 현실로 이끌어내기 위해서는 반드시 시각적으로 보여주는 과정이 포함되어야만 한다. 예를 들어 멋진 차를 가지고 싶다는 욕구가 생겼다고 가정해 보자. 단순히 '아! 나도 멋진 차를 갖고 싶어'라고 생각하는 것은 무의식과는 아무런 연결고리를 가져올 수가 없다. 내가 늘 강조하는 말이지만 무의식은 위대한 능력을 갖고 있긴 하지만 대단히 무식하며 멍청하다. 무의식이란 놈은 언제나 자신이 직접 눈으로 본 것만 진실로 믿는 습성을 가지고 있다. 그래서 '멋진 차'라고 백날 상상해봐야 절대로 무의식에게 전달하지 못한다. '메르세데스 벤츠 S클래스'라고 정확한 차종을 말해야 하며, 실제 그 자동차의 모습을 생생하게 떠올려야 한다. 그리고 내가 그 차를 몰고 도로를 주행하는 모습, 그때의 날아갈 것 같은 내 기분, 바닷가에 차를 세우고 그 앞에서 사진을 찍는 내 모습 등 마치 실제로 그 차가 이미 내 손안에 들어온 것처럼 생생하게 떠올려야만 한다. 그런 식의 생각은 무의식으로 하여금 벤츠를 내가 가지고 있다는 것을 이미 사실로 받아들이게 만들어주며, 무의식은 자신의 능력을 총 동원하여 현실을 창조해 낸다. 머릿속으로 벤츠를 떠올리기만 하면 벤츠가 생긴다 라는 말은 이 모든 과정을 생략한 말이다. 하지만 그 의미만은 지극히 진실이다.

사람의 뇌는 반복에 반응한다. 그것이 현실인지, 진실인지의 여부에 관계없이 얼마나 '사실적'으로 생각을 반복하느냐에 따라 뇌의 움직임이 달라진다는 소리다. 잠재의식에 관한 논리는 여기에서 시작된다. 시크릿을 비롯한 수많은 '생각'에 대한 책들도 결국은 선명한 이미지의 반복을 설명하고 있다.

바라는 바를 이루기 위해서도 이러한 뇌의 특성을 잘 활용해야겠지만, 감정을 다스리는 데에도 크게 도움이 된다. 인간관계를 예로 들어 보자. 사람들과의 관계에서 상처를 입었을 경우 우리는 흔히 '마음이 아프다'라고 표현한다. 회사 동료들과 불미스러운 일을 겪었을 때 머릿속으로 끊임없이 그날의 일을 떠올리며 스스로를 자학하거나, 나를 상처준 사람들을 향해 분노와 원망을 뿜어내기도 한다. 사람마다 차이가 있겠지만, 이러한 불쾌한 감정과 생각은 짧게는 며칠, 길게는 몇 달씩 나 자신을 힘들게 만든다. 좋지 않은 생각(아픔이라는 생각)이 계속 반복되는 동안 우리의 뇌는 '나의 상태'를 '불쾌한 상태'로 읽어낸다. 끌어당김의 법칙에 의해 갖가지 종류의 불미스러운 일들이 내 주변으로 몰려오게 되는 결과를 낳는다.

사람의 능력이 무한하다는 것은 바로 이 '반복되는 생각의 힘'에 근거를 두고 있다. 물론 사람이 한결같이 좋은 생각만을 하고 살 수는 없다. 그러나 아프다는 생각을 계속 반복하게 되면 실제로 겪은 상처의 크기보다 훨씬 더 큰 아픔을 느끼게 되는 것은 사실이다. 억지로 아픔을 부정하거나 억압할 필요는 없겠지만, 애써 상처를 크게 번지도록 만들 이유는 더더욱 없다.

'내가 지금 마음이 아프구나'라며 자신의 감정을 있는 그대로 바라보고, 따뜻하게 가슴을 쓸어내리는 잠깐의 시간을 갖는 것으로 충분하다. 실제로 우리가 가진 최고의 능력, 생각을 반복함으로써 모든 일을 이루어낼 수 있는 능력을 부정적인 감정을 키우는 잘못된 습관으로 키워서는 절대로 안 된다.

상처를 덧나게 하지 말자

나는 아주 지독한 피부병을 앓고 있다. 어릴 적부터 두드러기를 비롯해 피부의 상태가 좋지는 않았지만, 세상 뒤편의 좋지 않은 환경에 머물렀던 탓에 더 심해진 것 같고, 사업에 실패하면서 지독하게 마셔댄 술의 후유증으로 보이기도 한다. 심할 때는 얼굴과 목을 비롯해 온 몸에 종기가 솟아오른다. 가렵기도 하고 따갑고 아프기도 해서 견디기가 힘들다. 급기야는 종기가 터져 진물이 쏟아져 흐르고 피와 고름이 섞여 아주 보기 흉한 모습이 되기도 한다. 한참이나 흐른 뒤에야 굳어져서 딱지가 앉는데 그때부터 완전히 낫는 데까지도 고통은 계속된다. 얼마나 가려운지 도저히 손을 대지 않고는 참을 수가 없을 정도다.

가장 괴로운 것은 진물이 흐를 때다. 특히 얼굴에 난 상처에서 진물이 흘러내릴 때면 보기에도 흉할 뿐 아니라 뭔가 얼굴을 타고 흐른다는 느낌이 아주 불쾌해서 쉴 새 없이 닦아내야만 하기 때문이다. 입술 바로 위쪽에 커다랗게 상처가 났을 때의 일이다. 아무리 닦아내도 진물이 멈추지 않아서 거즈를 붙여놓기도 하고 진물을 흡수하는 밴드를 사다가 붙인 적도 있다. 동네의 작은 병원에서 처방받은 약이나 치료로는 도저히 효과를 볼 수가 없어서 큰맘 먹고 대학병원의 피부과를 찾았다.

의사는 정확한 병명을 알려면 정밀검사를 해봐야 한다고 말했고, 나는 의사의 말대로 검사를 받았으며 우선 지어주는 약과 처방을 따르기로 했다. 그런데 의사의 말이 조금 의외였다.

"진물은 상처를 자체적으로 소독하고 피부를 낫게 하는 성분을 가지고 있습니다. 그러니 자꾸만 진물을 닦아내려고 하지 말고 마르고 굳을 때까지 가급적 그냥 두시는 게 치료에 효과적입니다."

내가 진물을 계속 닦아냈기 때문에 오히려 상처가 쉽게 아물지 않았다는 말이다.

상처에 딱지가 내려앉았을 때도 마찬가지다. 너무나 가려워서 나도 모르게 긁다보면 어느새 딱지가 떼어지고 피가 흘러 상처는 훨씬 더 커지게 되었다. 처음엔 좁쌀만했던 상처가 몇 번이나 딱지를 떼낸 탓에 엄지손톱만하게 커져버린 것이다. 대학병원의 피부과 의사는 진물이든, 딱지든 간에 피부의 상처를 치료하는 가장 좋은 방법은 가만히 내버려두는 것이라고 말했다. 자꾸 손을 대면 댈수록 상처의 크기가 커지고 쉽게 아물지도 않는다는 것이었다.

우리는 살아가는 동안 수많은 상처를 가지게 된다. 때로는 그것이 상처인지도 모른 채 지날 만큼 미미한 경우도 있지만 반면에 숨을 쉬지 못할 만큼 감당하기 힘든 상처도 있기 마련이다. 상처가 생기기 시작한 무렵에도 물론 힘들고 괴롭지만 아물어가는 과정 또한 쉽지만은 않다. 몸에 생겨난 상처는 피부의 탁월한 재생능력의 도움으로 어느 정도는 시간의 영향을 받지만 마음의 상처는 우리 의지대로 사그라들지 않는다. 머릿속에 떠오를 때마다 괴롭고 고통스러우며, 후회와 번민을 지울 수가 없다. 할 수만 있다면 당장이라도 시간을 되돌려 잘못된 선택과 결정을 하기 전으로 돌아가고만 싶다. 이런 후회와 한탄은 마음의 상처를 지우는 데 아무런 도움을 주지 못할 뿐 아니라 오히려 상처를 덧나게 한다. 지나간 일들을 자꾸만 들춰내는 것은 얼굴에 난 상처에 자꾸만 손을 대는 것과 마찬가지다. 그냥 내버려두면 낫는다는 당연한 사실을 잊고 사는 것이다. 마음의 상처를 그냥 내버려두라는 것은 무조건 무시하고 잊으라는 말이 아니다. 이미 지나간 일이기 때문에 더 이상 우리의 힘으로는 어쩔 도리가 없다.

그러니 받아들이라는 말이다. 하루아침에 씻은 듯이 낫는 상처는 없다. 반드시 시간이 필요하다. 그런데 치유의 시간을 도무지 견디지 못한다. 진물이 흘러내리면 잠시를 못참고 닦아내 버린다. 그러면 상처가 치유될 수 있는 기회조차 나 스스로 빼앗는 결과를 가져온다.

사회생활을 하다보면 누군가로부터 상처가 되는 말을 듣게 되는 경우가 종종 있다. 나는 잘해 보려고 했는데 상대방은 나의 의도와는 상관없이 모진 말을 한다.

"왜 시키지도 않은 짓을 하고 난리야!"

이런 말을 들을 때면 심장이 돌처럼 굳어버린다. 차라리 그 일에 손을 대지 말 것을 하고 후회하기 시작한다. 금방 잊을 수 있다면 얼마나 좋을까 싶지만 현실은 그렇지 못하다. 친한 동료를 만나 자신에게 모진 말을 했던 그 사람 이야기를 꺼낸다. 비난을 하면서 속풀이를 한다. 그것으로도 마음은 쉽게 가라앉지 않는다. 퇴근 후 집으로 돌아와서도 여전히 속은 부글부글 끓는다. 당장이라도 직장을 때려치우고 싶은 마음이 간절하다. 나에게 모진 말을 했던 상사의 얼굴에 침이라도 뱉고 싶다. 아내에게 속 마음을 털어놓고 위로받지만 그걸로 모든 감정이 씻겨나가지 않는다. 다음 날 회사에서 상사를 보고 있자니 어제의 속상한 마음이 스물스물 기어 나온다. 결국 이틀째도, 사흘째도 업무를 제대로 해낼 수가 없다.

  나에게 모진 말을 하는 사람은 꽤 많은 듯하다. 왜 나만 가지고 그럴까? 왜 만나는 사람마다 저렇게도 다른 사람을 배려하는 마음이 부족할까? 내가 무슨 큰 잘못을 저지른 것도 아니고, 좀 잘해보려고 한 것뿐인데. 너무 억울하고 분하다.
  이것은 생각보다 대단히 심각한 문제다. 상처는 가만히 두면 치유될 수 있다고 하지만 그렇다고 해서 시시각각 떠오르는 분한 마음을 그냥 두고 지내다가는 더 큰 병이 될지도 모른다. 이럴 때는 가만히 스스로를 돌이켜볼 필요가 있다.
  누군가에게 모진 말을 들었을 때의 감정은 누구나 불쾌하기 마련이다. 그런데 문제는 꼭 나만 이런 경우를 당하는 것 같다고 느끼는 데 있다. 혹시 자신은 누군가에게 모진 말을 한 적이 있는가? 만약 이 질문에 그렇다고 대답할 수 있다면 문제의 해결은 생각보다 쉽다. 나도 누군가에게 모진 말을 했으니 그 결과가 나에게 돌아온 것뿐이다. 그러니 이제부터라도 다른 사람들을 대할 때 조금 더 배려하는 마음으로, 따뜻한 말로 대하는 태도를 취해야 한다. 자신의 모습을 돌이켜보라. 혹시 누군가에게 모진 말을 했을 때, 그 말을 오래도록 기억한 적이 있는가? 아마 없을 것이다. 그 순간이 지나고 나면 내가 언제 그랬냐는 듯 잊어버리고 지낸다. 상처받은 사람에게 후유증은 길고 오래 간다. 하지만 상처를 준 사람은 기억조차 하기 힘들다. 이제 입장을 다시 바꿔보자. 내가 왜 기억도 하지 못하는 사람이 던진 한 마디 때문에 며칠씩 괴로워해야 한단 말인가. 그 사람이 잊고 살듯이 나도 잊고 살면 된다. 상처를 곱씹을수록 나만 손해다.

혹시 누군가에게 모진 말을 한 적이 있는가? 한 번도 그런 적이 없다고 대답하는 사람이라면 문제는 생각보다 훨씬 심각하다. 자신이 누군가에게 상처를 줄 수도 있다는 생각을 아예 하지 않기 때문에 그 사람의 주위에는 상처투성이 사람들로 가득할 가능성이 크다. 물론 매우 사려깊은 사람이라서 주위의 사람들에게 전혀 상처를 주지 않고 사는 사람도 있을 수는 있겠지만, 내 경험에 비추어 보면 지금까지 만난 사람 중에 그런 위인은 없었던 것 같다. 그러니 다른 사람에게 상처를 준 적이 없다고 말하는 사람이라면 자신의 말과 행동에 대해 전혀 돌이켜보지 않는 이기적이고 독단적일 확률이 높다는 말이다. 그럼에도 불구하고 다른 사람으로부터 모진 말을 듣는 것에는 대단히 민감하다. 남이 잘못하면 속이 뒤집어지고, 자신의 잘못은 아예 없다고 큰소리 친다.

우리는 드라마나 영화를 통해 악역을 맡은 배우들을 자주 본다. 그러면서 가족이나 연인과 함께 그 악역을 욕하면서 비난하곤 한다. 어떻게 저토록 자기밖에 모를까. 자기가 저지른 잘못은 생각지도 않고 다른 사람들은 모두 자신을 위해주기만 바라는 태도는 옳지 않다. 혹시 지금 욕하고 비난하는 누군가의 모습이 바로 자신은 아닐지 진지하게 돌아봐야 할 것이다.

상처가 나면 보기가 흉하다. 그래서 자꾸만 뭘 갖다 붙이거나 진물을 닦아낸다. 상처를 낫게 하기 위해서는 손을 대지 말고 있는 그대로 가만히 놓아두어야 하는데 다른 사람들이 흉하게 볼까봐 신경이 쓰인다. 어쩌면 우리는 상처를 낫게 해야 한다는 사실보다 다른 사람이 어떻게 볼까 하는 시선에 더 집착하고 있는 것은 아닐까. 실제로 **다른 사람들은 내 상처에 별 관심이 없다.** 스스로를 돌이켜보라. 오늘 하루 종일 만난 사람 중에 얼굴에 상처가 났던 사람을 기억할 수 있겠는가? 혹시 가까스로 기억해 낸다고 하더라도 그 사람의 상처에 얼마나 지대한 관심을 가졌었는가? 아마 별 관심이 없었을 것이다. 내가 다른 사람의 상처에 관심이 없듯이 다른 사람도 내 상처에 별 관심이 없다는 말이다. 세상의 시선을 의식하면서 정작 내 상처의 치유에는 소홀하거나, 내 상처를 더욱 덧나게 하고 있지는 않은지 깊이 반성해야 한다.

세상에 상처가 하나도 없는 사람은 없다. 그리고 상처는 종류에 따라 조금 덜하기도 하고 심하기도 하다. 예민하게 반응해서 자꾸만 손을 대고, 돌이켜 회상하고, 끄집어 내서 후회하고, 닦아내고, 뜯어내면 상처는 아물기는커녕 더 크게 덧나고 만다는 사실을 명심해야 할 것이다.

| 된장을 바르면 낫는다

없이 살던 시절에는 열 살도 채 되지 않은 아이들이 산에 나무를 하러 다녔다. 땔감을 구하기 위해 지게를 지고 나무를 구했던 것이다. 무거운 지게를 지고 산을 내려오다가 발을 헛디뎌 넘어져서 머리를 크게 다치기도 한다. 피를 철철 흘리며 집으로 돌아온 아이를 보고도 그 옛날 우리의 부모들은 절대로 호들갑을 떨지 않았다. 방에 앉아 마당에 서 있는 아들을 내려다보며 아버지는 그저 "된장 바르면 낫는다"라고 한 마디를 툭 던질 뿐이었다. 그러면 곁에 서 있던 어머니는 부엌으로 가서 국자에 된장을 퍼다가 아들의 머리에 척 하고 발라 주었다. 아이도 마찬가지다. 머리가 깨졌다고 끙끙대며 방에 들어눕지도 않는다. 머리에 된장을 바른 채 금세 동네 아이들과 어울려 산으로 들로 뛰어 다닌다. 그 옛날, 내 부모님이 어렸을 적 살던 모습이 바로 그러했다.

요즘은 어떨까? 아이가 밖에서 놀다가 머리가 깨져 피를 흘리며 들어왔다고 생각해 보자. 집안에 계신 할머니가 된장 바르면 낫는다며 부엌에서 된장을 퍼다가 아이에게 다가서면, 아이의 엄마는 아마 기겁을 하고 온 몸으로 할머니를 막아설 것이다. 다친 아이보다 훨씬 더 호들갑을 떨며 당장 병원으로 뛰쳐갈 것이고, 치료를 마친 후에도 마치 곧 쓰러질 것처럼 애지중지 감싸며 집으로 고이 모셔올 것이다. 아이는 최소한 며칠은 그렇게 자리에 누워 중환자가 되어야 한다.

된장에는 해독, 해열 작용을 하는 성분이 포함되어 있어서 실제로 상처나 화상에 바르면 효과가 있다고 한다. 그러나 없이 살던 그 옛날 우리의 선조들은 그 효과를 절대적으로 믿기도 했겠지만 당장은 약을 구할 방법도 없었을 테고 돈도 없었기 때문에 된장을 이용했을 터다. 된장의 효능을 이야기하고자 꺼낸 말이 아니다. 상처를 바라보는 우리의 인식이 얼마나 중요한 것인가를 논하고 싶다. 머리에 된장을 바르고 다녔던 우리의 선조들이 지금의 우리 아이들 못지않게 건강하게 자란 것은 비단 된장의 효능 때문만은 아닐 것이다. 분명 머리가 깨지고 피가 철철 흘렀지만 그 상처를 대수롭지 않게 여겼던 마음 때문에 치유 또한 훨씬 빨랐던 것 아닐까.

우리는 조그만 상처에도 아주 예민하게 반응한다. 자식을 아끼는 부모의 심정을 헤아리지 못하는 것은 아니다. 나도 자식을 키우는 부모이기 때문에 그 심정은 누구보다 잘 알고 있다. 그러나 때로는 작은 상처에도 무슨 큰 일이 일어난 것처럼 호들갑을 떠는 부모들의 행동이 아이에게 잘못된 영향을 미치는 것은 아닐까 우려가 되기도 한다. 아이들은 어른들의 말과 행동에 따라 모든 상황을 받아들이게 된다. 상처가 나고 피가 흘러도 어른들이 별로 대수롭지 않게 여기는 분위기를 보여주면, 나중에 비슷한 상황이 생겨도 당황하지 않고 잘 처리할 수 있을 것이다. 만약 조그만 상처에도 부모가 난리법석을 떨게 되면 나중에 조금만 다쳐도 울며불며 곧 죽을 것처럼 펄쩍 뛸 것이 분명하다.

마음의 상처도 마찬가지다. 세상의 뒤편에서, 그리고 막노동의 현장에서 내가 만났던 많은 사람들은 모두 극심한 마음의 상처를 입었던 경험을 안고 있었다. 얼핏 듣기에 두 번 다시 회복되지 못할 것처럼 느껴지는 사람들도 많았다. 그럼에도 불구하고 그들은 여전히 살아가고 있다. 아마 그들은 앞으로 살아가면서 웬만한 상처쯤은 가볍게 넘길 만한 여유가 생겼을지도 모르겠다. 나도 마찬가지다. 예전에는 나에게 닥친 문제들에 대해 아주 민감하고 예민하게 반응하기 일쑤였다. 운전을 하다가 옆에서 끼어드는 차가 있으면 얼굴이 시뻘겋게 달아오르면서 입에서는 욕이 튀어 나왔다. 회사에서 일을 하다가 누가 조금만 귀찮게 해도 마음속에서 분노가 일어났었다. 버스 정류장에서 줄을 서 있는데 누군가 새치기라도 할라치면 그 자리에서 소리를 지르거나 주먹을 불끈 쥐었던 기억도 난다. 그러나 지금은 주변의 모든 일들이 그저 사소하게 느껴질 뿐이다. 누군가 작심하고 시비를 걸어도 웃으며 상대할 수 있을 만큼 여유가 생겼다. 세상은 아무 것도 달라진 것이 없다. 사람들이 갑자기 나에게 친절해진 것도 아니고, 불쾌하게 여길 만한 일을 전혀 하지 않는 것도 아니다. 그럼에도 불구하고 내 주변의 세상이 완전히 달라진 것 같은 느낌을 자주 갖는다.

어릴 적 주사를 맞을 때 느낌을 상상해 보자. 양호실 앞에 줄지어 서서 순서대로 들어가 주사를 맞는다. 주사를 맞는 그 순간보다 줄을 서 있는 동안이 훨씬 더 견디기 힘들다. '얼마나 아플까'라는 심리가 우리의 마음을 둘러싼다. 그러다가 막상 주사를 맞아보면 별 것 아니란 생각이 든다. 괜히 두려움에 떨었다는 허탈감이 들기도 한다.

살면서 마주하게 되는 마음의 상처들도 어쩌면 우리가 너무 과대 포장하고 있는 것은 아닐까. 그래서 대충 된장만 바르면 잊어버릴 수 있는 상처들도 절망과 고통으로 불치병에라도 걸린 것처럼 여기게 되는 것은 아닌가 싶다. 누구나 겪게 되는 상처이고, 언제나 치유되는 상처다. 아무리 심각한 상황이라 하더라도 우리가 마음먹기에 따라 그 정도는 훨씬 덜해질 수 있다.

초등학교 3학년 때 동네에서 자전거를 탄 적이 있다. 당시에는 스마트폰도 없었고, PC방도 없었기 때문에 동네 아이들과 어울려 함께 자전거를 타고 달리는 것이 가장 재미있는 놀이 중 하나였다. 모처럼 일요일을 맞아 친구들과 함께 자전거 경주를 했다. 동네 어귀의 지정된 장소까지 누가 빨리 달리나 시합을 한 것이다. 신나게 달리던 도중에 갑자기 어린 아이가 내 자전거 앞으로 불쑥 튀어 나왔다. 물론 많은 사람들이 골목에 나와 있을 시간이니까 자전거를 그렇게 빠르게 달리면 사고가 날 수도 있다고 생각해야 마땅하지만 초등학교 3학년인 내 머릿속에 그런 조심성은 전혀 없었다. 브레이크를 급하게 잡았지만 결국 나는 그 꼬마를 자전거로 부딪치고 말았다. 나도, 그 꼬마녀석도 함께 땅바닥에 뒹굴고 말았다. 다행히 나는 아무데도 다친 곳이 없었지만 그 꼬마는 입술이 약간 찢어져 피가 흐르고 있었다. 태어나서 처음으로 누군가에게 상해를 입힌 것이다. 피를 보는 순간 나는 그만 얼어붙고 말았다. 누군가를 다치게 했다는 사실이 충격적이었고, 어떻게 수습을 해야 할지 전혀 알지 못했다. 어디선가 아이의 엄마로 보이는 여자가 달려왔다. 다친 아이를 보며 하늘이 떠나갈 듯 소리를 질러댔고, 나를 향해 미친 듯이 달려들었다. "당장 너네 집으로 가자!" 놀라고 당황스러웠던 나는 결국 울음을 터뜨렸고 드센 아주머니는 나를 앞세워 우리 집으로 향했다. 집에서 청소를 하고 있던 어머니는 영문도 모른 채 허겁지겁 뛰어 나왔다. 드센 아주머니는 이 때다 싶었는지 "당신 애가 자전거로 우리 애를 치었어요. 이렇게 입이 다 찢어지고 피가 났단 말입니다. 어쩔 거예요 이거. 어쩔 거냐고!!"라며 엄마를 향해 손가락질을 해댔다. 이젠 정말 큰일 났구나 싶어 온 몸을 부들부들 떨고 있던 나에게 엄마가 가장 먼저 해준 말을 아직도 생생하게 기억하고 있다.

"괜찮아. 울지 마라. 괜찮아."

사업에 실패하기 직전까지 내 삶의 기본적인 토대는 늘 '괜찮아'였다. 그래서 늘 긍정적인 사고를 가질 수 있었고 위기를 잘 넘길 수 있었다. 내가 그 아이를 다치게 했던 것은 사고였다. 사고는 우리의 삶에서 항상 일어날 수 있는 돌발적인 상황이다. 그럴 때마다 호들갑을 떨고 무슨 큰 일이 일어난 것처럼 법석을 피운다면 우리의 삶은 너무나 힘들어진다. 어떤 상황이든 초연하게 받아들일 수 있는 자세가 반드시 필요하다.

돈에 눈이 멀었던 내가 사업에 실패했을 때 아무런 대책을 세우지 못하고 힘없이 무너지고 말았던 가장 큰 이유는 바로 그때까지 지니고 살았던 '괜찮아'라는 말을 완전히 잊어버렸기 때문이다. 일단 괜찮다고 생각하기 시작하면 해결의 실마리가 보인다. 그러나 큰일났다고 생각하기 시작하면 문제는 더욱 걷잡을 수 없이 복잡해진다. 참담한 경험이었기에 그때의 깨달음이 더 소중하다.

우리는 어떤 문제에 봉착할 때마다 침착함을 유지하기가 참 힘들다. 그래서 당황하고 우왕좌왕하며 제대로 된 해결방법을 모색하지 못할 때가 많다. 설령 해결이 된다고 하더라도 꽤 많은 시간을 허비하기 마련이다. 상황을 어떻게 바라보느냐 하는 것은 오직 우리의 마음에 달려있다. 일단 괜찮다고 생각하고 방법을 찾아야만 한다. 그러면 아무리 어려운 상황이라도 돌파구를 찾을 수 있는 확률이 높아질 수 있다.

중요한 문제 하나를 짚고 넘어가야겠다. 나는 지금 앞 장에 이어 계속해서 '상처를 대수롭지 않게 여기자, 상처를 그냥 내버려두자'라고 말하고 있다. 그런데 혹시 내 말을 오해해서 상처가 나도 아예 거들떠 보지도 않는 사람들이 있을까 염려된다. 내가 말하는 것은 아무리 커다란 상처도 태연하게 받아들일 수 있는 마음의 자세가 중요하다는 뜻이다. 그러나 상처가 났을 때 아무 일도 없었다는 듯 전혀 신경을 쓰지 않게 되면 아주 위험한 상황이 발생할 수도 있다. 마음의 상처도 마찬가지다. **누군가로부터,** 혹은 **세상으로부터,** 아니면 **어떤 실패로 인해 마음에 큰 상처를 입었을 때 가장 먼저 해야 할 일은 상처를 인정하는 것이다.** 사소하고, 대수롭지 않고, 별 것 아닌 상처라고 생각하는 것은 마땅한 자세이지만 그렇다고 해서 상처가 없는 것은 아니다. 마음의 상처는 피부의 그것보다 훨씬 더 깊다. 그래서 따뜻한 손길이 절실하며, 그것은 오직 자신만이 치유할 수 있는 것이다. 잊지 말아야 한다. 훌훌 털어버리고 내 길을 가는 것도 중요하지만, 그 전에 된장이라도 반드시 발라야 한다는 사실을 말이다.

두려움은 최대의 적이다

사업에 실패한 직후부터 나의 휴대전화는 채권자들의 빚 독촉전화로 몸살을 앓았다. 처음엔 드문드문 돈을 갚으라는 정도의 통화만 했지만, 시간이 흘러 그들의 마음속에 내가 더 이상 돈을 갚을 수 없을지도 모른다는 생각이 들기 시작할 때쯤 협박과 욕설이 난무하기 시작했다. 조금만 시간을 달라며 애원해 보기도 하고, 믿고 기다려달라고 자신있게 말하기도 했다. 울면서 매달려 보기도 하고, 이렇게 사람을 괴롭히면 어떻게 돈을 갚을 수 있겠느냐며 나름대로 화도 내 보았다. 돈을 받아내겠다는 일념 하나로 전화를 걸어오는 사람들에게는 돈을 갚는 것 외에는 어떤 말도 통하지 않았다. 그런 시간들이 하루 이틀 계속되자 나는 전화로 누군가와 통화를 한다는 것에 대해 엄청난 두려움을 느끼기 시작했다. 전화벨 소리만 들려도 가슴이 덜컥 내려앉았고, 혹시라도 전화를 받지 않으면 그들이 무슨 짓을 할지 모른다는 생각에 하루 종일 휴대전화를 손에서 놓지 않았다. 언제 어디서 무슨 일을 하고 있어도 내 머릿속엔 항상 채권자들의 독촉전화 한 가지로만 가득차 있었다. 내 삶은 더 이상 나의 것이 아니었다.

두려움이란 감정이 무서운 이유가 바로 이것이다. 우리는 스스로가 삶의 주체가 될 수 있을 때 비로소 행복을 느낀다. 내 생각과 판단대로 행동하며, 행동의 결과에 따른 보상을 충분히 받아야 하고, 그 행동으로 인해 보람과 긍지를 느낄 수 있으면 더 이상 바랄 게 없다. 그런데 두려움이란 감정은 이 모든 것을 가로막는 장애물이 된다.

우선 내가 스스로 판단을 내릴 수 있는 기회가 전혀 없어진다. 번지점프를 하러 점프대에 올라서면 누구나 두려움을 갖는다. 그것을 극복하고 뛰어내리는 순간 나의 의지대로 행동한 것이다. 그러나 끝까지 두려움에 휩싸여 뛰어내리지 못한다면 나는 아무런 행동도, 판단도 내리지 못한 것이 된다. 등 뒤에서 바라보는 안전관리자의 시선, 그리고 아래쪽에서 내가 뛰어내리기만을 기다리는 수많은 사람들의 비웃음 속에서 스스로를 창피하게 여기고 좌절하게 되는 것이다.

게다가 모든 행동에 있어서 세상의 눈을 의식할 수밖에 없다. 실패하게 되면 나를 어떻게 바라볼까, 넘어지게 되면 얼마나 나를 비웃을까, 가진 것을 모두 잃어버리게 되면 얼마나 조롱거리가 될까 등등 세상의 시선에 대한 걱정 때문에 진정한 내 생각을 잃어버린다.

결국, 진정한 나는 사라지고 다른 사람들의 생각과 시선만을 의식한 채 끌려다니는 삶을 살게 되는 것이다.

많은 책에서 '두려움은 반드시 극복해야 하는 감정'이라는 말을 하고 있다. 우리 삶에 큰 장애물이 되는 두려움이란 감정을 뛰어넘는 용기가 필요하다고 말한다. 그런데 내 생각은 조금 다르다.

사람의 감정은 지극히 자연스러운 것이다. 따라서 두려움도 마찬가지다. 가슴속에 피어나는 감정을 반드시 극복해야 한다는 강박으로 접근하게 되면 저항이 일어난다. '극복'보다 먼저 생겨나는 것이 '저항'이다. 우리는 두려움도 극복해야 하지만, 먼저 극복에 대한 저항부터 다스려야 한다. 그러면 마음은 두 배로 힘이 든다. 두려움을 극복하기에도 엄청난 용기가 필요한데, 저항까지 어찌 하려니 너무나 힘이 들고 결국은 지쳐 포기하기에 이른다.

마음속에서 일어나는 모든 감정을 내 뜻대로 조절할 수 있는 최고의 방법은 있는 그대로 자연스럽게 받아들이는 것이다. 다시 말해, 두려움이란 감정이 생겨나면 '나는 지금 두려워하고 있다'라는 상황을 정확하게 인정해야 한다는 말이다. 두려움이 대단히 부정적인 요소들을 포함하고 있는 감정이라는 것을 너무 많이 읽고, 들어왔기 때문에 대부분의 사람들은 자신이 두려움을 느끼고 있다는 사실을 인정하고 싶어 하지 않는다. 자신이 두렵다고 하면 꽤나 못난 사람처럼 여겨지기 때문이다. 그러나 두렵다는 감정은 전 세계 모든 사람들이 느끼는 공통적인 감정, 그것도 지극히 자연스러운 감정이다. 문제는 두려움으로 인해 물러서고, 좌절하고, 포기하는 우리의 행동이지 두려움이란 감정 그 자체가 아니란 사실을 명심해야 한다. 한 번 더 강조하지만, 두려움은 사람이라면 누구나 갖게 되는 평범하고도 자연스러운 감정이 틀림없다. 그러니 두렵다는 생각이 들면 억지로 고개를 흔들어가며 반드시 극복하리라 이를 악물고 다짐하지 말고, 그냥 자연스럽게 '내가 지금 두렵구나'라고 생각하고 받아들이는 것이 문제해결에 가장 필요한 첫 번째 마음가짐이다.

두려움이란 감정은 폭발적으로 번식한다. 엘리베이터를 탈 때 혹시나 기계장치에 이상이 생겨 멈춰버리면 어떻게 할까 라는 걱정을 해본 적이 한 번쯤은 있을 것이다. 여기서 걱정이 멈춘다면 다행이지만 두려움은 생각의 꼬리를 물고 계속 이어진다. 구조작업이 늦어지게 되면 산소가 부족하게 되고, 호흡에 지장을 줄지도 모르며, 기계의 고장이 심각하다면 추락하게 될지도 모른다. 그러면 급속으로 강하하게 되고, 결국은…….

실제로 우리가 마음먹고 상상하기 시작하면 두려움만큼 끝이 없는 생각도 드물 것이다. 추리소설, 공포영화 같은 것들이 세월이 아무리 흘러도 사람들에게 인기를 끌 수 있는 이유가 여기에 있다. 끝없는 상상의 세계를 탐험할 수 있는 묘미가 있기 때문이다. 그만큼 우리가 머릿속으로 상상하는 두려움은 그 끝이 없다. 극복하려고 마음은 먹지만 실제로 극복하기란 마음처럼 쉽지 않은 것이다.

그러나 내가 지금 두려워하고 있다는 감정을 있는 그대로 받아들이고 나면 눈앞의 현실을 부풀리지 않고 볼 수 있는 힘이 생긴다. 엘리베이터는 여전히 작동하고 있으며, 혹시나 멈춰버리는 사태가 발생하더라도 저기 보이는 붉은색의 비상버튼을 누르고 통제실의 담당자에게 상황을 신속 정확하게 알려야 한다는 대응방법이 선명하게 보이기 시작한다.

죽음의 수용소에서 기적처럼 살아 돌아온 생존자들의 인터뷰 내용을 읽은 적이 있다. 그들은 어떻게 해서 살아남을 수 있었느냐에 관한 기자들의 질문에 대해 "냉혹한 현실을 직시하고, 희망을 버리지 않았기 때문"이라고 대답했다. 반면, 목숨을 잃은 수많은 동료들에 대해서는 이렇게 말했다고 한다.

"그들은 모두 현실을 지나치게 낙관했습니다. 어떻게든 곧 집으로 돌아갈 수 있을 것처럼 생각했지요. 그래서 돌아갈 수 없는 현실에 직면할 때마다 실망하고 좌절했습니다. 절망감이 커질수록 그들의 생명의 힘도 약해져가고 있었습니다."

　두렵다는 현실을 인정하고 받아들일 때 가장 좋은 점은 '어떻게'라는 생각이 머릿속을 가득 채울 수 있다는 사실이다. 두려움을 인정하지 않고 오직 극복하기에만 열을 올리면 문제해결의 방법을 놓치기 쉽다. 용기라는 감정으로 두려움에 맞서 극복할 수 있다는 보이지 않는 이상에만 초점이 맞춰져 있기 때문에 돌파구를 찾는 것이 더 어려워지고 만다. 용기를 가지고 행동에 옮기는 것은 그 방법이 정해진 다음의 일이다. 무모한 용기는 현실의 벽을 더욱 두텁게 만들고 만다. 어쩌면 잘 움직이고 있는 엘리베이터의 문을 힘으로 부수고 뛰쳐나올지도 모를 일이다.

　두려움을 자연스러운 감정으로 받아들일 수 있게 되면, 이제는 그것을 조금씩 줄여나갈 필요가 있다. 감정 그 자체를 줄인다는 말이 아니라 두려운 상황을 머릿속에 떠올리는 우리의 생각을 붙잡아 나간다는 의미다. 감정은 결국 스스로가 느끼는 머릿속, 마음속의 부산물이기 때문에 자신의 생각을 조절할 수 있다면 얼마든지 두려운 감정도 줄여나갈 수 있다. 사람의 감정을 조절한다는 말이 쉽게 받아들여지지 않을 것이다. 이렇게 생각해 보자.
　우리가 하는 생각들은 대부분 과거, 현재, 미래라는 시점으로 크게 구분할 수가 있다. 지나간 일들, 그리고 지금 눈앞의 현실, 앞으로 벌어질 수많은 일들에 대한 생각들로 가득차 있다. 앞서 말했듯이 과거와 미래에 대한 생각은 우리의 삶에 큰 의미를 갖지 못한다. 지난 일들은 어찌할 도리가 없으며, 미래도 결국은 허상의 공간일 뿐이다. 우리가 사는 공간은 오직 지금뿐이다. 따라서 생각도 마찬가지로 현재에만 집중되어야 한다. 지금 바로 이 자리에서 숨쉬고 있는 내 모습이 진정한 나란 뜻이다. 다시 번지점프를 예로 들어보자. 점프대에 서서 아래를 내려다보면 몸이 떨린다. 그것은 높은 곳에서 떨어지고 있을 내 모습이 강력하게 떠오르기 때문이다. 엄밀히 말하자면 점프대에 서 있는 나는 현재이며, 떨어지고 있을 내 모습은 몇 초 후의 미래다. 만약 현재에만 집중할 수 있다면 몇 초 후의 모습에 대한 두려움을 훨씬 줄여나갈 수가 있다는 말이다.

성공을 거둔 많은 사람들은 모두가 삶의 두려움을 잘 극복해낸 사람들이다. 과연 그들이 오직 의지 하나만을 갖고 무조건 두려움을 극복하려 애쓰며 살았을까. 아마 그들에게 두려움이란 감정에 대해 질문을 던진다면 모두 하나같이 "당연히 나도 두려웠지요"라고 대답할 것이다. 내가 두려워하고 있다는 사실을 인정하고 나면, 우습게도 더 이상 아무것도 두렵지 않은 자신을 발견할 수 있다.

반드시 넘어져야 한다

걸음마를 처음 배우는 아기는 두 발로 걷는 횟수보다 엉덩방아를 찧는 경우가 더 많다. 자전거를 처음 배울 때에는 페달을 밟는 시간보다 넘어지는 시간이 더 많다. 제대로 걷는 것에 익숙해진 아기는 웬만해서는 잘 넘어지지 않는다. 자전거를 한 번 잘 타기 시작하면 처음 배울 때만큼 자주 넘어지지 않는다. 한 번도 넘어지지 않고 처음부터 잘 걷는 아이는 이 세상에 없다. 단 한 번도 넘어지지 않고 처음부터 자전거를 잘 타는 사람도 이 세상에는 존재하지 않는다. 우리의 마음은 넘어지기 싫고, 다치기 싫고, 아프기 싫지만 그럼에도 불구하고 넘어지는 것은 잘 걷기 위해, 자전거를 잘 타기 위해 반드시 거쳐야 하는 과정인 것이다. 이 말은 누구도 부정할 수 없는 진실이다.

아들에게 처음으로 자전거 타는 법을 가르쳐 준 때가 아직도 눈에 선하다. 아마 내 삶이 다하는 날까지 그날의 기억은 사라지지 않을 것 같다. 아빠라면 누구나 마찬가지 아닐까.

자전거 대여점에서 아들의 키에 맞는 자전거를 골라 빌리고는 집 근처에 있는 공원으로 향했다. 자전거를 끌고 공원에 도착한 뒤 안전모를 씌워주었다. 아들은 이제 곧 자전거를 탈 거라는 부푼 희망에 차올라 눈빛이 반짝이고 있었다. 꽤나 흥분한 모습이었다. 아직까지 한 번도 자전거를 타 본 적이 없었기 때문에 다른 아이들이 자전거를 타는 모습을 보고 엄청 부러워했었다. 만약 그대로 자전거 안장에 올라앉았더라면 아들은 얼마 못 가서 포기하려고 했을 지도 모른다.

자전거를 한쪽에 잘 세워두고 나는 무릎을 굽혀 아들과 눈높이를 마주했다. 그러고는 아들의 가슴에 손바닥을 가져다댔다.

"지금부터 아빠가 하는 말을 잘 들어야 해. 우린 오늘 자전거를 타러 온 거야. 그런데 자전거를 가장 빨리 탈 수 있는 비밀 두 가지를 아빠가 알고 있어. 아빠가 시키는 대로만 하면 아주 빨리 친구들과 자전거를 타면서 놀 수 있을 거야. 그 첫 번째 비밀을 너에게 알려줄게."

그러고는 아들의 귀에 입을 가져다 대면서 소근대듯 말했다.

"그건 바로, 많이 넘어지는 거야."

넘어지면서 무릎이 깨질 수도 있고, 다리에 멍이 들 수도 있고, 옆구리가 결릴 수도 있고, 얼굴이 긁혀서 피가 날 수도 있지만 많이 넘어지고 깨질수록 자전거를 빨리 잘 탈 수 있을 거라고 진지한 표정으로 말해 주었다. 아들의 표정도 함께 진지해졌다. 다만 한 가지 특별하게 여긴 것은, 많이 다칠지도 모른다는 말에는 전혀 두려움을 느끼지 않고 오직 자전거를 잘 탈 수 있게 되리라는 희망만을 간직한 녀석의 표정이었다. 어린 아이에게 피가 나고 다칠지도 모른다는 이야기를 하면 당연히 겁부터 집어먹어야 하는데, 자전거를 타고 싶다는 꿈과 희망은 그런 두려움을 전혀 갖지 않게 했던 것 같다.

자전거를 타기 시작한 지 약 한 시간 동안 아들은 수도 없이 넘어졌다. 그러나 한 번도 눈물을 글썽이거나 아파하지 않았다. 벌떡 다시 일어나서 페달을 밟으려고 시도했다. 그 모습이 너무나 감동적이고 애잔하게 느껴져서 나는 다시 아들에게 다가갔다. 이제는 두 번째 비밀을 말해 줄 시간이 되었다고 생각했다. 온 몸이 땀으로 젖은 아들의 눈을 보면서, 가슴에 손을 가져다 댔다. 심장이 뛰는 소리가 선명하게 느껴졌다.

"두 번째 비밀은 바로 …… 멈추지 않는 거야."

넘어지는 것에 익숙해졌으니 어떻게 넘어져도 상관이 없다. 이왕이면 힘껏 달리다가 넘어져 보자. 페달을 밟는 발을 멈추지만 않는다면 쉽게 넘어지지 않을 것이다. 아들은 힘차게 고개를 끄덕였고 몇 번의 시도 끝에 마치 기적처럼, 나의 눈앞에는 신나게 달리고 있는 아들의 모습이 보였다.

거의 두 시간에 걸쳐 연습을 한 후에 결국 자전거를 잘 타게 된 것이다. 우리는 이렇게 자전거를 배운다. 처음부터 자전거를 잘 타는 사람은 아무도 없다. 사람에 따라 횟수의 차이는 있겠지만 누구나 몇 번의 넘어지는 과정을 통해야만 자전거를 탈 수 있게 된다. 넘어지는 과정을 시련과 좌절의 그것으로 받아들이는 사람도 없으며, 그만 포기하고 자전거를 평생 타지 않겠다는 사람도 없을 것이다. 우리의 머릿속에는 이제 곧 자전거를 타고 신나게 달리는 모습, 그리고 친구들과 함께 자전거를 타고 놀게 될 모습들로 가득 차 있을 뿐이다.

두 가지의 경우를 가정해 보자. 자전거를 타기 위해 연습을 하면서 수없이 넘어지는 과정의 한 가운데에 있다. 넘어지면 분명 아픔이 있을 수 있다. 그것은 육체가 느끼는 실제의 아픔이다. 그런데 아들은, 우리 모두는 그것을 과연 아픔으로 느꼈을까. 그래서 이를 악물고 참고 견디며 아픔을 이겨낸 것일까. 아니면 자전거를 신나게 타게 될 자신의 모습을 기대하며 아무런 아픔을 느끼지 못한 채 자전거를 다시 일으켜 세웠을까.

아픔이란 육체의 고통일 수도 있지만 마음의 상처가 될 수도 있다.

마음의 상처란 감정과도 같은 것이다. 결국 아픔이란 감정 또한 우리가 느끼기에 따라 그 정도가 심하거나 약해질 수 있으며 때로는 전혀 느끼지 못할 수도 있다는 말이다. 자전거를 잘 타게 되리라는 우리의 꿈이 머릿속에 가득 차 있을 때 몇 번씩 넘어지는 과정은 그저 연습으로 느껴질 뿐이다.

세상은 우리에게 말한다. 사는 것은 고통의 연속이며, 뭔가를 이루기 위해서는 실패를 거듭해야 하고 그 과정에서 아픔은 너무나 당연한 것이기에 참고 견디며 이겨내야 한다고 말이다. 만약 그 말이 사실이라면 내 개인적인 생각으로는 인생이 너무나 고달플 것만 같다. 무슨 일을 하든 아픔은 필수적이란 말이 되고, 결과보다는 과정이 훨씬 더 긴 우리의 삶은 결국 기쁨과 희열보다는 아픔을 견뎌야 하는 시간이 더 많다는 뜻이 된다. 육체적인 고통, 그것을 아픔이라 여기지 말라고 감히 말할 수는 없을 것 같다. 그러나 우리의 마음이 갖게 되는 아픔은 그것이 정말 아픔인지를 진지하게 들여다볼 필요가 있다는 말이다. 만약 마음의 고통이 어쩔 도리가 없는, 무조건 참고 견뎌내야만 하는 아픔이라면 과연 자녀에게 쉽게 자전거를 가르치겠다는 결심을 할 수 있을까. 아직 세상살이에 익숙지 않은 어린 자녀에게 몇 번이나 넘어지는 과정에서 비롯되는 그 좌절과 시련, 절망의 고통을 이를 악물고 참아내라고 말할 수 있을 만큼 강심장의 부모가 존재할 수 있을까 싶다.

아픔은 아픔이란 말로 표현하는 순간 두 배가 된다. 그것이 정말 아픈 것인지 생각해볼 겨를도 없이 아프다고 말해 버린다. 무릎이 깨지면 아프다. 그것은 생각할 여지가 없다. 그러나 마음의 상처는 그것이 정말로 아픈 것인지 한 번쯤은 생각해 보아야 한다. 만약 다른 말로 표현할 수 있다면 우리가 느끼는 아픔은 훨씬 덜할지도 모른다.

대학진학을 위한 시험에서 좋지 않은 점수를 받은 학생이 있다고 해보자. 이 상황을 두고 '대학입시에 실패한 나머지 좌절과 절망에 빠져 가슴깊이 상처를 받아 아픈 시간을 보내고 있다'라고 표현할 지도 모른다. 누가 봐도 말조차 걸기 힘들 정도로 힘겨워하는 듯하다. 무슨 말로 위로를 해야 할지 도통 모르겠다. 좌절과 절망에 빠져 가슴깊이 상처를 받아 아픈 시간을 보내는 사람에게 도대체 무슨 말을 해야 한단 말인가.

그러나 똑같은 상황을 두고도 "대학진학을 위한 시험에서 기대만큼 좋은 성적을 거두지 못했어. 그래서 나 자신이 조금은 허탈하고 실망스러워. 이제 앞으로 어떻게 하면 좋을까"라고 말한다면 이것은 충분히 아픔이 아닐 수 있다. 오히려 훨씬 대견스럽고 곁에 있는 사람마저 다음을 기약할 수 있는 기대감을 느끼게 된다. 얼마든지 용기와 격려의 말을 전해줄 수 있을 것 같다. "그래, 이번에는 결과가 좀

아쉽지만 모든 것이 끝난 건 아니잖아. 한 번 더 시도해 볼 수 있는 기회가 얼마든지 있어. 내년에 더 좋은 성적으로 네가 원하는 대학에 가면 되는 거지. 힘내라!"라고 말이다.

  솔직히 우리는 좌절, 절망, 시련, 아픔 등 이런 말들을 너무 남용하며 살고 있는 것 같다. 나라가 망한 것도 아니고, 삶이 끝난 것도 아니고, 에베레스트 산을 정복하는 과정에서 눈사태를 만나 열 명의 등반가 중에서 아홉 명이 목숨을 잃은 상황도 아니지 않은가 말이다. 아픔을 느끼게 되면 그 아픔을 잘 참고 이겨내서 극복하는 것이 최고의 방법이다. 그러나 애초부터 아픔이 아닐 수도 있다는 사실을 한 번쯤 생각해 봐야 한다.

  사업에 실패하고, 전 재산을 잃고, 가족과 헤어져 세상의 뒤편으로 보내지고, 파산을 하고, 막노동으로 생계를 유지하며 살아야 하는 현실이 내게는 엄청난 아픔으로 느껴졌었다. 그런데 글을 쓰면서 나 자신을 돌아보고 생각하는 시간을 많이 가지다 보니 과연 그 상황 속에서 내가 느낀 감정들이 정말 아픔이란 것이었나 의문이 들기 시작했다. 어찌 보면 그때의 나는 돌파구를 찾지 못해 답답함을 느꼈고, 잘못 선택한 순간의 실수에 대해 후회를 많이 했었고, 받아들이기 힘든 현실을 부정하려고 애쓰는 동안 술에 절어 세상을 원망하며 살았던 시간이 대부분이었다. 그때의 감정을 아픔으로 느끼며 누군가로부터 위로와 동정을 받기만을 기다리지 말고 차라리 다시 자전거를 탈 수 있는 순간을 머릿속으로 그리며 조금이라도 더 페달을 밟았더라면 어땠을까 하는 마음이 절실하게 든다.

우리가 느끼는 감정은 어쩌면 우리 스스로가 만들어낸 허구일지도 모른다. 그렇기 때문에 마음속에 어떤 감정이 생기면 그것에 이름을 붙이는 것도 우리의 의지에 따라 달라질 수 있다. 아무 것에나 아픔이란 이름을 붙여 스스로 약해질 기회를 만들지 말자. 아픔이라는 그럴 듯한 이름조차 인간이 만들어낸 단어일 뿐이다. 태초에 그것은, 아픔이 아니었을지도 모른다.

P 3장
ain Study

아프지도 말고, 미치지도 마라

대기업에서 10년간 미친 듯이 일했고, 시련과 고통이 내 앞에 닥칠 때마다 이를 악물고 참았다. 성공을 위해 그 정도는 당연히 견뎌내야 한다고 믿었다. 삶이란 원래 그런 것이고, 대부분의 성공한 사람들도 모두 비슷한 경험을 이겨낸 줄로만 알았다. 때로는 너무 힘들어서 다른 방법을 찾고 싶은 마음도 있었지만, 그럴 때마다 내 마음을 다잡아 준 것은 머릿속에 가득 찼던 미래의 어느 날 성공에 이른 내 모습이었다. 힘겨운 시간들을 참아내며 인내와 끈기로 시간을 보내다 보면 언젠가 밝은 미래가 내 앞에 펼쳐질 것이라 믿어 의심치 않았다. 결국 나는 실패했고, 지나간 시간들은 돌이킬 수 없게 되었다.

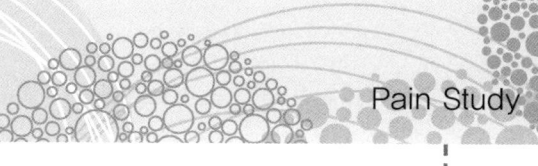

Pain Study

아프지도 말고
미치지도 마라

| 꿈은 찾는 것이 아니라 다가오는 것이다

　꿈을 향해 달려가는 사람들의 모습은 아름답다. 그들은 어떤 고난과 시련이 닥쳐도 결코 포기하지 않는다. 오직 자신의 꿈을 이루는 것에만 열중하기 때문에 힘든 일이 생겨도 좌절하거나 포기하는 대신 극복할 수 있는 방법만을 연구하고 행동에 옮길 뿐이다. 그래서 꿈이 있는 사람들을 보면 늘 생기가 돌고 열정이 느껴진다. 그들의 삶은 꿈을 향해 달려가는 여정이며 모든 삶의 과정들 하나하나가 꿈과 연결된다. 중요한 것은, 꿈을 가진 사람들은 언젠가 반드시 그 꿈

을 이루게 된다는 사실이다. 비록 많은 시간과 노력이 필요하다 할지라도 그들에게 이것은 별 의미가 없다. 오직 꿈을 이루게 된다는 사실만이 중요할 따름이다.

아들이 학교에서 꿈에 관한 이야기를 듣고 왔다. 나중에 커서 뭐가 되고 싶은지 그림과 함께 적어서 제출하는 과제를 받았다고 했다. 좋은 기회라고 여겨져서 아들을 앞혀놓고 한참 동안이나 꿈에 대해 설명했다. 진정으로 하고 싶은 일이 무엇인지, 가슴속에서 불타오르는 열망이 어떤 것인지 침을 튀겨가며 연설을 늘어놓았다. 초등학생인 아들은 광분하는 내 모습에는 아랑곳없이 자신의 관심분야가 오직 스마트폰 게임밖에 없다며 시들한 반응을 보였다. 어쩌면 너무 당연한 모습일지도 모르겠다.

태어나면서부터 내 꿈이 무엇인지 정확히 알 수 있다면 얼마나 좋을까. 별로 고민할 것도 없이 그 꿈을 향해 달려가기만 하면 된다. 내 삶의 목표가 이미 정해져 있으니 꿈을 찾기 위해 시간과 노력을 낭비할 필요가 전혀 없을 것이다. 하지만 안타깝게도 우리는 아무것도 정해져 있지 않은 상태로 태어난다. 어쩌면 인류가 처음 이 땅에 태어났을 무렵에는 처음부터 각자의 길이 정해져 있었을지도 모르겠다. 그러다가 불만을 품은 사람들이 신에게 따졌을 것이다. 왜 내가 살아야 할 길을 당신 멋대로 정해 두었냐고 말이다. 아마도 너그러운 신은 사람들이 각자 알아서 자신의 꿈을 정할 수 있도록 기회를 주었을 것이고 그래서 지금처럼 무(無)의 상태로 삶을 시작하게 되었으리라 짐작한다.

그렇다면 꿈이란 어떻게 해야 찾을 수 있는 것일까? 가끔씩 TV에 출연하는 특출한 재능을 가진 어린아이들을 볼 수가 있다. 아직 열 살도 채 되지 않은 꼬마 녀석들 중에는 드럼을 기가 막히게 두드리는 친구도 있고, 강남스타일에 맞춰 싸이 못지않게 춤을 추는 친구도 있으며, 힘이 장사인 친구도 있다. 그 아이들에게 나중에 커서 뭐가 되고 싶으냐고 물어보면 세계적인 드러머, 댄스가수, 운동선수라는 답변이 막힘없이 술술 나온다. 아주 어린 나이 때부터 자신의 꿈을 찾은 좋은 예가 아닐까 싶다. 이것은 아주 소수의 특별한 이야기에 불과하다. 대부분의 아이들은 진정으로 자신이 하고 싶은 일이 무엇인지 알지 못한다. 선생님이나 부모님이 물어보면 대답을 하기는 한다. 과학자, 비행기 조종사, 대통령 등 듣기에도 근사한 직업들이 쏟아져 나온다. 그러나 이런 대답이 과연 아이들의 마음속에서 펄펄 끓는 열정으로 우러나온 꿈일까.

꿈이란 어떻게 해야 찾을 수 있는 것인가에 대한 고민을 하기 전에 또 다른 의문이 생긴다. 꿈이란 과연 언제 가져야 하는 것일까? 몇 살까지 꿈을 찾아야만 하는 것일까? 수명이 다하여 눈을 감기 직전이라도 꿈을 찾기만 하면 되는 것일까? 아니면 초등학교를 졸업하기 전에는 꿈을 찾아야만 하는 것일까?

아들에게 꿈에 관한 이야기를 쏟아냈던 그날 저녁, 문득 아들이 나에게 물어보았다.

"아빠는 꿈이 뭐야?"

누군가 나에게 꿈이 뭐냐는 질문을 했던 적이 언제였나. 가슴이 뭉클해졌다. 나는 아직도 꿈을 간직하고 있는 것일까. 어쩌면 지금까지 살면서 한 번도 꿈을 갖지 못했던 것은 아닐까.

진정으로 하고 싶은 일을 찾기 위해서는 경험이 필요하다. 한 번도 보지도, 듣지도 못한 일을 꿈으로 가질 수는 없다. 직접 몸으로 체험해 보든, 아니면 책이나 영화를 통해 간접적으로 경험하든 언젠가 한 번은 보거나 느껴본 일이라야 자신의 꿈이 될 수가 있다. 결국 내가 진정 원하는 길을 찾기 위해서는 수많은 경험을 해 보는 것이 최선의 방법이다. 식당에 가서 근사하고 맛있는 요리를 먹어보면 요리사가 되고 싶다는 생각이 들 수 있다. 웅장한 소리를 내며 활주로를 이륙하는 비행기를 보면 조종사가 되고 싶은 마음이 든다. 학교에서 열정적이고 따뜻하게 가르치는 선생님을 보면 교사가 되고 싶다는 생각이 들지도 모른다. 이렇게 수많은 경험을 쌓는 과정에서 진정으로 내가 바라고, 되고 싶은 모습을 찾을 수가 있는 것이다.

그럼에도 불구하고 우리의 현실은 녹녹지 않다. 중학교에 입학하는 순간부터 대학진학이라는 일률적인 목표를 향해 달려가다 보니 꿈을 생각할 겨를이 없다. 자신의 적성에 맞추어 전공과목을 선택하라고 하지만 적성이 무엇인지조차 알 수가 없으니 당연히 성적에 맞추어 대학과 학과를 선택할 수밖에 없다. 대학 진학만이 인생의 유일한 목표이자 꿈이었으니 합격만 하고 나면 더 이상의 도전은 의미를 잃고 술과 유흥에 빠져 시간을 낭비하는 경우가 많아지게 된다. 그러다가 졸업이 눈앞에 다가오기 시작하면 취업이라는 새로운 목표가 생긴다. 스스로의 마음에서 우러나온 목표가 아니라 대부분의 학생들이 졸업하면 취업을 한다니까 나도 당연히 해야되나 싶다. 취업에 성공하지 못하면 혼자만 낙오자가 된 것처럼 느껴지니 말이다. 어떤 회사에서 어떤 일을 하게 될 것인가에 대한 문제는 뒤로 밀려난다. 이름이 좀 번듯한 회사면 좋고, 이왕이면 서울 시내에 자리잡은 고층 빌딩이면 더 좋겠다. 목에다 사원증을 걸고 정장을 입고 출근하는 모습만 눈에 그려질 뿐이다. 정작 내게 주어지는 업무는 어떤 것이든 별 상관이 없다. 그렇게 우리는 삶의 중반까지 걸어간다. 주말의 복잡한 재래시장에서 사람들의 무리에 섞여 내 의지와 상관없이 떠밀리듯 인생을 걸어가고 있는 것이다.

꿈을 갖기 위해서는 생각이 필요하다. 나 자신을 진지하게 돌아볼 수 있는 성찰의 시간 말이다. 다른 사람들이 무슨 꿈을 가지고 어떻게 살아가든 나와는 아무런 상관이 없다. 오직 나 자신만을 들여다 보아야 한다. 어떤 길을 가야 스스로 만족스러울 수 있는지는 오직 자신만이 알 수 있다. 하룻밤의 고민으로 꿈을 찾을 수 있다면 얼마나 편리하고 좋을까. 그러나 우리의 삶은 그렇게 단순하지 않다. 오랜 시간 공을 들여 **내면의 나와 대화를 나누고 인생을 진지하게 생각해보는 시간을 가져야만 비로소 진정한 꿈을 찾을 수가 있다.** 머릿속으로 생각만 하는 것으로 힘이 든다면 글을 쓰는 것이 도움이 될 것이다. 하고 싶은 일, 되고 싶은 모습들을 백지 위에 하나씩 적어나가다 보면 어느 새 자신을 진지하게 들여다보는 모습을 발견할 수 있다. 스스로를 돌이켜보는 시간이 많아질수록 꿈을 찾을 수 있는 가능성이 점점 커질 수 있다.

꿈을 찾는다는 말은 하고 싶은 일을 찾는다는 말로 바꾸어 표현할 수 있다. 그런데 하고 싶은 일을 찾는다는 말은 어째 앞뒤가 맞지 않는 것 같다. '하고 싶다'라는 말은 이미 찾은 일에 대한 마음이다. 찾지 못한 일을 하고 싶을 리는 없다. **주어진 일에 최선을 다하면 기회가 오기 마련이며, 기회를 놓치지 않는 것이 꿈을 만날 수 있는 방법이다.** 게다가 노력하는 자에게 기회는 수도 없이 오기 마련이다. 한 번 기회를 놓쳤다고 해서 좌절하거나 실망할 필요가 없다.

꿈을 찾고, 그 꿈을 향해 나아가는 것은 정말 중요한 일이다. 그러나 그보다 더욱 중요한 것은 남들이 꿈을 찾아가기 때문에 나도 꿈을 찾아야 한다고 생각하는 모방의식을 버려야 한다는 점이다. 꿈이란 억지로 찾아지는 것이 아니다. 하루 종일 '내 꿈은 뭔가'라며 머리를 싸매고 생각해봐도 답은 나오지 않는다. 나는 모든 것을 잃고 세상으로부터 버려졌다고 느껴졌을 때 비로소 작가와 강연가라는 꿈을 찾을 수 있었다. 아이러니하게도 삶을 포기하고 싶어졌을 때 삶의 길을 찾게 된 것이다.

꿈을 향해 나아가는 모습도 아름답지만, 꿈을 찾아가는 여행도 당연히 행복해야만 한다. 소중한 내 인생의 꿈을 찾는 과정이 힘들고 고통스럽다면 차라리 꿈을 갖지 않는 것이 더 낫다. 사람은 누구나 태어나면서부터 고귀한 가치를 지닌다. 그 무엇 때문이라도 '고통'받을 이유가 전혀 없다. 꿈이란 것이 존재하는 이유는 당연히 행복한 삶을 위해서다. 본질을 알아야만 한다. 행복한 삶을 위해 존재하는 꿈 때문에 불행해져서는 안 된다. 그러니 마음을 편히 갖고 즐거운 마음으로 꿈을 찾는 여행을 시작해 보자. 혹시 '꿈을 찾지 못하면 어떻게 하지'라는 불안한 마음조차 당장 버려야 한다. 꿈을 이루는 순간은 멋지고 황홀하다. 그러나 그것은 말 그대로 순간에 불과하다. 꿈을 찾는 과정, 꿈을 향해 나아가는 과정이 훨씬 더 길다. 길고 긴 과정에서 충만한 행복을 느낄 수 있다면 순간에 불과한 결과가 뭐 그리 대수겠는가. 불안해 하거나 초조해 하지 말고 언젠가 눈앞에 다가올 꿈을 향해 편안한 마음으로 오늘을 살 수 있으면 좋겠다.

| 일찍 일어나는 새가 총에 맞는다

아침형 인간, 새벽형 인간 등 하루를 일찍 시작하는 사람들의 이야기가 많은 이들로부터 관심을 받았던 때가 있었다. 지금도 여전히 새벽에 일어나 하루를 시작하는 사람들의 이야기는 성공을 이루고자 하는 사람들의 귀감이 되고 있다. 달콤한 잠을 뿌리치고 스스로의 삶을 개척한다는 것이 말처럼 쉽지 않기 때문에 이를 실천하는 사람들의 모습이 대단해 보이기도 한다.

나 또한 아침잠이 없는 편이다. 새벽 네 시면 어김없이 일어나고, 이 글을 쓰는 지금도 동이 트기 전이다. 고요한 새벽은 내면의 나를 만나기에 더없이 좋은 시간이고, 똑같이 주어지는 스물네 시간을 효율적으로 사용할 수 있는 좋은 방법이기도 하다.

농경사회에 근간을 두었던 우리의 조상들에게 일찍 일어나 일을 하는 것은 근면함을 보여주는 대표적인 모습으로 여겨졌다. 동이 트기 시작할 무렵부터 들에 나가 일을 해야만 해지기 전까지 그날의 양을 모두 채울 수 있었기 때문에 조금이라도 일찍 일어나는 것이 일하는 사람으로서 가져야 할 마땅한 덕이라 생각했던 것이다.

이쯤에서 한 번 짚어보자. 새벽에 일어나 하루를 시작한다는 것은 분명 나쁜 습관이 아니다. 그렇다면 모든 사람들이 새벽에 일어나야 한다는 말일까. 경우에 따라서는 꼬박 밤을 지새우며 일하는 사람들도 있다. 아침 7시부터 오전 10시까지 새우잠을 자고 다시 일해야 하는 사람들도 많다. 그들에게 새벽에 일어나란 소리는 먹히지도 않는 말이다. 어떤 사람들은 새벽에 일어나 하루를 시작하고, 또 어떤 사람들은 오후에 일어나 하루를 시작하기도 한다. 삶의 종류는 헤아릴 수 없으며 어떤 것이 정답이라고 감히 말할 수도 없다. 문제는 자신의 인생에 얼마나 성실하게 임하고 있느냐 하는 것이다. 잠을 너무 많이 자는 사람들은 줄여야 한다. 적당한 휴식을 취하는 반면, 깨어 있는 동안만큼은 자신의 인생에 최선을 다해야만 한다. 하지만 언제 잠을 자느냐 하는 문제는 개인의 영역이다. 아침형 인간은 그만의 논리가 있는 것이고, 저녁형 인간도 마찬가지다. 언제 잠을 자고 언제 삶에 충실한가를 결정하는 것은 오직 개인의 특성에 달려있다.

이처럼 단순한 이야기를 꺼낸 데에는 그만한 이유가 있다. 본인의 의지와는 상관없이 남들이 아침형 인간을 부르짖고 있으니 아무 생각없이 그저 따라서 움직이려는 사람들 때문이다. 새벽에 하루를 시작하는 사람들은 절대로 시간을 헛되이 보내지 않는다. 그렇지만 다른 사람들이 하는 걸 보고 무작정 따라하기만 하는 사람들은 아무리 일찍 일어나도 뭘 해야 할지를 모른다. 멍하니 책상 앞에 앉아 꾸벅꾸벅 졸면서 시간을 낭비하고 있다. 차라리 이불 속에 들어가 잠이나 실컷 자는 게 훨씬 나을지도 모른다.

세상의 기준에 자신을 맞추려는 것만큼 어리석은 짓은 없다. 이 세상의 중심은 나다. 내가 중심이 되어 세상을 움직여야 한다. 아침형 인간이 세상을 들썩이기 훨씬 전부터 이미 새벽을 움직이는 사람들이 있었다. 그러니 별로 새삼스러울 게 없는 현상이다. 여기에 한몫 끼려고 아무런 생각없이 캄캄한 새벽에 일어나 멍하게 벽을 보고 하품을 하는 사람들을 보면 너무나 안타깝다는 생각이 든다.

어쩌면 아침형 인간이란 나름대로의 체질과 습관을 가진 사람들의 이야기일지도 모른다. 일찍 일어나는 것이 힘든 사람들은 저녁에 늦게까지 자신의 일이나 공부를 하면 된다. 수면시간을 조절하는 것이 중요한 것이지 언제 일어나느냐가 중요한 것이 아니다. 일찍 일어나 하루를 시작하는 사람들은 그들의 삶이 있는 것이고, 늦은 밤까지 자신의 일에 최선을 다하는 사람들에게는 나름대로 큰 가치가 있는 것이다. 내 삶이 어디에 있느냐가 가장 중요하다. 다른 사람들이 어떻게 보느냐 하는 문제는 전혀 고려의 대상이 되지 않는다.

요즘은 취업하기가 하늘의 별따기보다 더 어렵다고들 한다. 취업을 하려는 사람들은 많은데 기업에서 뽑는 사람들의 숫자는 정해져 있기 때문이다. 그렇다면 도대체 왜 그렇게 취업을 하려는 사람들이 많은 것일까? 취업에 관한 언론의 보도와 인터넷 뉴스를 접할 때마다 참 궁금했다. 엄청난 숫자의 젊은이들이 취업에 목을 매려는 이유가 뭘까? 자본주의 사회에서 진정한 사회인으로 거듭나기 위해서는 스스로 일을 하고 소득을 벌어 경제생활을 해야만 하는 의무가 있다고 여기는 걸까? 만약 그렇다면 취업을 하려는 이유는 오직 돈을 벌기 위해서라고 할 수 있다. 그런데 돈을 버는 방법은 여러 가지가 있지 않은가. 반드시 취업을 해야만 돈을 버는 것이 아님에도 거의 대부분의 졸업생들이 취업을 마치 통과해야만 하는 관문으로 여기는 것 같다는 느낌이 들 정도다.

취업을 해야만 하는 명확한 목표의식을 갖고 있는 사람이라면 당연히 취업에 도전해야 한다. 그런 사람들은 몇 번의 취업실패에 상처받지 않고 끊임없이 도전할 수 있는 용기와 힘을 가질 수밖에 없다. 그러나 남들이 취업하니 나도 따라서 취업해야 한다는 생각만을 가진 사람들은 취업도 힘들 뿐더러 한두 번의 실패에 크게 낙담하고 상처받기 쉽다.

세상에는 취업이 아니라도 할 수 있는 일이 정말 많다. 물론 나도 처음 사회생활을 시작할 때는 대기업에 입사해서 회사원으로 일했지만, 동기들 중에는 굳이 취직에 힘쓰지 않고 자신만의 일을 찾은 사람도 꽤 많았다. 오히려 처음부터 자신의 길을 개척한 친구들이 지금은 훨씬 더 만족하며 잘 살고 있기도 하다.

유행따라 옷을 사는 사람들이 있다. 옷장에 옷이 넘쳐나도 계절이 바뀔 때마다 새로운 유행에 따라 새옷을 구입한다. 다른 사람들과 제대로 어울리기 위해서는 어쩔 수 없다는 말을 강하게 주장한다. 며칠 전 TV에서 엄마와 딸이 고민을 토로하는 프로그램을 본 적이 있다. 딸이 욕을 너무 많이 해서 엄마가 심각하게 고민 중이었다. 그 딸은 친구들이 모두 욕을 하기 때문에 자신도 욕을 하지 않고서는 어울릴 수가 없다는 말을 계속해서 내뱉고 있었다. 이런 주장들은 터무니없는 소리다. 스스로를 잃어버린 힘없는 인생이다. 우리는 자신에 대해 이야기하고 있는데, 그들은 다른 사람을 갖다 붙이고 있다. 처음부터 논리를 잃어버린 근거없는 주장이다. 도대체 언제부터 다른 사람의 시선과 말에 신경을 써야 하는 세상이 되어버린 걸까.

나는 지독한 삶의 고통을 경험했다. 도움을 준 수많은 사람들에게 감사한 마음을 간직하며 살고 있지만, 분명한 것은 스스로의 삶을 책임져야 하는 사람은 결단코 나 자신뿐이라는 사실이다. 아무도 내 삶을 대신 살아줄 수는 없다. 저수지 위에서 부지런히 팔과 다리를 움직이는 사람은 한가운데로 나아갈 수 있지만, 물결의 흔들림에 몸을 내맡기고 있는 사람은 결국 한쪽 가장자리에 온갖 부산물과 함께 떠밀릴 수밖에 없다.

내가 실패할 수밖에 없었던 가장 큰 원인은 바로 나 자신에게 있었다. 나의 생각은 전혀 없이 다른 사람들의 모습만 따라가려고 애를 썼다. 돈을 많이 벌겠다는 마음만 있었을 뿐, 눈에 보이는 성공한 사업가들의 모습이 전부인 줄만 알았다. 근사한 외제차를 타고 다니며 물쓰듯이 돈을 쓰는 그들의 모습이 성공의 전부인 줄 알았던 것이다. 타인의 삶은 그들에게만 의미가 있다. **나에게는 나만의 삶이 있다는 사실을 깨달아야 한다.** 그래서 **남을 좇아 뭔가를 이루기보다 스스로 만족스러운 삶을 찾는 것이 더 큰 의미가 있다.**

우리가 성공한 사람들이나 위대한 업적을 남긴 사람들의 삶의 흔적을 살피는 이유는 그들의 삶에서 내 삶에 도움이 되는 발자취를 얻기 위함이지 결코 그들과 똑같이 살아야 하기 때문이 아니다. 만약 그들의 삶 자체가 나에게 큰 도움이 되고, 바람직한 방향으로 나를 이끌어갈 수 있다고 스스로 판단이 된다면 얼마든지 모방해도 좋다. 그러나 내 생각은 배제한 채 오로지 선망의 대상을 좇아가기만 하는 삶에서 행복을 느끼기는 어렵다.

다른 사람의 시선에서 벗어나야 한다. 내 삶은 결코 타인의 잣대로 평가되어서는 안 된다. 태어나면서부터 고유한 삶이다. 이왕이면 다른 사람들이 내 삶을 따르도록 하겠다는 마음으로 살아가면 좋겠다.

내 아이를 포함해서 요즘 청소년들을 보면 스마트폰에서 눈을 떼지 못한다. 쉴 새 없이 쏟아지는 문자메시지에 일일이 답을 하느라 손가락이 보이지 않을 정도다. 지하철에서 곁에 앉은 학생에게 물어본 적이 있다.

"혹시 그거 답장 안 하면 어떻게 되는 거야?"
"에이, 당장 왕따 당하죠!"

혁신적인 기술은 복잡한 현대사회에서 소통의 수단이 되는 훌륭한 작품을 만들어 냈지만, 우리의 아이들은 소통을 위한 노동으로 하루를 보내고 있다. 친구들로부터 외면당하지 않겠다는 일념으로 두 손을 꼼짝없이 기계에 묶어둔 채 말이다.

너무나 완강하게 말하는 그 학생에게 말해주고 싶었다. 그토록 치열하게 문자를 주고받지 않아도 절대 왕따 당하는 일이 없을 거라고 말이다. 물론 내가 말을 해주었다 하더라도 문자를 주고받는 데 열중한 탓에 들리지도 않았겠지만 말이다.

살아가는 방법은 여러 가지다. 수많은 모습들이 각자 자신의 삶을 살고 있다. 그 중에서 어떤 것이 정답이라고 누구도 말하지 못한다. 타인의 기준과 시선에 신경을 쓰며 살다 보면 나 자신을 잃어버리게 된다. 일찍 일어나 하루를 시작하는 아침형 인간이 나에게 지극히 어울리는 모습이라면 당연히 아침형 인간이 되기 위해 노력해야 하지만, 내가 저녁형 인간이라면 억지로 아침형 인간을 좇아 힘겨운 삶을 살아갈 필요는 없다.

❙ 정해진 길은 없다

많은 사람들이 성공을 향해 열심히 살아가고 있다. 물질적인 부와 명예, 혹은 자신만의 가치를 찾아 순간순간 최선을 다하고 있다. 뭔가를 향해 혼신의 노력을 다하는 모습은 언제 보아도 아름답고 우러러 보게 된다. 삶의 진정한 가치는 성장해가는 모습 그 자체이기 때문이다.

한 가지 명심해야 할 것은, 성공에 이르는 방법이 수도 없이 많다는 사실이다. 어떤 방법이 옳다는 기준은 없으며, 유일한 성공법이란 것도 있을 수 없다. 양 손으로 깍지를 껴보자. 어떤 사람은 오른손 엄지손가락이 위로 올라오고, 어떤 사람은 왼손 엄지손가락이 위로 올라온다. 열 손가락을 모두 한 번씩 바꾸어 깍지를 껴보면 두 손으로 깍지를 끼는 경우의 수가 수도 없이 많아진다. 깍지를 끼는 사소한 행동에도 수많은 방법이 존재하는데 하물며 우리 삶에 있어서 성공에 이르는 방법이야 오죽 많겠는가.

그럼에도 불구하고 대부분의 사람들은 모든 것을 뒤로 하고 앞만 보며 달려가는 것을 성공에 이르는 유일한 방법이라 여기고 있는 듯하다. 당연히 나도 한때 그렇게 살았다. 주말도 없었고, 가족들과 함께 시간을 보내는 것도 늘 뒤로 미루었다. 그러면서도 가슴 한편에 미안한 마음이 생겨날 때면 나중에 성공하고 나서 충분한 보상을 해주리라 다짐했었다. 그 나중이란 시간이 언제가 될지는 나 자신도 몰랐다.

과연 우리가 말하는 성공이란 무엇일까? 돈을 많이 버는 것, 명예로운 지위를 갖게 되는 것, 권력을 쥐는 것, 내 집을 갖고 차를 소유하는 것, 마음껏 여행을 다니며 풍요롭고 여유롭게 사는 것……. 만약 이런 것들이 성공을 표현하는 대표적인 것들이라면 지금 당장 멈추어야 한다. 돈은 많이 벌고 나면 더 벌고 싶은 것이 사람의 마음이고, 명예로운 지위에 오르면 더 높은 곳에 오르려 하고, 권력은 더 강해지고 싶고, 집과 차는 더 좋은 것을 바라게 되며, 풍요와 여유는 만족을 모르기 때문이다. 끝도 없이 계속되는 성공을 향한 욕구 때문에 진정 소중한 나 자신의 삶과 사랑하는 가족을 잃어버릴 수는 없다. 곁에 있기 때문에 소중함을 모르는 존재들은 영원히 내 곁에 있을 것만 같다. 집에 돌아가면 늘 가족이 있고, 숨이 끊어지기 전까지는 나란 존재가 여기 있다고 여기기 때문에 자연스레 소홀해지고 만다. **내가 존재하고, 사랑하는 가족이 곁에 있을 때에야 비로소 성공은 의미를 갖는다.**

지금 멈추면 모든 것이 물거품이 될 것만 같다. 그런 마음은 절대적으로 공감한다. 나도 겪었기 때문이다. 비록 내 본연의 의지는 아니었지만 어쨌든 나는 멈추게 되었다. 멈춰 서서 바라보니 크게 달라질 것도 없었다. 오히려 열심히 달리고만 있을 때에는 보이지 않던 나의 삶과 가족들이 눈에 들어오기 시작했다. 사랑하는 사람들과 함께 가는 삶이야말로 진정한 성공인 듯하다.

맹목적인 성공의 추구는 당연히 속도의 경쟁으로 치닫게 된다. 마치 목적지도 없이 그저 빠르게만 달리는 자동차 경주와 흡사하다. 속도보다는 올바른 방향이 훨씬 더 중요하다는 사실을 잊어서는 안 된다.

글을 쓰는 작가에는 여러 유형이 있다. 소설을 쓰는 작가도 있고, 자기계발서를 쓰는 작가도 있고, 여행 에세이를 쓰는 작가도 있다. 일 년에 몇 권씩 다작을 하는 작가도 있고, 평생 단 한 권의 책으로 명성을 얻는 작가도 있다. 스무 살에 베스트셀러를 펴내는 작가도 있고, 아흔의 나이에 시집을 출간하는 작가도 있다. 모두가 각자의 스타일에 맞게 열심히 글을 쓴다. 어느 누구도 정해진 형식의 글이 옳다고 말하는 사람이 없으며, 어떻게 쓰는 것이 가장 좋은 방법이라고 주장하지 않는다. 자신에게 맞는 글쓰기 방법을 찾아 끝까지 밀고 나갈 뿐이다. 만약 다른 사람이 글을 쓰는 방식을 보고 무조건 따라 쓰려고만 한다면 자신만의 색깔을 잃어버린 무미건조한 글이 나오고 말것이 분명하다.

노래를 부르는 가수도 마찬가지다. 댄스와 함께 멋진 퍼포먼스를 연출하는 가수도 있고, 오직 가창력만으로 관객을 열광시키는 가수도 있다. 기타를 치며 노래를 부르는 사람도 있고, 하모니카를 연주하는 사람도 있다. 직접 곡을 쓰는 가수도 있고, 다른 가수의 노래를 리메이크해서 부르는 가수도 있다. 모두가 자신만의 특별한 음색으로 무대를 장악해 간다. 마찬가지로 어떤 가수의 노래가 옳다는 기준은 전혀 없다. 오히려 다른 가수의 창법을 그대로 따라하는 사람들은 오디션 프로그램에서도 쉽게 탈락하는 경우를 볼 수 있을 정도다.

이처럼 성공에 이르는 길은 수도 없이 많으며, 그 모양도 제각각이다. 어떤 길이 정답이라고 정해 있지는 않다. 우리에게는 그토록 많은 길 중에서 어떤 길로 갈 것인가를 결정하는 선택의 문제만이 있을 뿐이다. 그래서 선택이 중요한 것이다. 숨이 턱까지 차오른 상태로 앞만 보며 뛰어갈 때는 길을 선택할 만한 마음의 여유가 없다. 가만히 멈추어 서서 신중하게 판단해야 하지만 함께 뛰고 있는 사람들이 멈추지 않으면 나 혼자만 낙오자가 되는 것 같아 발을 멈출 수가 없다. 결국 대부분의 사람들이 떼지어 뛰어가는 길로 함께 들어설 뿐이다. 송충이는 우두머리의 꼬리만 바라보며 기어간다고 한다. 그래서 송충이 여러 마리를 머리와 꼬리가 맞붙도록 원을 지어 놓으면 끝도 없이 뱅글뱅글 돌다가 굶어죽는다고 한다. 자신의 명확한 삶의 기준 없이 다른 사람들이 향하는 곳으로 섞여 가는 우리의 모습이 송충이와 다를 게 뭐가 있겠는가.

어떤 길, 어떤 방법만이 정답이 아니란 사실은 누구나 알고 있다. 그러나 막상 자신의 모습을 돌아보면 스스로 확신하는 길이 아님에도 불구하고 많은 사람들이 가는 길을 따라가고 있는 경우가 많다.

너무도 자연스럽게 고등학교 다음은 대학교다. 대학에 가느냐 가지 않느냐 하는 문제는 중요하지 않다. 자신의 꿈을 이루기 위해 대학의 깊이있는 공부가 필요하다면 당연히 가야 한다. 그러나 내가 가고자 하는 길에 굳이 대학 4년의 학문과정이 필요 없다면 남들이 간다고 해서 무조건 대학에 갈 필요는 없다. 중요한 것은 판단과 선택이다. 스스로 결정한 판단이라면, 자신이 선택한 길이라면 재수, 삼수를 해서라도 반드시 대학에 가는 것이 옳다. 문제는 우리의 아이들이 스스로 그런 판단과 선택을 할 만한 기회를 전혀 갖지 못한다는 데 있다. 아주 어릴 적부터 좋은 대학에 가야 한다는 말을 자연스레 들으며 성장하다보니 "대학에 꼭 가야 하는 건가"라는 질문조차 함부로 입에 담을 수 없는 분위기가 되고 만다.

그러다보니 공부라는 것도 억지로 하게 된다. 자신의 꿈을 이루기 위해 필요한 공부를 하는 것이 아니고 오직 대학진학만을 위한 공부가 삶의 전부가 되어버린다. 하기 싫은 공부는 노동이 되고, 몸도 마음도 지쳐갈 뿐이다. 다행히도 좋은 대학에 진학한다 하더라도 문제는 끝난 것이 아니다. 마치 삶의 전부인 것처럼 여겼던 대학진학이 성공하고 나면 잔뜩 지쳐 있었던 몸과 마음이 해방감을 느끼게 되고, 준비되지 않은 상태에서 마주하는 자유는 젊은 시간의 낭비와 혼란으로 이어지기 마련이다.

나는 경제학을 전공했다. 그 4년이란 시간 동안 도대체 뭘 배웠는지 지금은 하나도 기억나지 않는다. 대기업에 입사해서 10년 동안 대학에서 배웠던 것을 하나라도 써먹었더라면 지금 내 머릿속에 조금이라도 학문의 흔적이 남아있지 않았을까? 지방에 위치한 지점에서 총무로 일하고, 서울 본사의 교육팀에서 근무하고, 다시 서울의 지점에서 부서장으로 근무하는 동안 나의 전공이었던 경제학은 고등학교를 졸업한 동료 직원들에 비해 나을 것이 하나도 없었다.

이 문제가 비단 나만의 것일까? 함께 근무했던 동료들을 떠올려보면 그들의 전공 학문이 무엇이었는지 도무지 알 수가 없다. 체육학을 전공한 친구는 홍보팀에서 근무했고, 신학을 전공한 친구는 콜센터에서 일했다. 대부분의 기업에서 지금 이 순간 일하고 있는 많은 젊은이들이 과연 그들의 전공을 살려내고 있을까 의문스럽다.

그럼에도 불구하고 여전히 많은 학생들이 아무런 목표없이 대학을 향해 공부하고 있는 것을 보면 너무나 안타깝고 마음이 아프다. 먼 훗날 지금의 시절을 돌이켜 보면 푸른 청춘의 시간들을 좀더 의미있게 보내지 못했다는 사실에 얼마나 가슴이 아플까.

열심히 살아간다는 것, 대학에 진학한다는 것 자체를 두고 옳고 그름을 논할 수는 없다. 분명한 것은 우리의 삶에서 주체가 누구냐 하는 문제다. 나의 결정에 따른 행동의 책임은 모두 나에게 있다. 그러나 다른 사람들을 보고 따라하는 삶의 결과는 누구에게 책임을 물어야 하는가. 이것이 나의 길이 아니란 사실을 깨닫게 되었을 때 누구에게 하소연 할 수 있겠는가. 중심을 잡아야 한다. 내 삶은 오직 나만이 결정할 수 있으며, 나에게 모든 책임이 있다. 어떤 일을 하든, 어떻게 일을 하든 정해진 것은 아무것도 없다. 그러니 다른 사람들의 말이나 시선에 집착하지 말고 나만의 중심을 가져야 한다.

미친 듯이 일하고, 아픔을 견뎌내기만 하면 성공할 수 있다는 사람들의 말을 그대로 믿었다. 나 스스로 생각을 정립하지 못하고, 그저 앞만 보며 달려가 성공하는 사람들의 모습이 그럴 듯하게 보였기 때문이다. 잠시 멈추어 서서 자신을 뒤돌아보고, 지금 내가 가고 있는 길이 어느 방향인지 살펴볼 여유를 가지기만 했어도 그렇게까지 모든 것을 잃는 상처는 피해갈 수 있었을지도 모른다.

나는 지독한 시련과 절망 앞에 무릎을 꿇고 나서야 비로소 이런 사실을 깨달을 수 있었다. 많은 사람들이 가는 길이라고 해서 반드시 올바른 길은 아니란 사실을 알아야 한다. 뭔가에 미칠 만한 일을 찾은 사람이라면 얼마든지 매진해도 좋겠지만, 자신의 삶을 오롯이 바칠 무언가를 찾지 못했음에도 불구하고 눈앞에 닥친 일에 급급해 미친 사람 흉내를 내는 것은 진정한 자신을 망치게 될지도 모른다는 사실을 알 수 있었으면 좋겠다.

절박하면 하게 된다

외국어 학습에 대한 열풍이 분 지 꽤 오래 되었다. 직장에 다니는 사람들은 새벽에 학원에 나가 영어를 배우기도 하고, 대학생들은 자신의 전공 과목이나 영어 외에도 제3, 제4의 외국어를 배우기 위해 열을 올리고 있다. 요즘은 초등학교 때부터 영어가 필수 과목에 포함되어 있을 정도다. 세계적인 무대로 나아가기 위해 다양한 국제언어를 습득하는 모습이 전혀 낯설지 않게 되었다.

고등학교 때 친하게 지내던 J라는 친구가 있었다. 공부도 그다지 잘하지 못했고, 그렇다고 특별히 재능이 있어 보이는 분야가 따로 있었던 것도 아니었던 그저 평범하고 사람좋은 친구였다. 대학에 진학하면서 서로 연락이 뜸해졌고 사회생활을 하면서부터 아예 잊어버리고 살게 되었다. 그렇게 소식조차 모르고 지냈던 J와 다시 연락이 닿게 된 것은 순전히 우연이었다. J와 나를 모두 잘 알고 지냈던 또 다른 친구와 연락이 되면서 우리 두 사람은 다시 만날 수 있게 되었다. 나도 한참 힘들어하던 시기였는데 J 또한 사정이 꽤나 힘들 때였다. J는 사업의 실패로 많은 빚을 안고 있었고 어머니가 심장병을 앓고 있어서 아주 위독한 상태였다. 오랜만에 만난 반가움은 잠깐이었고 술자리에서 주고받은 대화들은 서로의 힘겨운 삶에 대한 회한과 눈물의 장이 되어 버렸다.

그로부터 얼마 후 우리 두 사람을 다시 만나게 해준 친구로부터 뜻밖의 소식을 듣게 되었다. J가 일본으로 아주 떠났다는 말이었다. 어머니의 수술을 위해, 또 지긋지긋한 이 나라를 떠나기 위해 일본으로 건너갔다고 한다. 오죽했을까 싶은 마음에 연락도 없이 떠난 J가 원망스럽진 않았다.

"언제 간 거야?"

"열흘쯤 됐어. 딱히 챙겨갈 것도 없이 도망치듯 가버렸지 뭐. 걔 사정이 워낙 심각했잖아."

"휴, 고생이겠다. 낯선 땅에서 말도 잘 통하지 않을텐데······."

"너 잘 모르는구나. J녀석 일본어에 통달했어."

꽤 놀라운 말이었다. 학창시절 공부라고는 담을 쌓은 녀석이었는데 일본어에 통달을 하다니.

"예전부터 공부를 따로 했던 거야?"

"아냐 아냐. 그 녀석 3개월 만에 일본사람 다 됐지. 나도 옆에서 보는데 아주 기가 막히더라고. 귀에다 이어폰을 꼽고 새벽부터 밤늦게까지 중얼중얼 거리더니 딱 3개월 만에 현지인처럼 일본말을 하더라니까. 그만큼 절박했으니까 그랬겠지······."

절박하면 이루어진다. 십수 년을 공부하고도 쩔쩔 매는 것이 외국어인데 기초도 없던 녀석이 3개월 만에 독학으로 현지인 수준이 되었다니 얼마나 치열하게 매달렸을까 싶은 마음에 가슴이 먹먹해졌다. 빚쟁이들에게 시달리고, 어머니의 건강 때문에 위태로웠던 그는 말 그대로 살기 위해서 일본어를 공부했을 것이다.

스키장에 가면 리프트가 있다. 그 리프트가 매달려 있는 와이어를 교체하는 작업현장에서 몇 개월간 일한 적이 있다. 와이어의 교체는 대단히 중요한 작업이고, 세계적으로 작업능력을 인정받은 전문가가 얼마 없기 때문에 항상 현장에는 프랑스, 오스트레일리아, 독일 등 외국에서 파견된 전문인력이 배치되어 있었다. 우리처럼 막노동을 하는 사람들은 그 전문 외국인이 작업을 하는 동안 눈치껏 장비를 옮겨주고 손발을 맞추어 도와주는 일을 한다. 말이 전혀 통하지 않는 상황에서도 와이어의 교체는 아무런 문제없이 진행된다. 단순한 일들은 그렇게 눈치껏 해낼 수 있지만 아무래도 전문기술 분야에 있어서는 외국의 전문가와 제대로 된 의사소통이 이루어져야 한다. 놀라운 것은, 그런 막노동의 현장에서 일하는 사람들 중에도 기가 막히게 영어를 잘 하는 사람이 있다는 사실이다. 일반적인 커뮤니케이션은 물론이고 기술적인 전문용어까지 완벽하게 구사를 한다. 비록 발음은 다소 어설프지만 외국의 전문가와 의사를 소통하는 데에는 아무런 문제가 없다. 쉬는 시간에 담배를 한 대 피우며 다가가 말을 걸어본다.

"아저씨는 어떻게 영어를 그렇게 잘 합니까? 학원에 다니신 겁니까?"

"학원 다닐 돈이 어딨어요! 먹고 살려면 영어 아니라 콩고 말이라도 할 줄 알아야지……."

먹고 살려고 영어를 한다. 와이어를 교체하는 막노동 현장에서 밀려나면 더 이상 갈 곳이 없는 신세였기 때문에 외국 전문가가 올 때마다 기를 쓰고 곁에 붙어 서서 손짓 발짓 해가며 말을 섞었다는 것이다. 학원 한 번 가본 적 없고, 초등학교를 겨우 졸업한 노가다꾼의 영어였다.

남대문 시장에 가 본 적이 있는가? 그곳에 가면 엿가락을 실처럼 늘였다가 꼬았다가 마치 마법을 부리는 것처럼 가지고 노는 젊은이들이 눈에 띈다. 한 골목에 서너 군데의 가게에서 똑같은 모습을 볼 수 있다. 그 앞에 서서 가만히 지켜보고 있으면 재미있는 광경을 목격할 수 있다. 일본 관광객들은 우리나라 사람들과 언뜻 보기에 모습이 비슷하다. 물론 자세히 얼굴을 들여다보면 어느 정도 차이를 알 수 있겠지만 멀리서 보기엔 도저히 구분하기가 힘들다. 그런데 장사를 하는 그 젊은이들은 멀리서 걸어오는 여자들을 한눈에 알아본다. 한국 사람들에게는 한국말로, 일본 관광객들에게는 일본말로 손님을 부르는 호객행위를 한다. 한국인인지 일본인인지를 알아보는 것도 대단하지만, 그들의 입에서 나오는 유창한 일본어 수준은 가히 놀랄 만하다. 이곳이 한국인지 일본인지 분간하기 힘들 정도로 우렁차고 유창한 일본어가 들려온다. 손님을 부를 때만이 아니다. 엿가락을 늘 였다 줄였다 해가면서 마치 한 편의 동화를 이야기하듯 자연스럽게 마법을 보여주면, 구경하던 일본 관광객들은 어느새 혼이 빠진 듯 보인다. 타국 땅에서 자신들의 언어를 이토록 유창하게 구사하는 장사꾼을 만나니 마음이 열리지 않을 수 있겠는가.

십 년간 대기업에 근무하면서 내가 만났던 수많은 직원들 중에 외국어를 유창하게 구사할 수 있는 사람은 열 손가락 안에 꼽힌다. 게다가 그들 중에서 어느 누구도 J라는 친구나 와이어를 교체하는 막노동꾼이나 남대문 시장의 장사꾼처럼 완벽에 가까운 외국어를 구사하는 사람은 없었다.

초등학교 때부터 외국어를 배우고 있으니 대학을 졸업할 때까지 16년간 공부하는 셈이다. 그럼에도 불구하고 현지인과 능숙하게 대화를 나누는 사람은 극히 드물다. 어학연수를 몇 년씩 다녀온 사람들은 물론 조금은 다를 테지만 말이다. 내 친구 J는 3개월 만에 일본어를 혼자서 독파했다. 막노동판에서 만났던 아저씨는 쉰이 넘은 나이에 외국인을 상대로 손짓발짓 해가며 기술적인 대화까지 습득해 냈다. 남대문 시장의 작고 허름한 상가에서 엿가락을 파는 젊은이들은 일본 관광객들의 혼을 빼놓을 정도로 유창한 언어를 구사한다.

어떤 사람들은 돈을 써가며 엄청난 시간을 들여도 별 효과가 없는 듯하고, 어떤 사람들은 맨땅에 머리를 박듯 최악의 조건에서 혼자 공부했음에도 현지인 못지 않다. 최근 광고에 나온 말이 문득 떠오른다.

"그동안 영어학원에 갖다 바친 돈을 다 모으면, 학원 하나 차리고도 남겠다."

왜 이런 현상이 발생하는 걸까? 간절함, 절박함 때문이다.

내 친구 J는 더 이상 한국땅에서 살 수가 없었다. 채권자들의 독촉에 시달리는 상황에서 위독한 어머니를 보살필 만한 여력이 없었다. 아무도 모르는 새로운 세상으로 건너가 다시 시작하고 싶었을 것이다. 그 절박한 상황이 3개월 만에 일본어를 독파하게 만들었다.

막노동판에서 만난 아저씨는 먹고 살아야 했다. 와이어를 교체하는 현장에서 밀려나면 또다시 새벽 인력시장의 문을 두드려야 했다. 겨우 터를 잡고 시작한 와이어 교체작업은 그 아저씨의 생계가 달린 유일한 일자리였다. 의사소통이 되지 않으면 일을 할 수가 없었다. 그래서 체면이고 뭐고 다 때려치우고 외국사람 곁에 찰싹 들러붙어 난생 처음 영어라는 말을 뱉아내기 시작했던 것이다.

남대문 시장에서 엿을 파는 젊은 친구들에게 일본 관광객은 최고의 손님이었다. 남대문 시장을 찾는 일본 관광객을 사로잡지 못하면 더 이상 이윤을 남길 수 없는 상황을 인식했던 것이다. 완벽하고 재미있는 언어의 구사는 일본 관광객의 지갑을 열었고, 젊은이들에게 일본어는 삶의 수단일 뿐이었다.

무슨 일이든 마찬가지다. 절박하면 하게 된다. 모두가 외국어를 공부하니 나도 따라서 해야 한다는 생각만으로는 십 년, 이십 년을 공부해도 헛일이다. '모든 사람이 대학에 진학하니까 나도 해야지'라는 생각은 등록금만 날릴 뿐이다. 스스로 꿈을 갖고, 그 꿈을 향한 여정에서 절박함을 느끼면 외국어 아니라 외계어도 습득할 수 있게 된다.

망치 한 번 손에 쥐어본 적이 없던 내가 막노동의 현장에서 일을 하리라고는 상상도 하지 못했다. 당장 생활비를 마련하지 못하면 가족들이 모두 손가락만 빨고 있을 상황이었다. 무슨 일이든 못하겠는가? 욕을 먹어가며, 잔소리를 들어가며 악착같이 일한 결과, 이제는 웬만한 현장에서도 눈치 보지 않으며 일할 정도가 되었다. 하기 싫은 일을 억지로 하는 사람이라면, 아마 막노동 현장 같은 곳에서는 단 하루도 견디지 못할 것이 뻔하다.

남들처럼 살지 말자. 미친 듯이 영어 단어만 외우지 말고, 왜 영어를 공부해야 하는지 스스로에게 절박함을 설득하자. 하기 싫은 공부, 가기 싫은 직장, 만나기 싫은 사람들을 생각하며 그럼에도 불구하고 열심히 살아야지 하는 마음으로 버텨내기에는 인생이 너무 불행하다. 내 꿈을 이루기 위해 즐겁고 행복한 마음으로 간절하고도 절박한 이유를 만들어낼 수 있다면 하고 싶은 공부, 가고 싶은 직장, 만나고 싶은 사람들로 가득한 하루를 보낼 수 있게 될 것이다.

l 성공보다 성장하라

한때 내 삶의 유일한 목표는 성공이었다. 돈을 많이 벌고, 남들이 우러러보는 명예로운 지위를 갖고, 어느 정도의 권력을 쥘 수 있는 것, 그런 위치에 이르는 것이 내가 사는 이유였다. 그런 모든 것을 이루고 나면 가족들과 함께 남은 삶을 보내고, 어려운 사람들을 돕고, 사회에 봉사하는 여유를 가질 수 있을 것이라 스스로를 위안했다. 그래서 더욱 치열하게 성공을 향해 미친 듯이 살았던 것이고, 때때로 내게 밀어닥치는 고통과 시련들을 이를 악물고 버텨냈다. 교과서에 나오는 진리를 따르듯 혼신을 다해 살았고, 끊임없이 아픔을 참으며 살아냈다.

사업에 실패하기 전까지 내 삶을 돌이켜보면 나는 결코 남들보다 돈을 못 벌지 않았다. 갑부나 재벌과는 비교할 수 없었지만 그렇다고 해서 먹고 살기가 어렵지도 않았고, 누군가에게 아쉬운 소리를 할 필요도 없었다. 마흔 평이 넘는 아파트를 살 수 있었고, 중형 자동차를 소유하고 있었다. 또래의 친구들에 비해 훨씬 풍족한 삶을 살고 있었던 것이 사실이다.

그럼에도 불구하고 나는 늘 만족할 수가 없었다. TV 드라마나 영화 속의 주인공들처럼 근사한 외제차를 타고 다니며 천장이 하늘처럼 치솟은 우아한 전원주택을 가지기 전까지 내 삶은 성공이라 말할 수 없다고 느꼈다. 물질적인 부, 남들이 보기에 멋진 지위, 권력 따위가 살아가는 목표였던 것이다.

사람들은 성공을 이루기 위해 시간과 노력을 아끼지 않는다. 힘겨운 시간들의 끝에서 성공을 이룬 후 느끼는 희열은 이루 말로 표현할 수 없을 정도란 것을 잘 안다. 그래서 많은 이들이 현재의 시간을 쏟아 부으며 미래의 성공을 향해 달려가고 있다.

성공이란 무엇일까? 나처럼 돈이나 명예, 권력을 그 정의로 삼고 있는 사람들도 있을 것이고, 마음의 평온을 목표로 하는 사람들도 있을 것이다. 나름대로 자신의 꿈에 대한 정의를 내려놓고 그 꿈을 향해 달려가고 있다.

여기서 한 가지 의문이 생긴다. 수많은 사람들이 성공을 향해 열심히 달려가고 있는데 왜 실제로 성공한 사람들은 극히 소수일까? 가족과 소중한 시간을 보내는 것을 포기하고, 잠도 줄이고, 밥먹는 시간마저 쫓겨가며 오직 성공만을 향해 돌진하는 수많은 사람들이 왜 모두 성공을 거두지는 못하는 것일까? 그토록 열심히 미친 듯이 살아가고 있는 사람들에게 더 열심히 살지 않아서 그렇다고 말할 수 있는 사람은 아무도 없을 것이다. 그렇다면 답은 둘밖에 없다.

첫째, 우리가 세운 성공이란 목표는 애초에 도달할 수 없는 환상인 지도 모른다. 백 만원을 가진 사람은 천 만원을 가지고 싶다. 마흔 평짜리 집을 가진 사람은 육십 평짜리 집을 가지고 싶다. 부장이 된 사람은 임원이 되고 싶고, 임원이 된 사람은 사장이 되고 싶고, 사장이 된 사람은 회사의 주인이 되고 싶다. 열 사람을 거느린 사람은 백 사람을 거느리고 싶어진다. **물질적인 부와 명예, 권력 따위가 성공의 지표가 되었을 때 우리는 결코 만족스러운 성공을 거두지 못한다.** 항상 나보다 더 높은 곳에 있는 사람을 바라보며 끊임없이 오르려고만 하기 때문이다.

둘째, 성공을 향해 달려가는 방법 자체가 잘못된 것인지도 모른다. 모든 것을 뒤로하고 앞만 보며 달려가는 것이 유일한 방법이라고 믿는 생각이 틀린 것이다. 등산과 마찬가지다. 앞만 보며 기를 쓰고 오르다 보면 잘못된 길로 접어들어 깊은 산중에서 길을 잃게 되는 것이다. 잠시 멈춰서서 방향을 가늠하고 자신을 점검한 후 올라야 하는데도 불구하고 쉴 새 없이 올라가는 것에만 정신이 팔리다 보면 여기가 아닌가 보다 하는 결과에 이르고 만다.

성공은 우리의 삶에 있어서 아주 중요한 요소다. 한 번뿐인 소중한 삶을 성공으로 이끌어 가기 위해 노력한다는 것은 실로 아름다운 모습이다. 그러나 성공보다 더욱 중요한 사실이 있다. 바로 나를 성장시켜야 한다는 사실이다. 성공과 성장에는 큰 차이가 있다. 성공은 결과를 지향하는 말이지만 성장은 과정을 중요시하는 단어다. 다시 말해 성공은 성장이라는 커다란 테두리 안에 포함된 작은 요소라는 얘기다. **성장하는 삶 속에서 맺게 되는 작은 열매들이 성공이다. 나무와 숲을 바라보는 관점이 성장이라면 가지 끝에 매달린 열매 하나 하나가 성공이다.** 우리 인생 전체를 놓고 본다면 성공보다 성장이 훨씬 가치있는 개념이 된다.

대학진학을 위해 열심히 공부하는 학생이 있다. 그에게는 입시 합격이 곧 성공이다. 대학 입시시험에 합격하는 것만이 목표이기 때문에 공부를 하는 과정 자체는 대수롭지 않다. 어떻게 해서든 대학에만 붙으면 되는 것이다. 그의 인생에서 중요한 것은 합격 그 자체뿐이다. 공부를 해 나가는 수많은 시간은 그에게 아무런 의미를 가져다주지 못한다. 결국 하기 싫은 공부지만 합격이란 목표를 위해 참고 견뎌야 하는 불행한 삶을 살게 된다.

만약 이 학생이 성공보다 성장에 더 큰 의미를 갖게 된다면 어떤 변화가 일어날까? 대학으로의 진학은 그의 삶의 일부분일 뿐이다. 합격보다는 공부를 해 나가는 과정 하나하나가 그의 삶을 가치있게 만들어준다. 어제보다 오늘 더 많이 알게 되는 것, 오늘보다 내일 더 나은 모습으로 발전하는 것, 그것이 이 학생이 살아가는 이유다. 그래서 순간순간이, 하루하루가 즐겁고 유쾌하며 행복할 수 있는 것이다.

뼈 빠지게 죽을힘을 다해 고통스러운 시간들을 참아가며 공부한 학생은 합격의 그날 웃을 수 있다. 고등학교 3년의 불행한 시간을 견뎌낸 후 합격의 하루 만을 짜릿하게 보내는 것이다. 반면, 하루하루를 행복하게 보낸 성장하는 학생은 비록 대학에 떨어졌다 하더라도 결코 상처받지 않는다. 3년 동안의 행복했던 날들이 이미 그의 인생을 충분히 가치있게 만들었기 때문이다. 얼마든지 다시 도전할 용기와 희망을 가질 수 있다. 공부하는 매일이 성장하는 삶이었고, 대학에 떨어졌다는 사실이 그의 행복을 무너뜨릴 수 없다. 고통 속에서 합격한 친구는 어떨까? 합격의 기쁨은 충분히 맛보았다. 이제부터는 취업을 위해 다시 고통스러운 4년의 시간을 보내야 한다. 끔찍하다. 다행히 취업에 성공했다면 행복한 삶이 시작될 수 있을까? 당연히 아니다. 이제부터는 더 높은 자리에 오르기 위해, 더 많은 돈을 벌기 위해, 집을 사기 위해, 차를 사기 위해, 자녀들의 교육을 위해, 어쩌면 영원히 고통과 시련 속에서 인내하며 불행한 삶을 살아가야 할지도 모른다.

성장이란 더 나은 내 모습을 만들어가는 것이다. 물질을 말하는 것이 아니라 정신적인 풍요로움을 뜻한다. 성장이란 순간순간 가능하다. 바로 전보다 나은 내 모습이면 족하다. 성장의 개념을 삶에 도입하면 매 순간 행복을 느낄 수가 있다. 결과가 아닌 과정에 의미를 두는 개념이기 때문에 순간적인 희열을 맛볼 수 있는 성공과는 질이 다르다. 정신적인 성숙과 마음의 평화는 물질적인 욕구와 집착에서 벗어날 수 있도록 만들어준다. 게다가 성장을 기반으로 하는 삶에는 필연적으로 성공이 따를 수밖에 없다. 다시 등산을 예로 들어본다면, 한 걸음 한 걸음 산을 오르며 어제보다 높은 곳에 이른 내 모습에 스스로 만족하고 행복을 느낄 수 있다면 반드시 정상에 올라야만 한다는 강박이나 집착에서 벗어날 수가 있다. 남들이 아무리 서둘러 올라가더라도 그들의 모습에 조바심을 느낄 필요가 전혀 없다. 오히려 주변의 경치와 중턱에서 바라보는 화려한 산의 자태를 충분히 느낄 수 있는 여유와 충만을 가지게 된다.

성공은 다른 사람들과 비교하지 않을 수 없다. 그러나 성장은 오직 스스로의 마음속에서만 의미를 갖는다. 한 걸음 성장했을 때 느끼는 희열은 성공이 갖는 순간적인 기쁨과는 비교도 할 수 없다. 성공은 결과에 초점을 맞춘 개념이기 때문에 오랜 시간의 과정 동안에는 자신감이나 의지 따위를 찾아보기 힘들다. 물론 성공을 거두었을 때에는 일시적인 자신감이나 의지를 가질 수 있을지 모르겠지만 그 전까지는 불가능하다. 그러나 성장하는 삶은 매일 불타오르는 자신감과 지치지 않는 의지력을 가질 수 있다. 매 순간보다 나은 삶을 살고 있으니 얼마나 자신감에 가득 찰 수 있겠는가.

성장하는 삶은 하나의 성공이나 하나의 실패에 연연하지 않는다. 이미 충분히 행복한 삶을 살고 있기 때문에 성공이나 실패가 주는 희비는 미미할 따름이다. 그 또한 성장하는 삶의 과정일 뿐이라고 여긴다. 우리는 다른 누군가의 삶을 대신 살아주는 것이 아니다. 오직 나만의 생각으로 내 인생을 살아가야만 한다. 다른 사람의 성공을 부러워하고, 다른 사람의 실패를 고소해하는 삶은 자신을 잃어버린 채 저수지 위에 둥둥 떠다니는 부유물과 다를 바가 없다. 스스로 성장하는 삶에 의미를 두고, 조금 느리게 가는 내 모습에 초연해질 수 있어야 한다. **삶은 속도가 아니라 방향이다. 얼마만큼 돈을 벌었느냐 하는 것이 중요한 것이 아니라 얼마나 행복한 삶을 살고 있느냐 하는 것이 더 중요하다.**

지나치게 성공에 집착하다 보면 성공에는 기뻐하는 삶이 될지 모르겠지만, 실패에는 너무나 처절하게 비관하는 삶을 살게 된다. 앞서 말했듯이 성공이란 가지 끝에 열리는 열매와 같다. 수많은 열매를 맺는 거대한 나무는 맺지 못한 열매에 낙심하지 않는다. 썩은 열매가 아무리 많다 하더라도 싱싱하고 멋지게 매달린 열매들이 훨씬 많기 때문이다. 우리 삶도 마찬가지다. 수도 없이 많은 실패를 겪는 것이 인생이다. 그럴 때마다 좌절하고 절망한다면 불행해질 수밖에 없다. 실제로 우리가 겪는 실패보다 성공이 훨씬 많음에도 불구하고 실패에만 연연하게 된다. 지나치게 성공에만 집착하게 된 결과다.

성공을 향해 가는 것은 분명 아름다운 일이다. 그러나 성장하는 커다란 삶 속에 자연스럽게 따르는 성공이어야만 그 가치가 있다. 눈앞에 보이는 성공이란 열매에 눈이 멀어 웅장한 나무와 숲을 헤아리지 못하는 어리석음을 버려야만 한다. 실패를 대수롭지 않게 여길 수 있는 초연함과 성공을 자연스럽게 받아들이는 마음이 우리의 삶을 더욱 풍요롭게 만들어준다는 사실을 잊지 말아야 할 것이다.

▎능력보다는 자신감이다

능력이 대단히 뛰어나지만 자신감이 부족한 사람, 그리고 능력은 평범하지만 자신감에 충만한 사람, 이 두 사람 중에서 한 사람을 뽑으라면 나는 주저하지 않고 후자를 선택할 것이다. 아무래도 능력이 뛰어난 사람이 낫지 않겠느냐고 반문하는 사람도 있겠지만, 그것은 우리 안에 내재해 있는 잠재력에 대해 알지 못하는 사람들의 이야기다.

사람은 태어나서 죽을 때까지 잠재능력의 약 10% 정도만 활용한다고 한다. 눈으로 보여지는 능력이 전부인 듯 잘못 생각하는 탓이다. 이렇게 자신의 능력에 제한을 두는 것은 오직 자신감의 부족 때문이다. 만약 인간이 잠재능력의 대부분을 활용할 수 있다면 세상은 지금보다 몇 백 배 빠른 속도로 발전하지 않을까. 그렇다면 왜 우리는 잠재능력을 믿지 못하고 자신감을 잃은 것일까.

인간에게는 태어나면서부터 갖고 있는 본능이란 것이 있다. 본능이란 누군가로부터 혹은 경험을 통해 배워서 알게 되는 것이 아니라 처음부터 지니고 있는 습성을 말한다. 예를 들어 아기가 배가 고프면 엄마의 젖꼭지를 입으로 빨아대는 것이나, 잠을 자는 것, 눈을 깜빡이는 것, 피부로 느끼는 것 등을 말하는 것이다. 나는 이 본능이란 것에 자신감도 포함된다고 감히 말하고 싶다.

태어난 지 얼마 되지 않는 아기들은 모든 것을 해보려고 한다. 그네에도 올라타려 하고, 시소에도 앉으려 한다. 높은 곳에 올라가 보려 하고, 풀쩍풀쩍 뛰어내리기도 한다. 아무 곳에나 손을 집어넣으려 하고, 만져 보려 하고, 가까이 다가가려고 한다. 무엇 하나 주저함이 없이 곧바로 행동에 옮긴다. 누구나 어렸을 적 행동은 마찬가지일 것이다. 그런데 아무래도 어린 아이들에게는 위험한 행동들이다. 엄마나 아빠가 "안 돼! 그것 만지지 마!", "거기 올라가면 위험해!", "뛰어내리다가 다치면 어떻게 하려고 해!"라고 주의를 주고 야단을 치기 때문에 스스로 움츠러들게 된다.

태어날 때부터 갖고 있었던 자신감은 성장하면서 서서히 그 모습을 감추게 된다. '안 돼, 하지 마, 위험해'라는 주의를 들으면서 세상은 온통 위험한 존재들로 가득차 있음을 깨달아 버리는 것이다. 조금만 나이를 먹어도 스스로 행동에 제약을 두기 시작한다. 그래서 조그만 행동을 하려고 해도 엄마나 아빠의 허락을 받아야 하고, 호기심에 가득찬 새로운 세상을 보아도 선뜻 다가서기가 불안해진다. 자신도 모르는 사이에 머릿속에는 '안 돼, 하지 마, 위험해'라는 단어들이 가득차게 되고 '성인이 될 때까지 함부로 행동해서는 안되는구나'라는 고정관념으로 모든 상황을 맞이하게 되는 것이다.

자신감이란 할 수 있다는 신념이다. 생각은 말이 되고, 말은 행동이 되며, 행동은 습관이 되고, 습관은 운명이 된다. 할 수 있다고 생각하는 순간 우리 삶의 결과물은

완벽히 달라진다. 인생이 바뀌는 것이다. 그럼에도 불구하고 내가 만나본 대부분의 사람들은 할 수 있다는 생각에 대해 상당히 거부감을 느끼고 있었다. 어쩌면 당연한 일인 지도 모르겠다. 그토록 오랜 세월 동안 '안 돼, 하지 마, 위험해'라고 각인하며 살았으니 한순간에 할 수 있다는 생각이 어찌 가능할 수 있겠는가. 그러나 머릿속에 오래 머물렀던 생각이라고 해서 반드시 옳다는 근거는 없다. 만약 잘못된 생각이라면 지금이라도 과감히 벗어던져야 한다.

올림픽에 출전하는 국가대표 운동선수들은 실제로 훈련이나 시합에 나가기 전 마인트 컨트롤에 상당히 많은 시간과 노력을 기울인다고 한다. 결승에서 우승한 후 시상대 한가운데 올라서서 태극기를 바라보며 금메달을 목에 거는 모습을 끊임없이 상상한다. 반드시 해낼 수 있다는 자신감, 그리고 이미 이루었다고 믿는 절대적인 신념이 그들을 우승으로 이끌어내는 것이다. 금메달을 목에 건 선수들 중에서 '나는 절대로 우승하지 못할 거야'라고 생각하며 시합에 임한 사람이 한 명이라도 있을까. 아마 반드시 할 수 있다는 확신에 가득찬 상태로 경기장에 나갔을 터다.

많은 사람들이 성공에 관한 이야기를 듣는다. ○○만 미쳐라!, 미치지 않고는 이를 수 없다, 아픔을 참아라, 인생에 있어서 아픔은 당연한 것이다, 인내하며 참으면 성공할 수 있다 등등. 나는 절망과 시련

앞에 무릎을 꿇으면서 다짐했었다. 언젠가 다시 일어서는 날이 오면 세상 사람들에게 반드시 알리고야 말겠다고. 우리 삶이란 반드시 미치지 않고도, 아프지 않고도 얼마든지 평온하고 행복하게 살면서 바라는 바를 이루어낼 수 있다는 사실을 말이다. 그래서 지금 이 글을 쓰고 있는 것이다.

만약 내가 이런 글을 쓸 수 없을 거라고 스스로 믿고 있다면 지금 당장 펜을 놓아야 한다. '이런 내용의 글을 아무리 써봤자 절대로 책을 낼 수가 없을거야'라고 믿는다면 한 페이지도 쓸 수 없을 것이다. 과거에도 마찬가지다. 맨 처음 출간한 『내가 글을 쓰는 이유』라는 책은 전과자, 파산자, 막노동꾼인 나 같은 사람도 글을 쓸 수 있으니 만약 글을 쓰고 싶다면 얼마든지 쓰라는 내용을 담고 있다. 주위의 사람들은 나보고 한결같이 말했다. 그런 책을 어느 출판사에서 받아주겠느냐고 말이다. 가진 것 없고, 과거가 치욕스럽고, 현재에도 번듯하게 성공한 사람이 아닌 초보작가의 글이 책으로 나올 수 있겠느냐고 말이다.

나는 그런 말에 전혀 상처받지 않았다. 만약 책을 낼 수 없었다면 다른 방법으로라도 세상에 알렸을 것이다. 나 같은 사람도 글을 쓰고 있으니 글쓰기에 대한 선입견을 버리고 마음껏 글을 쓰라며 외쳤을 것이다. 게다가 나는 필사적으로 믿었다. 내가 쓰는 글이 책으로 나올 수 있다는 사실에 대해 조금도 의심하지 않았다. 뻔뻔스러울 정도로 자신 있었던 탓에 그 기운이 출판사에까지 전해졌으리라 믿는다.

스스로 할 수 있다고 믿는 순간, 우리의 잠재의식은 이미 모든 것을 이루어진 현실로 받아들인다. 뇌와 잠재의식에 관한 많은 책을 읽었지만 실제로 내가 경험하기 전까지 나조차도 믿지 않았었다. 그러나 모든 것을 잃고 난 후에 깨달았다. 어차피 더 이상 잃을 게 아무것도 없으니 잠재의식을 한 번 믿어보자 하고 말이다. 결과는 상상을 초월했다. 첫 책을 출간하기 2년 전부터 만나는 사람들에게 모두 나 자신을 작가라고 소개했으며(아직 글을 쓰기도 전이었다), 언젠가부터 사람들은 나를 보며 '이 작가, 이 작가'라고 호칭을 붙이기 시작했다.

생각은 반드시 그대로 이루어진다. 저명한 철학자의 말을 굳이 인용하지 않고서도 이제는 말할 수 있다. 내가 경험했던 일이기에 누구의 설명도 필요없다. 할 수 없다고 믿는 순간 상황은 아무것도 변하지 않았다. 오히려 할 수 없다는 생각만이 점점 더 늘어갈 뿐이다. 그러나 **할 수 있다는 자신감이 충만해지는 순간, 지금까지의 세상과는 전혀 다른 신세계가 펼쳐진다.** 할 수 있을까 정도의 어설픈 믿음으로는 곤란하다. 핏빛보다 선명히 머릿속에 콱 박혀야 한다.

아들이 다섯 살 때 처음으로 농구를 함께했다. 키도 작고 팔에 힘도 없었던 녀석은 높이 매달린 골대를 향해 수도 없이 공을 던졌지만 모두 헛나가고 말았다. 나는 아들을 불러 눈높이를 마주하고 녀석의 가슴에 손을 얹었다.

"문제는 여기 있어. 공이 네 손을 떠나 공중을 부웅 날아서 골대 안으로 쏘옥 들어가는 장면을 볼 수 있어야 해. 공을 던지기 전에 '할 수 있다, 들어간다, 할 수 있다, 들어간다'라는 말을 반복해봐."

선수들처럼 기가 막히게 쏙쏙 들어가지는 않았지만, 좀 전에 비해 훨씬 많이 공이 들어가는 것을 보고 나조차도 놀라움을 금치 못했다. 그후로 아들은 무슨 일을 할 때마다 마음속으로 '할 수 있다'라는 말을 주문처럼 중얼거리곤 한다.

모든 일은 가능할 수도 있고 불가능할 수도 있다. 분명히 확률은 반반이다. 그런데 마음속으로 할 수 없을 거라고 생각하는 순간 이미 불가능해진다. 백 퍼센트의 확률로 말이다. 반대로 할 수 있다는 강력한 신념을 갖는 순간 반드시 이루어진다. 시간이 오래 걸릴 수는 있겠지만 이루어진다는 사실에는 의심의 여지가 없다. 생각은 자유다. 어떻게 생각하든 그것은 개인의 선택에 달려있다. 생각을 하는 것에는 돈도, 시간도, 노력도 들지 않는다. 머릿속으로 할 수 있다는 네 글자만 떠올리면 그뿐인 것이다.

내가 이런 말을 할 때면 듣는 사람들 중에는 늘 이런 유형이 있다. 말이 쉽지 그게 어디 쉬운 일인가요? 참 답답하다. 머릿속으로 할 수 있다고 생각만 하면 되는 것이 도대체 뭐가 어렵단 말일까? 아마도 그런 사람들은 생각만으로 뭔가를 이룰 수 있다는 사실을 믿지 못하는 것이 분명하다.

때로는 이런 사람들도 있다. 할 수 있다는 생각을 많이 해봤는데 여전히 안 되던데요? 분명히 말하지만 강력한 신념이라고 했다. 그리고 한두 번의 실패에 좌절하고 꺾여서는 안 된다. 돈을 많이 벌 수 있다는 신념을 갖는다고 해서 내일 당장 하늘에서 돈벼락이 떨어지지는 않는다. 억지로 머릿속에 자신감을 부여하지 않고도 자연스럽게 할 수 있다는 생각들로 가득차게 될 때까지 끊임없이 의식적인 생각을 해야만 한다. 다시 말하지만, 할 수 있다는 강력한 신념이 머리와 가슴을 가득 채우게 되면 우리가 바라는 모든 것들을 이룰 수 있다.

능력이 뛰어난 사람은 다른 사람보다 훨씬 성공에 빨리 이를 수 있다. 그러나 능력만 뛰어나고 자신감이 부족한 사람들은 실패를 받아들이는 데 익숙하지 못하다. 사소한 실패에도 좌절하며, 자신의 능력이 이것밖에 되지 않는다는 생각에 포기하고 절망한다. 그러나 자신감이 가득찬 사람들은 몇 번의 실패에도 끄떡없다. 언제나 다시 벌떡 일어서서 '또 하면 된다'라고 웃으며 말한다. 그래서 늘 행복하다. 못할 일이 없고, 안 될 일이 없는데 불행할 일이 뭐가 있겠는가.

자신감은 인생을 살아가는 데 반드시 가져야만 하는, 태어날 때부터 가지고 있었던 우리의 본능임에 틀림없다.

| 포기만 하지마라

등산을 해보면 입구에서부터 여러 종류의 사람들을 만날 수가 있다. 등산화의 끈을 조이며 각오를 다지는 사람, 집에서 싸온 도시락을 벌써부터 열어젖힌 사람, 함께 온 사람들과 수다를 떠는 사람, 둥글게 서서 파이팅을 외치는 사람, 벌써부터 지쳐서 헉헉거리는 사람 등. 하지만 이 모든 사람들이 오늘 마주하게 되는 공통적인 목표는 정상에 오르는 것이다.

산에 오르는 사람들의 모습도 제각각이다. 어떤 사람들은 오로지 앞만 보며 마치 경쟁이라도 하듯 쉴 새 없이 발걸음을 옮기고, 어떤 사람들은 열 발자국도 못 가 바위 위에 걸터 앉는다. 뒤에 오는 사람들의 손을 잡아 이끌어주는 사람도 있고, 조용히 담소를 나누며 집에서 못다한 이야기꽃을 피우는 가족들도 있다. 중턱에 이르면 수려한 경치에 넋을 잃고 사진을 찍기도 하고, 과일과 음식으로 체력을 보충하기도 한다.

산에 오르는 목적은 무엇일까? 이 또한 사람들마다 의견이 분분할 것이다. 정상에 오르기 위해 등산을 한다는 사람도 있을 것이고, 좋은 공기를 마시며 건강을 지키기 위해서라고 답하는 사람도 있을 것이다. 어쨌든 등산은 모든 사람들에게 참 좋은 운동이며 취미생활이다. 산에 오르는 목적이 이처럼 다양하다는 것은 등산의 목표가 사람마다 다르다는 말을 의미한다. 정상에 오르기 위해 등산을 하는 사람들은 산꼭대기에 발을 딛는 것이 그들의 성공이라 할 수 있다. 건강을 지키기 위해 산을 오르는 사람들은 굳이 정상에 발을 딛지 않더라도 산 속의 좋은 공기를 호흡하고 가족이나 지인들과 함께 즐거운 시간을 보내는 것만으로 목표를 달성했다고 할 수 있다. 목표를 어디에 두느냐 하는 것이 성공을 평가하는 잣대가 되는 것이다.

정상에 오르는 것을 유일한 목표로 삼은 이들에 대해 생각해보자. 그들에게 등산하는 과정 자체는 별 의미가 없다. 오로지 정상에 올라서야만 목표를 달성하게 되는 것이다. 만약 우리 모두가 정상에 오르는 것만을 목표로 삼는다면, 이제는 그 방법이 문제다. 체력이 충분한 사람은 시작부터 달리듯 가볍게 산을 오를 것이고, 어떤 사람들은 이를 악물고 아픈 다리를 참아가며 간신히 올라갈 것이다. 한 번도 쉬지 않고 단숨에 정상에 오르는 사람도 있겠고, 몇 번이나 바위에 걸터앉아 숨을 헐떡이는 사람도 있기 마련이다. 어떻게 올라가느냐 하는 것은 별로 중요한 문제가 아니다. 우리의 목표는 정상에 오르는 것이지, 얼마나 빨리 올라가느냐 하는 것이 아니기 때문이다.

수많은 등산로 중에서 어떤 길을 선택할 것인가, 산을 오르는 과정에서 얼마나 멋진 경치와 자연의 아름다움을 맘껏 누릴 수 있었던가, 함께 오르는 사람들이 나에게 얼마나 소중하고 고마운가, 이마에 흐르는 땀을 식혀주는 시원한 산바람에 미소를 지어보는 일, 그리고 이 모든 것을 누릴 수 있는 살아있음에 감사할 줄 아는 것, 바로 이런 것들이 정상에 오르는 과정에서 우리가 느껴야 할 소중한 가치이다.

정상에 오르고 나면 무엇이 우리를 기다리고 있을까? 멋진 풍경, 해냈다는 성취감, 그리고 내려가야 할 일이 남아 있다. 오르는 과정이 전혀 없이 정상에만 서 있다면 과연 우리는 얼마나 충만함을 느낄 수 있을까?

목표를 이룬다는 것은 대단히 중요하다. 우리는 꿈을 가지고 살아가고 있으며 그 꿈이 작은 조각들로 나누어진 것이 바로 목표다. 그래서 목표를 하나씩 이루어가는 것은 우리의 꿈을 실현시켜 나가는 과정이 된다. 하지만 목표를 향해 나아가는 우리의 자세에 대해서는 반드시 신중하게 고려해야만 한다. 옆도 뒤도 보지 않고 오직 한 길만을 향해 정진하는 것은 좋은 자세이겠지만, 그렇다고 해서 과정을 무시한 채 결과만을 중요시하는 태도는 대단히 위험하다. 마치 산에 오르는 모든 과정을 생략하고 정상에 서는 것만을 목표로 삼는 것과 마찬가지다. 과정이 생략된 결과는 아무런 희열도, 성취감도 줄 수가 없다.

때로는 목표에 도달하는 과정이 힘겹고 고통스럽게 느껴질 수도 있다. 그러나 모든 것은 우리의 마음에 달려있을 뿐이다. 결과보다는 과정을 중요시 여기는 사람들은 정상에 섰을 때의 희열도 당연히 만끽할 수 있지만 산에 오르는 과정 자체에서도 즐거움과 행복을 느낄 수 있다. 그래서 설령 실패하더라도 다시 도전하는 것에 대해 전혀 부담을 느끼지 않는다. 오히려 행복한 마음으로 또 한 번 도전할 수 있는 것이다.

산에 오르는 과정을 힘겹게 느끼지 않을 수 있는 가장 좋은 방법은 자신의 체력에 맞게 충분히 쉬어 가야 한다는 점이다. 다시 한 번 말하지만 우리의 삶에서 중요한 것은 방향이지 결코 속도가 아니다. 오늘 오르지 못하면 내일 오르면 된다. 시간에 제약을 두는 것은 오직 자기 스스로의 마음 뿐이다. 반드시 정해진 시간 내에 정상에 올라야 한다고 강요하는 사람은 아무도 없다. 중간중간에 바위나 나무 그루터기에 앉아 경치를 바라보며 내가 지금 정상을 향해 올라가고 있구나, 벌써 이만큼 올라왔구나 하는 충만한 감정을 느낄 수 있다면 그 오르는 과정이 힘겹다거나 고통스럽지 않을 수 있다.

다만 중요한 것은 결코 돌아서서 내려가지만 않으면 된다는 사실이다. 아무리 높은 산이라도 누구나 한 걸음씩 올라간다. 마술을 부리듯 한 번에 정상에 설 수 있는 사람은 아무도 없다. 따라서 조금 늦더라도 계속 올라가기만 하면 언젠가 반드시 정상에 이를 수밖에 없다.

성공한 사람들은 대단한 능력을 가졌거나 엄청난 모험을 한 사람이 아니다. 밑천이 두둑했다거나 외모가 뛰어난 사람도 아니다. 그들은 오직 포기하지 않은 사람일 뿐이다. 세상의 많은 사람들이 성공을 이루기 위해 열심히 살아가지만 실제로 성공을 거둔 사람이 얼마 되지 않는다는 사실은 그만큼 포기한 사람들이 많다는 증거다.

사람은 누구나 다시 일어서는 것보다 포기하기를 선택하게 되는 경우가 더 많다. 그것은 도전보다 포기가 쉽기 때문이다. 포기해서는 안 된다는 사실은 잘 알고 있지만 말처럼 쉽지 않다. 그 이유는 실제로 도전하는 것이 힘들고 어렵기 때문이 아니라 포기하는 것이 더 쉽기 때문이다. 잠재의식은 도전이나 포기 중 어떤 것을 더 선호하는 경향이 전혀 없다. 우리가 도전을 선택하는 순간 잠재의식은 성공을 이룬 것으로 받아들이며, 포기를 선택하는 순간 불가능한 도전으로 받아들일 뿐이다. 옳고 그름을 전혀 판단하지 못하는 잠재의식의 성향 때문이다. 우리가 해야 할 일은 잠재의식으로 하여금 긍정적인 현실을 만들어내도록 유도하는 것이 전부다.

'고통을 참아야 한다, 아픔을 견뎌야 한다, 쉽지 않다, 도전은 극복해야 할 과제다' 등의 말들은 자칫하면 성공에 이르는 길이 험난하지만 이겨낼 수 있다는 좋은 뜻으로 보이기도 한다. 그러나 실제로 우리의 잠재의식은 위의 말들 중에서 고통, 아픔, 쉽지 않다, 극복, 과제 등의 다소 부정적인 단어들만 색출해서 현실로 받아들이고 만다. 성공에 이르는 과정들이 유쾌하고 즐거운 시간이 될 수 있다는 믿음을 가질 필요가 있다.

왜 성공을 향한 여정이 꼭 고통스럽고 힘들어야만 하는가? 얼마든지 즐겁고 행복하게 걸어갈 수 있다. 힘든 것은 막노동이다. 하루 열 시간의 중노동이야말로 정말 힘든 일이다. 내 삶의 꿈을 향해 나아가는 과정이 힘들다고 여기는 순간, 우리 인생은 너무나 불행해진다. 부푼 마음, 행복으로 가득찬 가슴을 안고 한 걸음씩 나아가자. 다만 포기하지만 않으면 된다.

| 스펙은 없다

요즘 대학생들 사이에서는 스펙을 쌓는 것이 필수적이라고 한다. 몇 년 전부터 스펙, 스펙 하기에 어렴풋이 그 의미를 알고는 있었지만 학창시절에 배운 적이 한 번도 없는 단어였기 때문에 호기심이 생겨 한 번 검색을 해 보았다. 결과는 놀라웠다.

우선 스펙이란 말은 새롭게 생겨난 신조어였다. 사전적 의미는 '직장을 구하는 사람들 사이에서 학력, 학점, 토익점수 따위를 합한 것을 이르는 말'로 풀이되어 있었다. 다시 말해 취업을 하는 데 필요한 모든 자격을 통합해서 칭하는 말이라 볼 수 있겠다. 있지도 않았던 단어가 우리 사회에 열풍처럼 불어닥쳤다는 사실에 꽤 놀라긴 했지만 그보다 더 충격적이었던 것은 스펙(spec)이란 말의 어원이었다.

스펙(spec)은 specification이라는 단어에서 유래되었다고 한다. 그런데 specification이란 단어는 설명서, 사양이란 뜻을 가지고 있다. 흔히 컴퓨터를 비롯한 기계류를 구입할 때 '사양'을 확인한다는 표현을 쓰지 않는가. 참 기가 막힐 노릇이다.

어쩌다가 우리 나라의 청년들이 그 아름다운 나이에 기계 따위에나 갖다 붙이는 '사양'을 쌓기 위해 몸부림 치고 있단 말인가. 회사에 취직하여 일하는 것을 기계의 부속품에 비유하던 말들이 이젠 정말 실감이 날 지경이다.

대학을 졸업하고 취직을 눈앞에 두었을 때 나 또한 지금의 청년들과 다름없었다. 비록 그때는 스펙이란 말이 생겨나기도 전이었지만, 어떻게든 경쟁자들보다 조금이라도 더 눈에 띄기 위해 자격증을 취득하고 영어공부에 열을 올렸던 기억이 난다. 솔직히 말하면, 취업을 준비하던 시기에 공부하고 익혔던 그 모든 것들 중에서 대기업에 다니던 십 년 동안 제대로 써먹은 것은 한 가지도 없었던 것 같다. 특히 영어는 입사 후 승진 조건에도 늘 따라붙는 필수과목이었음에도 불구하고 실제 업무에서는 전혀 활용할 기회조차 없었다. 외국 바이어를 만나 상담을 하거나 해외출장을 가야 하는 부서에서는 당연히 외국어를 능숙하게 사용할 줄 알아야 하겠지만 그와 상관없는 부서에서는 도무지 왜 그렇게 외국어 능력으로 사람을 평가하는지 지금도 이해할 수가 없다. 어쨌든 회사가 요구하는 인간형에 맞추기 위해 필사적으로 노력하고 있는 청년들의 현실이 안타까울 따름이다.

사람은 죽음에 임박하게 되면 지나온 인생을 돌이켜보고 후회를 하게 된다고 한다. 특히 호스피스 병동에서 삶의 마지막을 준비하는 사람들의 이야기는 좋은 충고가 되곤 한다. 비록 죽음에 임박했던 적은 없지만, 삶의 고비를 숱하게 겪었던 경험 덕분에 나 또한 어떻게 살아야 하는 것인가에 대한 고민을 많이 하게 되었다. **큰 실패를 경험한 사람들은 단단해진다**고 한다. 죽을 고비를 넘겨보았기 때문에 웬만한 시련이나 고통에 흔들리지 않는다는 뜻이다. 그런 차원에서 본다면 회사에 취업을 한다는 것이 그다지 대수롭지 않게 여겨지는 것이 사실이다. 혼신의 힘을 다해서 취업준비를 하고 있는 수많은 젊은이들이 내 글을 읽는다면 발끈할지도 모르겠다. 그러나 분명한 사실이다. 세상에는 할 수 있는 일이 정말 많다. 초등학교를 졸업하면 중학교에 진학하듯 대학을 졸업하면 취업을 하는 것이 너무도 당연한 생각으로 자리잡은 듯하다. **직장보다는 직업이 우선되어야 한다. 명함으로 평가받는 사회에 한몫 끼어야 한다는 생각을 버려야만 한다.** 만약 가고자 하는 회사에 큰 뜻이 있고, 그 회사에서 맡을 업무가 자신의 꿈과 연결된다면 당연히 취업준비에 혼신을 다해야 한다. 그러나 어떤 일이든 상관없이 그저 번듯한 이름의 기업체에 들어가 주위 사람들의 인정과 부러움을 사는 것 정도가 취업의 이유라면 지금 당장 때려 치워야 한다. 얼마나 소중한 인생인데 그토록 하찮은 이유로 시간을 낭비한단 말인가.

회사에 취직하고 직장생활을 하는 것이 삶의 목표라면 내 말에 귀를 기울이지 않아도 좋다. 하지만 그게 아니라면 잘 생각해 보아야 한다. 직장생활은 삶의 목표를 이루기 위한 과정 즉, 좋은 경험에 불과하다. 사회생활을 시작하는 젊은이들이 조직생활을 통해 사람들과 소통하는 법을 배우고, 업무를 처리하는 능력을 숙달하고, 직원들간의 갈등과 마찰을 어떻게 풀어내는지 온 몸으로 배울 수 있는 곳이 직장이다. 이런 경험이 자신의 꿈에 한 발 더 다가서는 데 큰 도움이 될 것이다. 가장 중요한 사실은 취업이란 것이, 직장생활이란 것이 결코 마지막 목표가 아니란 점이다. 만약 대기업 부장이 자신의 꿈이라면 더 할 말이 없다. 하지만 우리에게는 더 큰 꿈과 목표가 있지 않은가. 그 꿈을 이뤄가기 위한 경험의 일부로 취업을 해석해야 한다.

이제 바꾸어 말해보자. 수많은 시간과 노력을 들여 준비하고 있는 취업은 경험의 일부라고 했다. 그렇다면 좋은 경험을 위해 그토록 열심히 스펙을 쌓고 있다는 말이 된다. 냉정한 현실이지만 반드시 들여다볼 필요가 있는 말이다. 진정 자신의 꿈을 향해 스펙을 쌓고 공부하는 것이 아니라 그저 삶의 경험에 불과한 과정을 위해 토익점수에 열을 올린다는 뜻이다.

나는 지금 취업준비를 하지 말라고 이야기하는 것이 아니다. 면접에서 떨어졌다고 해서 결코 좌절하거나 실망할 필요가 없다는 말을 하고 싶은 것이다. 주변에서 많은 젊은이들의 어깨가 축 늘어진 것을 쉽게 볼 수 있다.

'남들은 좋은 회사에 취직했다는데 나는 또 떨어졌으니…….'

직장생활은 경험일 뿐이다. 한 번 만에 취업에 성공한 사람들은 낙마의 경험을 갖지 못한다. 취업에 성공하든 실패하든 그것 또한 경험일 뿐이다. 삶은 경험의 연속이며 생각하기에 따라 얼마든지 다른 경험을 할 수 있다. 내가 너무 말을 쉽게 하는 것 같은가?

취직을 해야 한다는 사실에 강박을 가질 필요가 없다. 반드시 취직해야만 한다고 스스로를 옭아매 미친 듯이 스펙을 쌓을 필요도 없고, 몇 번 떨어졌다고 해서 어깨가 늘어져 세상 무너진 것처럼 좌절할 필요도 더더욱 없다. 취업을 해야겠다고 마음 먹은 사람이라면 다만 포기하지 말고 유쾌하고 즐거운 마음으로 준비하길 진심으로 바란다. 다시 한 번 말하지만 직장생활이란 것은 삶의 경험 중 하나에 불과하다. 취업준비 또한 훌륭한 경험을 한다는 마음으로 임해야 한다. 진정한 삶의 목표를 향해 나아가는 과정에서 꼭 필요한 경험이라 여기고 즐거운 마음으로 공부도 하고 자격도 갖춘다면 고통스럽고 힘겹다는 생각을 훨씬 줄일 수 있을 것이다.

여기에는 또 하나의 문제가 있다. 스스로 아무리 행복한 마음을 가지고 취업준비에 임한다 하더라도 주위에서 나를 가만두지 않는다. 함께 취업을 준비하던 친구는 대기업에 취직을 하고, 집에서 나의 취직만을 손꼽아 기다리는 노부모는 한숨만 내뿜는다. 만나는 사람들마다 이번에는 취직이 되었냐고 물어보고, 겉으로는 위로하는 척하지만 본심은 아닌 듯하다. 비단 취업준비를 하는 사람들에게만 해당

되는 이야기가 아니다. 언제부턴가 우리는 다른 사람들의 말과 행동과 생각에 맞추어 자신의 삶을 억지로 살아가게 되었다. 여기서 다른 사람이란 부모와 가족을 모두 일컫는 말이다. 내 인생의 주인은 오직 나뿐이다. 아무도 대신 살아줄 수도 없고, 누구도 내 삶에 책임을 지지 않는다. 스스로 만족하기보다는 부모가 기뻐하는 모습을 보기 위해, 친구들에게 자랑하기 위해, 주변 사람들로부터 인정받기 위해 삶을 선택하는 경우가 훨씬 많아졌다.

얼마 전 한 초등학생이 4개 국어를 능숙하게 구사한다는 방송을 본 적이 있다. 엄마의 특별한 교육방식이 오늘을 있게 했다며 첫 화면에서부터 당당한 엄마와 아들의 모습이 비추었다. 그런데 프로그램의 요지는 그 학생의 능력이나 엄마의 훌륭한 교육방식이 아니었다.

집에서 엄마와 둘이 있을 때는 마치 현지인처럼 외국어를 술술 말하던 아들은 제대로 된 검증을 위해 전문가를 찾았을 때 뜻밖의 반응을 보였다. 외국어 담당 교사가 아이의 수준을 체크하기 위해 둘이서만 교실에서 대화를 나누어 보기로 했는데, 한 마디도 입을 떼지 못하는 것이었다. 겨우 몇 마디 단어를 내뱉는 정도로 봐서 일반 아이들과 전혀 다를 것이 없었다. 카메라를 통해 이를 지켜보던 엄마와 방송 관계자는 답답하고 놀라운 마음을 감출 수가 없었다.

프로그램의 요지를 말하자면, 외국어를 잘 할 수 있도록 교육시켜야 한다는 엄마의 강한 압박에 의해 강제로 학습했던 아이에 관한 이야기였다. 그래서 엄마 앞에 서면 엄마를 만족시킬 수 있다는 생각 하나만 가지고 현지인처럼 말을 했던 것이고, 엄마가 없는 곳에서는 한 마디도 내뱉지 못하는 기이한 현상을 보이게 되었던 것이다.

스스로의 삶을 살지 못하고 다른 사람들의 기준에 맞추어 쓸려 다니다 보면 방송에 나온 아이처럼 아무 쓸모도 없는 학습에 시간과 노력을 기울이게 될지도 모른다. 꿈을 향한 스펙 쌓기는 더없이 아름답다. 그러나 **남들이 스펙을 쌓고 있으니 나도 뒤질 수 없다는 생각으로 젊음을 바치는 것은 시련과 고통을 자초하는 것이나 다름없다.** 우리는 행복하기 위해 세상을 살아가고 있다. 스스로 자신의 행복을 내던지고 미친 듯이 살아갈 필요도 없고, 당하지 않아도 될 고통을 사서 할 필요 또한 더더욱 없다. **젊은 청춘의 시간들은 무한한 가능성을 지니고 있다.** 취업준비가 전부라는 닫힌 사고에서 벗어나길 간절히 바랄 뿐이다.

아픈 것도 습관이다

생각은 말이 되고, 말은 행동이 되며, 행동은 습관이 되고, 습관은 가치가 되며, 가치는 운명이 된다. 마하트마 간디가 남긴 말이다. 결국 우리가 하는 생각과 말은 곧 우리의 운명이 된다는 말이다. 이것은 법칙이다. 법칙이란 받아들이든, 받아들이지 않든 변하지 않는 진리다. 언제나 세상 속에서 우리 삶에 영향을 미치는 불변의 존재다. 하나 더하기 하나는 둘이 된다는 것은 수학적인 개념이기도 하지만, 아무리 부정하려 해도 달라지지 않는 법칙인 것이다. 사과가 나무에서 떨어진다는 사실도 마찬가지다. 뉴턴이 만유인력의 법칙이란 이름으로 개념을 설명하기 훨씬 전부터 사과는 떨어졌다. 사과가 나무에서 떨어질 리 없다고 아무리 부정해 봐도 그 법칙은 변하거나 달라지지 않는다. 법칙이란 받아들임의 문제가 아니라 오직 진리인 것이다.

아침에 일어나 양치를 하고 씻고 머리를 말리는 행동도 습관이며, 내가 하는 행동 하나하나가 모두 습관에서 비롯된다. 회사에 입사한 후 처음으로 출근하는 날은 버스를 타고 지하철을 타면서 방향이나 노선을 눈여겨 보게 된다. 그러나 며칠이 지나고 나면 굳이 신경을 써가며 버스의 방향이나 지하철의 노선을 눈여겨 보지 않아도, 내릴 곳을 짚어가며 생각하지 않아도 몸이 알아서 반응하게 된다. 자연스럽게 버스를 타고, 다른 생각을 하는 중에도 내릴 곳을 정확하게 놓치지 않게 된다. 모두 습관이 가져다주는 영향 때문인 것이다.

하루에 십 분씩 하루도 빠짐없이 외국어를 공부하는 사람은 시간이 흐를수록 머릿속에 외국어 능력이 쌓이게 되며, 매일 헬스클럽에 가서 열심히 운동을 하는 사람은 자신도 모르는 사이에 몸의 근육이 발달하고 뱃살이 들어가며 멋진 몸매를 가꾸게 되는 것을 볼 수 있다.

그만큼 습관이란 우리의 삶에 커다란 영향을 미치며, 좋은 습관을 가지기 위해 노력할수록 인생은 더 긍정적인 방향으로 나아가게 된다.

반면, 좋지 않은 습관들은 하루빨리 고치는 것이 자신에게 유익하다. 손톱을 물어뜯는다거나 머리를 벅벅 긁어대는 습관은 다른 사람들로 하여금 혐오감을 느끼게 하기가 쉽고, 약속장소에 매번 늦게 도착하는 것은 신뢰를 잃게 만드는 나쁜 습관 중 하나다. 이러한 사소한 습관들조차 인간관계에 있어서 큰 영향을 미치게 되니 더 중요하고 큰 습관들이 얼마나 중요한 것인지 쉽게 이해할 수가 있다.

누군가를 만날 때마다 불평과 불만을 늘어놓는 것도 나쁜 습관중 하나이다. 좋은 글과 유쾌하고 긍정적인 말을 보고 들을 때마다 그것을 받아들이는 우리의 마음도 함께 즐겁고 행복해진다. 자신의 가족이나 회사동료에 대한 불평을 늘어놓거나 다른 사람의 흉을 보며 좋지 않은 말을 내뱉는 사람을 만날 때면 우리 마음도 함께 어두워지고 불쾌해진다.

감기가 걸리거나 몸이 좀 불편할 때면 어김없이 짜증을 부리는 사람도 있다. 주변 사람들은 그 사람이 아플 때면 위로해 주거나 격려해주기보다 슬금슬금 자리를 피하게 된다. 기분이 좋을 때 밝고 긍정적인 것은 누구나 할 수 있는 일이다. 조금 힘들고 어려울 때조차 유쾌한 마음을 잃지 않는 것이야말로 우리가 가져야 하는 가장 좋은 습관 중 하나일 것이다.

자, 이제 우리가 살아가는 동안 마주하게 되는 아픔이란 것에 대해 생각해보자. 성공을 향해 나아가는 과정에서는 수많은 실패와 역경을 피할 수 없다. 그럴 때 입게 되는 마음의 상처와 고통, 시련 등을 일컬어 흔히 아픔을 겪는다고 표현한다. 사람마다 조금씩 차이는 있을 수 있겠지만 아마도 초등학교에 들어가는 나이가 될 때쯤이면 우리는 벌써 아픔이란 단어에 조금씩 익숙해지는 것이 아닌가 싶다. 마음껏 놀고싶은 마음은 부모와 선생님으로부터 공부에 대한 압박을 받기 시작하면서 참고 견뎌내야 한다는 것을 느끼게 되고, 사춘기가 지나면서 말도 행동도 제약을 많이 받게 된다. 사랑하는 사람을 만나 거절당하는 경험을 하게 되고, 시험에서 원하는 성적을 받지 못해 좌절하기도 한다. 어떤 삶을 살아가고, 어떤 사람이 되어야 하는지 쉽게 결정하지 못하는 자신에 대해 불안하고 초조한 마음을 감추지 못하는 젊은 시절을 보내기도 한다. 뜻하는 바를 이루기 위해 수도 없이 도전하지만 매번 원하는 성과를 이루지 못하니 답답하기도 하고, 스스로의 능력에 비관하기도 한다. 가까운 사람이 병에 들거나 세상을 떠나는 일을 겪기도 하며, 돈 때문에 고민하며 근심과 걱정 속에서 시간을 보내기도 한다. 이처럼 우리는 많은 시간을 '아픔'이란 감정에 휩싸여 괴로워하고, 그 '아픔'을 어떻게 헤쳐나가야 하는가에 대한 해답을 찾으려 노력하기도 한다.

'아픔'이란 감정이 생겨나기 시작하면 두려움을 갖게 되고, 두려움을 갖게 되면 소심해진다. 소심함이 성격으로 굳어지게 되면 두려움은 더더욱 커지게 되고, 두려움이 많아질수록 용기는 힘을 잃어간다. 두려움은 어떤 일을 행함에 있어 주저하게 만들고, 망설이게 하며, 자신감을 사라지게 만든다. 걱정과 근심으로 가득차게 되고, 의욕을 상실하게 만들기도 한다. 그래서 두려움을 인간이 갖는 감정 중에 최고의 적이라고 표현하기도 하는 것이다. 두려움을 없애고 용기와 자신감으로 충만한 사람이 되는 것은 성공으로 가는 가장 현명하고도 빠른 길이 될 수 있다.

그렇다면 결국 '아픔'이란 감정을 잘 다룰 수 있는 방법을 찾는 것이 중요하다는 사실을 깨달아야 하는 것이다. 우리는 어떻게 하면 '아픔'을 당당히 마주하고 이겨낼 수 있을까?

나는 분명코 '아픔'도 습관의 하나라고 말하고 싶다. 쇠도 달굴수록 단단해지고, 우리 몸의 근육도 단련할수록 강해지듯이 우리가 어떻게 하느냐에 따라 마음 또한 얼마든지 좋은 방향으로 키워나갈 수 있다.

개미를 아주 무서워하거나 피해야 하는 곤충으로 여기는 사람은 드물 것이다. 길을 가면서 개미를 발견했다고 해서 소스라치게 놀라는 사람을 본 적이 없다. 그런데 사람이 아주 어렸을 때부터, 그러니까 그림책을 읽게 되는 나이부터 개미라는 녀석이 대단히 위험하고 무서운 곤충이라고 끊임없이 배우게 된다면 어떻게 될까. 수도 없이 반복되는 학습에 의해 실제로 개미가 어떤 곤충인지와 상관없이 피하게 될 것이다. 그렇게 되면 길을 가다가 개미를 발견하게 되면 마치 독사를 만난 듯 놀라서 피하지 않을까. 이 때, 개미에 대한 두려움은 어디서 비롯된 것인가. 실제로 아프리카에 살고 있는 특별한 종류의 독개미를 제외하고는 개미란 녀석이 인간에게 커다란 위협을 주는 존재는 아님에도 불구하고, 학습을 통해 위험을 인식한 경험이 개미를 피하게 만드는 것이다. 반복과 학습의 힘이 얼마나 큰 지를 보여주는 사례가 아닐까 싶다.

'아픔'이란 감정을 대수롭지 않게 여길 수 있도록 반복된 학습을 할 필요가 있다. 여기에 **가장 도움이 되는 방법이 바로 독서다.** 여러 번 반복해서 이야기하는 내용이지만, 우리가 살면서 겪게 되는 모든 시련과 아픔과 고통은 인류가 시작된 이래 이미 누군가가 경험하고 극복해냈던 내용임에 틀림없다. 때로는 내가 겪고 있는 시련이 오직 나만의 것인 듯 외롭고 힘들다는 생각을 하기 마련이지만, 그것은 잘못된 생각이다. 어떤 혹독한 경험을 하더라도 이 세상에는 반드시 그와 유사한, 오히려 그보다 훨씬 강도가 센 위기를 경험한 사람이 반드시 존재한다. 그리고 극복한 사례 또한 수도 없이 많다. 그런 타인의 경험은 오직 책을 통해서만 받아들일 수 있다. 어린 아이들이 위인전을 읽으며 꿈을 키우는 것이 얼마나 중요한지 강조하는 이유가 바로 그것이다. 살면서 마주하게 되는 수많은 위기와 시련을 어떻게 경험했고, 어떻게 받아들였으며, 어떻게 극복해 내었는지 읽으면서 간접경험을 통해 그와 똑같은 위기를 겪게 되더라도 초연하게 받아들여 극복할 수 있는 마음의 힘을 기를 수 있기 때문이다.

백 명의 수험생이 시험을 봤다. 아흔아홉 명이 합격을 하고 나 혼자만 떨어졌다면 기분이 어떨 것 같은가? 반면, 한 명만 시험에 붙고 나를 포함해 아흔아홉 명이 떨어졌다면 이번에는 어떤가? 아마 두 경우 중에서 혼자만 떨어졌다는 상황이 더 힘들고 아플 것이다. 마찬가지로 이 세상에 나와 유사한 경험을 하고 있는 사람이 수도 없이 많다는 확신을 갖는다면 우리가 갖는 '아픔'의 정도는 훨씬 줄어들지 모른다. 게다가 그 '아픔'을 슬기롭게 잘 극복한 사례를 많이 접할수록 눈앞의 상황을 이겨낼 수 있다는 자신감이 더 많이 생길 수 있을 것이다. **책을 많이 읽고, 위기와 시련을 극복한 사람들의 이야기를 내 것으로 받아들여 '아픔'을 사소하게 여기는 습관을 키워야 한다.** 그렇게 하면 자신감과 용기를 줄 수 있는 시간을 많이 가질 수 있고, 두려움을 극복하고 '아픔'이란 감정을 뿌리 뽑는 강한 정신력을 가질 수 있다.

습관은 감정과 더불어 이성보다 훨씬 강력한 힘을 가진다. '담배를 끊어야지'라고 생각하면서도 이미 손에는 담배를 들고 있고, '술을 끊어야지'라고 생각을 하면서도 어느새 발걸음은 술자리로 향하고 있다. 이것은 모두 습관으로 인해 비롯되는 일들이다. 보통 사람이 습관 하나를 새롭게 만들기 위해서는 최소한 21일의 시간 동안 반복을 거듭해야 한다고 한다. 작은 습관 하나를 바꾸는 데에도 이처럼 많은 시간이 필요한데, 오랜 시간 굳어진 감정의 습관을 바꾸는 데에는 얼마나 큰 노력이 필요하겠는가. 조급한 마음을 버리고 매일 조금씩 '아픔'을 줄어들게 만드는 연습을 해야 한다. 시간과 노력이 귀찮게 여겨질지도 모르겠지만, '아픔'의 감정을 뿌리뽑는 것은 우리 삶을 훨씬 풍요롭고 유쾌하게 만들며 성공에 이르게 하는 최선의 길이란 점을 깨달을 수 있다면 얼마든지 수고를 아끼지 않을 수 있을 것이다.

'아픔'도 습관이다. 사소한 악습관 하나 때문에 시련과 고통 속에서 불행한 인생을 살 수는 없지 않겠는가.

P 4장
ain Study

매 순간 행복할 권리

나의 인생을 소중히 여겨줄 사람은 오직 나 하나뿐이다. 내가 스스로를 소중히 여기지 않는다면 주위의 어느 누구도 나를 귀하게 대하지 않게 된다. 성공을 이루기 위해 혼신을 다해 달려가면서도 때로는 고달프고 힘겨운 삶의 무게로 지치기도 하고, 털썩 주저앉아 눈물을 흘리기도 한다. 생각했던 더 나은 삶은 점점 멀어져만 가는 듯하고, 이를 악물고 견뎌왔던 시간들이 아까워 멈출 수도 없다. 그렇게 계속 달려간다. 몇 년만 미치면 성공할 수 있다는 말을 믿었고, 인생에서 아픔은 당연한 것이라며 참고 견디다 보면 좋은 날이 올 것이라 해서 여기까지 왔다. 이제 그만 멈추어도 된다. 잠시 멈춰 서서 자신을 돌아보자. 땀 좀 닦고 호흡 좀 가다듬으면서 지금 가고 있는 길이 맞는지, 지금 당장 행복할 수는 없는지 생각하는 시간을 가져보자.

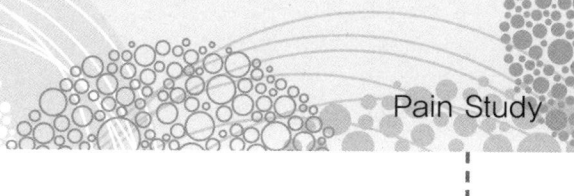

Pain Study

아프지 않아도
미치지 않아도 내 인생이다

❙ 생각대로 만들어지는 삶

　대기업에서 십 년 동안 근무를 하면서 가장 많이 가졌던 생각은 바로 돈이었다. 경제적으로 아주 힘들고 어려운 생활을 했던 것이 아님에도 불구하고 왜 그렇게 돈에 대한 집착이 남달랐는지 모르겠다. 또래의 친구들보다 훨씬 빨리 성장했고, 삼십대 중반에 이미 경기도에 마흔 평짜리 아파트와 중형차를 소유할 수 있었던 만큼 금전적으로 남부럽지 않게 살았던 나는 어쩌면 돈을 너무 만만하게 여겼던 것 같기도 하다. 남들은 취직도 어렵고 먹고살기도 힘들다고 하는데 나는 취업재수 한 번 없이 대기업에 들어갔고, 월급도 많았으며, 보너스나 수당도 다른 회사들보다 월등히 많았다. 특별히 낭비하는 습관이 없었던 터라 짧은 기간에 많은 돈을 모을 수가 있었고, 통장에 쌓여가는 돈을 보면서 내 마음의 욕심도 함께 불어났던 것 같다. 젊은 나이에 다른 사람들보다 조금 많은 돈을 가질 수 있었다는 사실, 그것을 어떻게 받아들이느냐에 따라 삶이 크게 달라질 수 있음을 그때는 전혀 깨닫지 못했다. 다만, 조금만 더 노력하면 더 많은 돈을 벌 수 있으리라는 생각만 머릿속에 가득차 있을 뿐이었다.

남들보다 돈을 잘 벌기는 했지만 그래봐야 월급쟁이였다. 한 달에 벌 수 있는 돈이 한정되어 있다는 뜻이다. 직장생활을 하고 있던 내 주변에는 사업을 하는 사람도 많았고, 영업에 종사하는 친구들도 많았다. 그들은 정해진 월급을 받는 것이 아니라 자신이 일궈낸 성과에 따라 엄청나게 많은 돈을 벌기도 했고, 한 푼도 벌지 못하는 경우도 있었다. 돈에 눈이 멀어 있었던 나에게는 당연히 엄청난 돈을 벌어들이는 모습만이 보일 뿐이었다. 직장생활을 하는 십 년 동안 실패라는 것을 한 번도 경험하지 않았던 나는 같은 노력을 기울이기만 한다면 사업을 하는 것이 직장생활에 비해 훨씬 더 많은 돈을 벌어들일 수 있을 거라는 확신을 갖기 시작했다. 열심히 하면 무조건 성공할 수 있다는 믿음에 조금도 의심을 가지지 않았다. 내가 일하는 것에 비해 조금도 나을 것이 없어 보였던 주위의 사업하는 친구들이 나보다 더 많은 돈을 벌고 있다는 사실을 용납할 수 없었다. 게다가 나보다 훨씬 더 오랜 시간 근무하고 있는 직장의 선배들을 보니 아무리 열심히 일해도 월급이 큰 폭으로 오르지 않는다는 사실을 알 수 있었다. 십 년, 이십 년 뼈빠지게 일해도 결국 월급쟁이는 어쩔 수가 없구나 싶은 생각을 버릴 수가 없었다. 젊은 시절에 큰 돈을 벌 수 있다면 편안하고 안락한 노후를 보낼 수가 있고, 투자하는 시간을 고려했을 때 직장생활을 계속하는 것보다 무슨 일이라도 사업을 하는 것이 더 현명한 선택이라 판단되었다.

때마침 사회적인 분위기까지 나의 마음을 부추기는 데 한 몫 거들었다. 성공하기 위해서는, 부자가 되기 위해서는, 더 큰 돈을 벌기 위해서는 지금 당장 사표를 쓰고 자신만의 브랜드를 가지고 사업을 시작하라는 내용의 책들이 쏟아져 나오기 시작했다. 명함 한 장으로 평가받는 사람은 결국 회사를 그만두게 되면 자신을 돌봐주던 울타리를 벗어남으로써 힘을 잃게 된다며 더 이상 직장생활에 얽매여 인생을 맡기지 말고 홀로서기를 준비하라는 대단히 매력적인 이야기들이었다. 오직 돈을 많이 벌 수 있다는 생각만으로 머릿속이 가득찼던 나는 별로 오랜시간 고민도 해보지 않은 채 사표를 내고 사업을 시작하게 되었다.

사업에 관한 자세한 내용을 풀어쓰다간 아마 책 한 권으로도 부족할 것 같다. 준비와 사전계획이 철저했기 때문이 아니다. 반대로 아무런 준비도, 계획도 없었기 때문에 이리저리 흔들리고 어설프게 맞게 되었던 갖가지 일들이 너무 많았기 때문이다.

세월이 흐르고 내 마음이 안정을 되찾은 다음에야 비로소 돌이켜볼 수 있게 되었다. 내가 사업에 실패한 주요한 원인들이 무엇일까? 다시 사업을 시작할 마음은 전혀 없지만, 내 인생을 완전히 뒤바꿔놓은 실패에 대해 반드시 원인을 짚고 넘어가야 한다는 생각이 들어서였다.

경험이 전혀 없던 사업에 손을 댔던 것, 사전 준비작업이 소홀했다는 것, 부족한 자금으로 무리하게 대출을 일으켜 시작했다는 점, 너무 급하게 서둘렀다는 점 등등 하나에서 열까지 실패할 수밖에 없었던 이유들뿐이었다. 그런 생각들을 하나씩 정리해 나가는 중에 나는 가장 큰 원인을 찾아낼 수 있었다.

돈이란 인생의 전부는 아니지만 없어서는 안 될 꼭 필요한 요소이다. 그러나 **돈은 어디까지나 삶에 필요한 도구일 뿐 결코 목적이 되어서는 안 된다. 돈이 유일한 목표가 되는 순간 삶은 방향을 잃어버린다.** 방향을 잃어버린 삶은 물결 위에 몸을 맡긴 채 그저 시간 위에 떠 있을 뿐이다. 아무리 발버둥을 쳐도 앞으로 나아가지 못하고 바람따라 물결따라 이리저리 흔들리게 되는 것이다. 도구가 진정한 목적이 될 수는 없다. 그 중요한 사실을 깨닫지 못했던 나는 돈이란 것이 좇아갈수록 멀어지기만 하는 헛된 욕망이란 것을 알 길이 없었던 것이다.

우리의 잠재의식은 이성적인 생각과는 전혀 다른 특징이 있다. 돈을 많이 벌고 싶다는 생각을 많이 하면 할수록 잠재의식은 '부족'과 '결핍'에 집중한다. 이성적인 생각으로는 잘 이해가 되지 않는 부분이다. 돈을 많이 벌고 싶다는 생각을 많이 하면 당연히 돈을 많이 벌 수 있는 방법을 연구하게 되리라 믿게 되지만 잠재의식은 전혀 그렇지 않다. 만약 잠재의식으로 하여금 제대로 돈을 많이 벌 수 있는 방법을 연구하게 만들려면 '부' 그 자체의 풍요로움만을 생각해야 한다. 내 주위에 넘쳐나고 있는 부와 풍요로움을 선명하게 그려야 하고, 이미 모든 것을 다 가졌다는 느낌을 생생하게 느껴야 한다. 돈을 많이 벌고 싶다는 말에는 이미 지금은 너무 부족하다는 의미가 내포되어 있고, 따라서 잠재의식은 풍요로움보다는 부족함에 초점을 맞추어 버린다. 시간이 지날수록 내 삶은 부족해질 뿐이다.

나는 잠재의식이나 뇌과학의 전문가가 아니다. 다만 실제로 내가 겪었던 경험들로 비추어 봤을 때 명확한 진실이라 판단되는 것들만 글로 옮기고 있다. **세상은 내가 생각하는 대로 만들어진다.**

이 글을 읽는 사람이 받아들이든 부정하든 상관없이 이것은 법칙이다. 누구나 자신만의 세상이 있다. 스스로 어떤 생각을 가지느냐에 따라 자신만의 세상은 반드시 만들어진다.

치열한 경쟁 속에서 반드시 이겨내야만 성공할 수 있다는 생각을 하는 사람들이 있다. 내 생각에 그들은 아마 반드시 성공을 이루어낼 것이다. 그들은 아침에 눈을 뜨고 잠자리에 들 때까지 하루의 일상이 경쟁 속에 이루어진다. 만나는 사람들은 모두 경쟁자가 되고, 그들을 이겨내야만 성공에 이를 수 있다는 생각이 가득하기 때문이다. 경쟁이란 생각은 그들의 삶을 경쟁의 한가운데 놓이게 만든다.

삶은 고통과 역경의 연속이라고 여기는 사람들도 있다. 참 못할 말이긴 하지만, 아마 그들의 삶은 언제나 고통과 역경으로 이어질 것이다. 생각이 삶을 만든다는 것은 법칙이기 때문이다.

인생은 외로운 것이라고 여기는 사람들의 세상은 아무리 많은 사람들이 주위를 둘러싸고 있어도 늘 외로움을 느낄 수밖에 없을 것이고, 삶이 전쟁터라고 여기는 사람들에게는 언제나 죽고 죽이는 치열한 싸움만이 존재할 것이다.

돈만 많이 벌면 된다는 생각을 했다. 나의 잠재의식은 오직 돈만 벌면 된다는 이성적인 나의 생각을 절대적인 '빈곤'으로 받아들였으며, 결국 나는 아무것도 남기지 못한 채 처절하게 바닥으로 떨어지고 말았던 것이다.

풍요롭고 행복한, 편안하고 즐거운 삶을 생각해야 한다. 모든 것을 내려놓고 삶을 생각하며 글을 썼다. 작가가 되기 위해 썼던 것도 아니고, 돈을 벌기 위해 썼던 것도 아니다. 글을 쓰고 있으니 마음이 너무나 평온하고 행복했다. 그래서 놓치고 싶지 않았다. 그토록 고통스럽고 힘겨운 삶의 터널을 거쳐 오면서 사람이 살아가는 데 가장 중요한 것이 바로 편안한 마음이란 사실을 가슴깊이 깨달았다. 그리고 글을 쓰게 된 후부터 비로소 내 마음의 물결이 한없이 잔잔해짐을 느꼈던 것이다. 이제는 편안하고 행복한 삶을 생각하는 내 마음이 너무나 자연스러워졌다. 사소한 문제들로 머릿속이 번잡해지는 일도 드물어졌고, 가끔씩 마음속에 물결이 일어날 때면 어김없이 조용히 앉아 글을 쓴다. 생각을 글로 나타내는 순간이 가장 평온하고 행복하다.

우리의 삶은 언제나 생각대로 이루어진다. 나도 한때 남부럽지 않게 살아갈 때는 생각의 중요성을 전혀 받아들이지 않았다. 그까짓 생각만으로 인생이 달라질 수 있겠느냐고 주장하는 사람 중 하나였다. 오히려 행동하지 않고 게으른 사람들이 머릿속으로 생각만 하는 거라고 비판하기 일쑤였다. 그래서 경험이란 것이 이토록 중요한가보다. 모든 것을 다 잃고 나서야 알게 되었다. 진실과 법칙이란 외면한다고 해서 변하는 것이 아니다. 오늘 내가 머릿속으로 생각한 내용들은 어떤 모습으로든 내 삶에 반드시 나타난다. **좋은 생각, 밝고**

긍정적인 행복한 생각들로 가슴속을 가득 채운다면 우리 삶도 분명 풍요로워진다는 사실을 명심해야 할 것이다.

| 누구를 위한 삶인가

좋은 아들이 되고 싶었다. 효성이 지극한 아들이 되기보다는 부모가 편안하고 안락한 노후를 맞이하고 돈에 대해 더 이상 걱정하지 않고 살 수 있게 만들어 드리고 싶었다. 밖에 나가서 누군가를 만났을 때 우리 아들이 이만한 지위에 올라 많은 돈을 벌고 있다고 자랑하며 어깨에 힘을 주고 만면에 미소를 띄울 수 있으면 좋겠다고 생각했다. 나이에 어울리는 편안한 집과 중후한 자동차를 선물하고 칠순, 팔순에 이르면 많은 사람들을 초대해서 근사하게 잔치를 열어 기쁨을 함께 나눌 수 있는 자리를 마련해 드리고 싶었다. 경제적으로는 물론이고 화목한 가정의 중심에 아들이 있다는 사실에 늘 뿌듯하고 자부심을 가질 수 있도록 해드리고 싶었다.

멋진 남편이 되고 싶었다. 아내가 언제나 든든하게 기댈 수 있고, 원하는 것은 무엇이든 가질 수 있는 경제적인 자유를 누리게 해주고 싶었다. 빠듯한 살림살이에서 벗어나 돈 걱정없이 살 수 있도록 해주고 싶었고, 매일 가계부를 끄적이며 푼돈을 아끼기 위해 허리띠를 졸라매는 삶과는 거리가 멀도록 해주고 싶었다. 여자로서 자신을 가꾸는 데 소홀하지 않도록 아낌없이 지원해주고 싶었고, 친구들과의 동창회에서 기죽는 일은 결코 없도록 하고 싶었다. 남편 덕분에 세상에 부러울 것 없는 삶을 살고 있다며 환하게 웃고 행복하게 사는 모습을 곁에서 늘 지켜보고 싶었다.

훌륭한 아빠가 되고 싶었다. '내 꿈은 아빠처럼 되는 거야'라고 외치며 항상 아빠를 자랑스럽게 여기는 아들을 보고 싶었다. 나이키 운동화를 갖고 싶다고 할 때 돈이 없어서 사주지 못하는 아빠는 되고 싶지 않았다. 성공을 거두기 위해서는 '아빠처럼 이렇게 하는거야'라며 당당하게 조언해 줄 수 있는 아빠가 되고 싶었다. 친구들에게 아빠를 자랑하고 싶어 하는 아들로 키우고 싶었다. 원하는 꿈은 무엇이든 이룰 수 있다는 무한한 가능성을 심어주는 그런 아빠가 되고 싶었다.

직장에서는 능력있고 존경받는 직원이 되려고 애썼고, 친구들에게는 진지하게 고민을 상담하고 마음속에 있는 진심을 나눌 수 있는 진정한 친구라는 말을 듣기 위해 노력했다.

나는 그렇게 주변의 모든 사람들로부터 인정받는 멋진 인생을 살고 싶었다. 어쩌면 세상의 모든 사람들이 이런 삶을 꿈꾸고 있는지도 모르겠다.

당신의 삶에서 가장 소중한 사람은 누구인가? 이 질문에 대한 대답은 사람마다 조금씩 차이가 있을 것이다. 어떤 사람은 자식이 가장 소중하다고 답할 것이고, 또 어떤 사람은 부모가 가장 소중하다고 말할 것이다. 사랑하는 배우자가 가장 소중하다고 답하는 사람도 있을 것이고, 둘도 없는 친구가 가장 소중하다는 사람도 있을지 모르겠다. 누구나 자신의 삶에서 가장 소중하다고 여기는 사람이 존재한다는 사실은 분명하다.

그럼에도 불구하고 나는 사람들의 이런 생각들이 모두 잘못된 오해에서 비롯되었다고 말하고 싶다. **세상에서 가장 소중한 사람은 어느 누구도 아닌 바로 나 자신이다.** 이것은 법칙이며 예외가 존재하지 않는다. 법칙이란 우리가 받아들이지 않는다고 해서 거부할 수 있는 사실이 아니다. 앞에서도 예로 든 바 있지만 사과가 나무에서 떨어지는 것은 뉴턴이 만류인력의 법칙이란 이름을 공표하기 훨씬 전부터 이미 법칙이었다. 우리가 그 사실을 받아들이지 않는다고 해도 여전히 사과는 나무에서 떨어진다. 따라서 세상에서 가장 소중한 사람이 나 자신이란 사실도 받아들이는 우리의 태도와는 무관하게 언제나 진실이며 법칙인 것이다.

흔히 부모가 자식을 대하는 마음을 일컬어 숭고하고 고귀하며 위대한 사랑이라 말한다. 자식을 위해서는 모든 것을 희생하고 헌신하는 우리의 부모들 마음을 표현하는 말이다. 나도 부모이기에 이제 조금은 그 마음을 헤아리게 된 듯하다. 그토록 위대한 부모의 사랑을 놓고 분석하는 것은 어쩌면 바람직하지 못한 태도일지 모르겠지만, 나 자신이 가장 소중하다는 법칙을 설명하기 위해 잠시 예로 들어보기로 한다. 자식을 위해 자신의 모든 것을 희생하는 부모, 그런데 부모의 삶이 형편없고 무가치한 삶이라면 그것을 희생하는 것이 뭐가 그리 대수겠는가? 숭고한 사랑이란, 자식을 위해서라면 자식보다 더 소중한 자신의 삶을 모두 바치는 마음이다. 더 소중한 나를 희생하고 헌신해서 누군가를 위하는 마음이기 때문에 값을 매길 수 없을 만큼 위대한 가치를 지니게 되는 것이다.

위험에 처한 누군가를 구하기 위해 자신의 목숨을 내던지는 사람에 대한 뉴스를 접하면 저절로 고개가 숙여진다. 그 위대한 헌신에 숙연해지기 때문이다. 만약 목숨을 내던진 사람이 아무런 가치가 없고 전혀 소중한 인생이 아니라면 과연 숭고한 희생이란 말이 의미가 있을까. 세상에서 가장 소중한 자신을 버리고 다른 사람을 구했기 때문에 표현할 수 없을 정도의 감동과 눈물이 벅차 오르는 것이다.

세상에서 가장 소중한 사람이 나 자신이란 말에는 나를 둘러싼 환경이나 물질적인 부, 명예, 지위 따위는 아무런 조건이 될 수 없다. 사회적으로 훌륭한 성공을 거둔 사람은 소중하고 그렇지 못한 사람은 소중하지 않다는 말은 용납할 수가 없다. 길거리에서 노점상을 하며 어렵게 살던 할머니가 평생토록 모은 오천 만원을 불우이웃 돕기에 내놓았다는 뉴스를 들었다. 가진 것 없고, 평생을 시련과 역경 속에서 어렵게 살아온 노년의 가난한 할머니가 사회적으로 성공했다고 볼 수는 없다. 그럼에도 불구하고 우리는 그 할머니의 봉사와 희생하는 마음에 감동하게 된다. 평생 어렵게 모은 돈을 세상에서 가장 소중한 자신을 위해 쓰지 않고 다른 불우한 이웃을 위해 내놓는다는 행동 자체만으로 고귀한 가치를 지니기 때문이다. 이 세상에서 가장 소중한 사람은 바로 나 자신이다. 돈을 많이 벌고, 명예를 가졌고, 권력을 쥐고, 좋은 집에 살고, 멋진 자동차를 가졌기 때문이 아니라 이미 세상에 태어나 존재하고 있다는 사실만으로 무엇보다 소중한 가치를 가진다. 오직 하나뿐인 내 삶이 가장 소중하다.

자동차에 관한 이야기를 해 보려 한다. 사람마다 자동차를 보는 눈이 다르다. 어떤 사람은 수려한 외관을 최고로 여기고, 어떤 사람은 엔진의 성능을 최고로 생각한다. 안전성을 으뜸으로 생각하는 사람도 있고, 실용성을 가장 중요하게 여기는 사람도 있다. 중형 세단을 좋아하는 사람도 있고, SUV를 선호하는 사람도 있으며, 스포츠카를

로망으로 삼는 사람도 있다. 저렴한 가격을 원하는 사람도 있고, 가격과는 상관없이 성능이 우수한 자동차를 고집하는 이들도 있을 것이다.

자동차를 만드는 회사와 그곳에 종사하는 전문가들은 좋은 차를 만들어 세상에 내놓기 위해 연구를 거듭한다. 그러나 어떤 회사, 어떤 전문가들도 이 세상의 모든 사람들을 만족시킬 수 있는 자동차를 만든다는 것은 불가능하다. 고작해야 많은 사람들에게 사랑받는 좋은 차를 만드는 것이 목표가 될 뿐이다. 아무리 훌륭하고 멋진 자동차를 만들어낸다 하더라도 사람들의 취향이 모두 제각각이기 때문에 백 퍼센트의 만족이란 존재할 수 없기 마련이다.

우리는 어떤 삶을 살아야 하는가? 이 세상에서 가장 소중한 사람은 바로 나 자신이기 때문에 언제나 나를 위한 삶을 살아야 한다. 에둘러 표현해 본다면, 나 자신을 위하는 삶이 결국 부모, 자식, 배우자, 친구 등 주변의 모든 지인들을 위하는 삶이 된다는 이야기다. 삶에서 가장 주요한 목표의 중심에는 항상 내가 있어야 하며, 나를 방치하고 외면하는 삶에서 진정한 성공과 행복을 가질 수는 없다. 이것은 지극히 당연한 사실임에도 불구하고 나를 포함한 많은 사람들이 잘못된 오해를 갖고 살았던 것이 사실이다.

부모, 자식, 배우자, 친구, 지인들을 위해서 살아간다는 말은 어쩌면 가장 소중한 나 자신을 외면하기 위한 변명이자 핑계일지도 모른다. 그래서 간혹 "내가 누군가를 위해 얼마나 열심히 살았는데!!"라고 소리를 지르며 분을 푸는 경우가 생기는 것이다. 스스로를 외면하고 다른 누군가를 위해 희생하고 헌신하는 것은 진정한 삶이 아니다. 그래서 시간이 흐를수록 회한과 원망, 때로는 분노와 좌절이 쌓여가게 되는 것이다. 자신을 위하는 삶, 인생의 목표가 자신을 중심으로 이루어질 때에야 비로소 진정한 삶을 사는 것이라 말할 수 있다.

나는 좋은 아들이 되고 싶었고, 좋은 남편이 되고 싶었다. 훌륭한 아빠가 되고 멋진 친구와 동료가 되기 위해 열심히 살았다. 그런데 이렇게 희생하고 헌신하는 삶에 만족스럽다고 느낀 적은 단 한 번도 없었다. 오히려 더 열심히, 더 무언가를 이루어야만 내 주변의 누군가를 만족시킬 수 있다는 생각에 시간이 흐를수록 초조해지고 불안해질 수밖에 없었다. 내 삶의 주변을 둘러싼 모든 사람들을 완벽하게 만족시킬 수 있는 삶이란 존재하지 않는다. 이 세상의 모든 사람들을 만족시킬 수 있는 자동차란 존재할 수 없듯이, 아무리 노력을 거듭해도 내가 만나는 모든 사람들을 만족시킬 수 있는 인간이란 애초부터 존재할 수 없었던 것이다.

'나는 세상에서 가장 소중한 사람이다'라는 생각은 나도 하고 당신도 한다. 내가 내 삶을 소중히 여기고 살아간다는 것은 이 세상 모든 사람이 각자의 삶을 소중히 여긴다는 뜻이다. 그래서 내 인생을 위해 나아가다 보면 동시에 다른 사람들도 함께 성장하게 된다.

희생과 헌신은 숭고하고 위대한 정신이다. 그러나 그 중심에는 내가 있어야 한다. 나의 이익만을 챙긴다는 이기주의와는 차원이 다르다. 내 삶이 소중하다고 생각할 수 있으면, 다른 사람의 삶도 소중하다는 인정을 할 수가 있다. 자신의 삶을 소중하게 여기는 부모와 자신의 인생을 소중하게 여기는 자식은 더 큰 희생과 헌신을 나눌 수가 있다. 누구를 위한 삶을 살아야 하는가? **가족과 타인을 위한 삶에서 벗어나 나 자신을 위해 살아야 한다.** 그런 삶이 결국 모두를 위한 길임을 잊지 말아야 할 것이다.

ㅣ즐거운 인생 만들기

철수의 꿈은 화가가 되는 것이었다. 어릴 적부터 색연필과 크레파스로 스케치북에 그림을 그리는 것을 좋아했다. 철수의 그림을 본 주위의 사람들은 칭찬을 아끼지 않았으며, 학교에서도 미술 시간이 가장 기다려지는 수업이었다. 자신의 그림이 미술대회에 출품되면 초등부에서는 항상 우수한 성적을 거두곤 했다. 최우수작으로 선정된 적은 한 번도 없었지만 항상 손가락 안에 꼽힐 정도의 순위에는 들었다. 미술대회에 출품하여 학창시절에 받은 상장과 트로피는 철수의 집 거실의 한쪽 벽면을 가득 채우고도 남을 정도였다. 철수는 화가가 되는 것만이 삶의 전부라 여겼고, 실제로도 그림을 그리는 시간이 가장 행복했다. 주위의 친구들도 철수가 화가가 된다는 사실에 조금도 의심을 갖지 않았다. 적어도 고등학교 3학년이 되기 전까지는 말이다.

철수가 고등학교 3학년이 되었을 때 아버지의 사업이 크게 실패하고 말았다. 그동안 경제적으로 풍요롭지는 않았지만 그래도 남부럽지 않을 만큼 살았던 철수의 집안은 아버지의 실패로 인해 한순간 몰락하고 말았다. 집은 반 지하 단칸방으로 옮겨가게 되었고, 아버지는 충격으로 쓰러졌으며, 어머니는 식당에서 잡일을 돕는 궂은일까지 해야만 했다. 대학에서 미술을 전공하여 화가가 되고자 했던 철수의 꿈은 현실의 벽에 부딪히기 시작했다. 외동아들이었던 철수는 아무래도 대학진학을 포기하고 당장이라도 돈을 벌어 조금이라도 집안에 보탬이 되어야 한다는 생각이 들었기 때문이었다. 결국 철수는 고등학교를 졸업하고 작은 회사에 취직하여 평범한 직장생활을 시작하게 되었다.

회사생활을 시작한 지 2년 동안은 몸도 마음도 무척이나 힘들었다. 어쩔 수 없이 자신의 꿈을 접고 평범한 직장생활을 하고 있다는 사실이 괴로워서 견딜 수가 없었다. 가장 힘들었던 사실은 그림을 전혀 그리지 못한다는 것이었다. 진정한 자신의 삶은 잊어버린 채 어쩔 수 없이 현실 속에 갇혀 꿈을 펼칠 기회조차 없다는 사실에 서러움이 북받쳤다.

철수는 건축설계 사무실에서 일했다. 나름대로 그림에 소질이 있던 그였기 때문에 입사하는 데에는 별 문제가 없었다. 신입사원 시절에는 주요한 업무를 맡지 못하고 그저 시키는 대로 복사를 하거나 잔심부름을 하면서 월급을 받았지만, 2년이란 시간이 지난 후에는 직장 상사나 주위 동료들이 점점 철수의 능력을 알아보기 시작했다. 스케치북이나 도화지에 그림을 그리지는 못했지만 컴퓨터 그래픽을 이용해 인테리어 디자인이나 새로운 형태의 건축물을 그려내는 철수의 능력이 아주 뛰어났기 때문이다.

게다가 그림만 그리며 보냈던 학창시절에는 알 수 없었던 철수의 새로운 면모까지 드러나기 시작했다. 바로 주위 사람들과의 관계였다. 어려운 집안 형편에도 불구하고 철수는 늘 밝은 모습을 유지했고, 대화를 나눌 때에도 항상 온화하고 친절했으며, 회사 내에서 남들이 꺼려하는 궂은 일이 생기면 언제나 두 팔을 걷어붙이고 앞장섰던 것이다. 시간이 지날수록 철수는 직장동료나 상사들의 마음을 사로잡았으며, 3년이 지날 무렵에는 팀장의 자리에까지 올라설 수 있게 되었다. 회사 내에서 가장 어린 나이에 팀장으로 발탁된 것이다. 당연히 급여도 높은 폭으로 상승했고, 회사업무도 만족스러웠다.

다행스럽게도 철수 아버지의 건강 또한 날이 갈수록 호전되었으며, 철수가 벌어들이는 수입 덕분에 어머니도 더 이상 식당에 나갈 필요가 없어졌다.

철수는 회사에서 맡고 있는 업무에 대단히 만족스러웠으며, 하루하루가 행복에 겨웠다. 최선을 다해 업무를 처리하고 나면 성공적인 결과에 대해 성취감을 느낄 수 있었고, 주위 사람들로부터 인정받을 수 있었으며, 경제적인 풍요로움까지 얻을 수 있었다. 이제 더 이상 지난 날에 가졌던 화가라는 꿈을 그리워하지 않았고, 지금의 삶에 더 없이 평온하며 행복함을 느낄 수 있었다.

철수가 서른다섯이 되던 해, 그의 가족들은 반 지하 단칸 방에서 나와서 이전에 살던 집보다 더 넓고 아름다운 집으로 이사를 하게 되었다. 외동아들로서 가족을 책임지고 있던 철수는 예쁜 배우자를 만나 부모님을 모시고 행복하게 살아가고 있다.

우리는 언제나 꿈을 향해 달려가고 있고, 혹은 자신의 꿈이 무엇인지 찾으려 노력하고 있다. 꿈을 좇는 사람은 아름답게 느껴지고, 그 꿈을 향해 열정적으로 달려가는 사람들의 땀은 참으로 가치있게 보인다. 철수의 꿈은 화가였다. 그러나 그는 꿈을 이루지 못했다. 학창 시절 꿈을 향한 도전에의 첫 발조차 내딛지 못한 그의 회한과 아픔은 충분히 이해가 간다. 그러나 철수의 삶은 어떠했는가? 좌절하고 절망하여 삶을 포기하지도 않았고, 아픔과 시련을 이겨내려고 발버둥 치지도 않았다. 현실의 벽에 부딪힌 철수는 자신이 할 수 있는 일을 찾았고, 썩 마음에 들지는 않았지만 가족의 생계를 책임져야 한다는 마음으로 어쩔 수 없이 평범한 직장생활을 선택했다. 여기에는 누구의 강요도 없었다. 스스로의 선택이었으며, 부모조차 철수에게 꿈을 포기하라는 말을 한 적이 없었다. 만약 철수가 자신의 꿈을 포기하지 않고 어려운 가정환경을 잠시 뒤로 하고 대학에 진학했다면 누구 못지 않게 열심히 살아가며 결국 자신의 꿈을 이루었을지도 모른다. 그래서 직장생활과는 또 다른 행복한 삶을 만들어 갔을지도 모른다. 사람의 앞일은 누구도 예상하지 못하니까 말이다.

이 책에서 내가 가장 하고 싶은 말을 하나의 단어로 요약하라면 바로 '행복'이다. 사람들이 바라는 어떠한 형태의 목표, 성공, 성취들도 결국은 행복한 삶을 이루기 위한 조건들일 수밖에 없다. 아무리 돈을 많이 벌고 높은 지위에 올라 바라는 모든 것들을 이룬다 하더라도 그 모든 것이 불행한 삶이라고 단정짓는다면 과연 누가 그토록 오랜 시간과 노력을 성공을 위해 바치겠는가.

꿈을 찾고, 그 꿈을 이루기 위해 노력한다는 사실은 대단히 훌륭하고 멋진 일이다. 그러나 중요한 것은 그것이 진정한 꿈, 진정한 목표인가 라는 의문을 한 번쯤은 가져봐야 한다는 것이다. 사회적 분위기를 비롯해서 너무나 많은 사람들이 꿈에 대해 이야기한다. 마치 꿈이 없는 사람들은 살아갈 가치가 없는 것처럼 느껴지고, 꿈을 찾지 못한 젊은 청소년들은 조바심을 느끼며 초조해하고 불안해하기까지 한다. 그래서 때로는 가슴을 뛰게 하는 진정한 꿈이 아니라 그저 의사나 변호사, 가수, 배우, 디자이너 등 직업적인 가치만을 고려해 자신의 꿈이라고 착각하는 일까지 생겨나는 듯하다.

꿈은 직업이 아니다. 굳이 말하자면 꿈이란 어떤 삶을 살아가는가 하는 문제이다. **변호사가 되어 돈을 많이 벌겠다는 것은 꿈이 아니라 욕심이자 집착이다.** 스스로 자신의 입장을 변호하지 못하는 사람들을 대신해 법정에서 피고인의 정당함과 억울함을 대변해주는 삶을 살고 싶다면 그것이 바로 꿈이 되는 것이다. 변호사가 되어 돈을 많이 벌고 싶다는 것이 꿈이라 여기는 사람들은 사법고시에 목을 맨다. 사법고시라는 제도에 통과하지 못하면 자신의 꿈은 영원히 이룰 수가 없기 때문이다. 그러나 어려움에 처한 누군가를 대변해주는 삶이 꿈이라 생각하는 사람은 설령 사법고시에 떨어진다 하더라도 얼마든지 또 다른 방법으로 타인을 위한 삶을 살아갈 수가 있다. 사법고시에만 집착하는 사람은 행복한 삶을 살아가기 힘들겠지만, 타인을 위한 삶에 꿈을 두는 사람은 언제나 행복할 수 있다.

철수는 화가가 자신의 꿈인 줄 알고 살았다. 그래서 대학에 진학하여 미술을 전공하고 더 넓은 세상으로 나가 그림을 그리려 했던 것이다. 그러나 아버지의 실패라는 생각지 못한 현실 때문에 전혀 다른 삶을 살게 되었고, 그 과정에서 자신이 어떤 삶을 살고자 했는지 깨닫게 된 것이다.

철수의 마음속에 담겨 있었던 진정한 꿈은 행복한 삶이었다. 성취감을 느낄 수 있는 일을 하는 것, 함께 일하는 사람들과 소통을 나누는 것, 인정받고 교류하며 적극적인 삶을 살아가는 것, 하루하루 만족하며 늘 행복할 수 있는 삶, 바로 이런 것들이 그의 진정한 꿈이었던 것이다.

자신의 꿈이 무엇인지 찾는 일은 매우 중요하다. 그러나 이것은 우리가 살아가는 일생 동안 언제 어떤 모습으로 나타날지 모르는 일이다. 아홉 살에 꿈을 찾는 사람도 있고, 아흔이 넘어서 꿈을 찾게 되는 사람도 있다. 오직 한 가지 꿈에 평생을 바치는 사람도 있고, 수많은 꿈들을 함께 꾸며 살아가는 사람도 있다. 고등학교를 졸업하기 전에 반드시 자신의 꿈을 찾아야 한다는 법칙이란 존재하지 않는다. 마흔이 되기 전에 꿈을 이루어야 한다는 조건도 세상에는 없다. 조급한 생각을 가질 필요가 전혀 없다는 말이다. 꿈이란 그 자체만으로도 우리 삶을 행복하고 즐겁게 만들어 주어야 한다. 꿈을 찾는 일, 그리고 그 꿈을 향해 나아가는 과정이 초조하고 불안하고 괴롭고 힘들다면 차라리 꿈을 갖지 않는 편이 훨씬 더 나을지도 모른다.

즐겁고 행복한 인생을 살아야 한다. 어떤 이유에서든 불행하고 괴롭다면 삶의 의미를 잃고 만다. 즐겁고 행복한 인생을 만들기 위해서 무엇보다 우선되어야 하는 방법이 한 가지 있다. 그것은 바로 지금 현재 자신의 위치에서 주어진 일에 혼신을 다해야 한다는 사실이다. 만약 지금의 위치, 지금의 상황에서 최선을 다했을 때 그 성취감과 노력의 대가에 만족스럽고 즐겁고 행복하다면 바로 그것이 자신의 꿈이 될 수도 있다. 그러나 최선을 다했음에도 불구하고 여전히 불만족스럽고 불쾌하고 불행하다면 지금 당장 그 자리를 떠나야 한다. 가족을 생각해서, 당장 먹고 살 일이 걱정이기 때문에, 다른 무언가 할 일을 찾지 못했기 때문에 어쩔 수 없이 그 자리에 머물러 있어야 한다는 생각은 치명적인 위험이다. 어떤 이유에서든 자신의 삶을 불행 속에 머물도록 그냥 두어서는 안 된다.

철수가 직장생활에서 전혀 행복을 느끼지 못하고 매일매일 불행의 연속이었다면, 그럼에도 불구하고 가족의 생계를 책임지기 위해 꾹 참고 회사를 다녔다면 무슨 성취감이나 만족을 느낄 수 있었을까? 과연 팀장이란 자리에 오를 수 있었을까? 아마 몇 년 버티지도 못하고 쫓겨났을지도 모른다.

즐거운 인생, 행복한 인생이 우리가 살아야 할 삶이다. 지금 내가 처한 현실이 어떠하든 주변상황이나 조건에 얽매여 스스로의 삶을 불행하게 만들어서는 안 된다. 가만히 생각해 보자. 어쩌면 우리는 지금 이 순간, 어쩔 수 없이 불행한 삶을 살고 있는 것이 아니라 행복한 삶으로의 변화를 두려워하거나 가진 것을 잃을까봐 불안해 하는 것은 아닐까?

목표란 무엇인가

이 장을 쓰기 전에 상당히 고민을 많이 했다. 왜냐 하면 수많은 자기계발서에 이미 목표에 대한 내용이 가득 채워져 있고, 내가 쓴 두 권의 책에서도 목표에 관해 다룬 적이 있기 때문이다. 그럼에도 불구하고 또 한 번 목표를 말하기로 결단을 내렸다. 행복한 삶, 성공하는 삶을 이루기 위해 목표는 반드시 필요하고, 이런 사실에 비해 목표의 중요성을 절실히 느끼는 사람들이 생각보다 훨씬 적다는 현실 때문이다.

내가 이 책을 통해 세상 사람들에게 하고 싶은 말의 핵심은 미친 듯이 일하고 이를 악물며 아픔을 참는 것이 성공으로 가는 유일한 길이 아님을 주장하고자 하는 것이다. 내가 생각하는 삶의 우선순위는 오직 평온한 마음과 행복한 인생이다. 지금 당장 행복할 수 있음에도 불구하고 많은 사람들이 행복을 성공을 이룬 다음으로 미뤄두고 있다. 미친 듯이 일하고 아픔을 참아가며 살아가는 것이 성공에 이르는 유일한 길이라면, 그리고 그 과정들이 너무도 견디기 힘들고 고통스러워 많은 사람들이 중도에 포기하고 마는 길이라면, 우리 인생은 행복보다는 불행한 시간이 훨씬 많아질 수밖에 없다. 짧은 시간의 행복을 위해 많은 시간 불행해야 한다면 인생 자체가 너무 슬픈 현실이 되어버린다. 물론 오랜 시간 동안의 어려운 역경과 고난을 극복해 내고 마침내 뜻한 바를 이루어 정상에 우뚝 서게 된 누군가의 이야기를 들으면 참 가슴이 먹먹해지고 감동스럽다는 점은 나도 인정한다. 그러나 똑같은 성공을 두고 두 갈래의 길이 있다면 이왕이면 즐겁고 행복하게 걸어갈 수 있는 길을 선택하는 것이 훨씬 낫지 않은가.

이쯤에서 필자를 향한 질문들이 쏟아질 것이다. 성공을 이루기 위해 나아가는 과정이 과연 즐겁고 행복할 수 있는 것인가 라고 말이다. 고난과 역경 없이 성공할 수 있는 방법이 과연 있기는 한가 라고 묻고 싶을 것이다. 물론 내가 주장하는 성공에 이르는 길에서도 하루도 빠짐없이 행복하다고 단언할 수는 없다. 사람에 따라서 때로는 지치기도 할 것이고, 때로는 시련을 겪을 수도 있다. 하지만 분명하게 말할 수 있는 것은 행복한 시간에 비해 지치고 우울한 시간들이 극히 적을 것이라는 사실이다. 오랜 시간 동안의 불행을 거쳐 짧은 행복을 이룰 것인가, 아니면 늘 행복한 삶을 살면서 꿈을 이룰 것인가. 이 둘 중에 선택을 하라면 과연 선택의 여지가 있기나 할까 싶다.

그렇다면 과연 행복한 삶을 살면서 성공에 이르는 방법이란 어떤 것일까? 그 방법의 한가운데 놓인 단어가 바로 '목표'다. 목표가 있는 삶은 행복할 수 있다.

"나는 목표를 가지고 있습니다. 그런데도 전혀 행복하지 않아요. 성공으로 가는 길이 힘들고 어렵게만 느껴집니다. 목표를 가지고 있다고 해서 행복할 수 있다는 말은 틀린 말인 것 같은데요."

후배 한 명이 나의 말에 흥분하며 따지듯 물었다. 목표가 있음에도 행복하지 않다는 그의 말은 틀린 말이 아니었다. 그 후배는 목표라는 것을 세우는 방법에 대해 전혀 모르고 있었기 때문이다.

목표(目標)라는 말을 한자 그대로 풀이해 본다면 '눈으로 높은 나뭇가지의 끝을 바라본다'는 뜻이 된다. 눈으로 볼 수 있어야 한다는 말이다. 목표란 반드시 눈으로 볼 수 있어야만 한다. 미래의 이루고자 하는 모습이 어떻게 눈에 보여질 수 있느냐고 묻는 사람들이 있다. 글로 써야 한다. 목표란 반드시 글로 적어야만 비로소 의미를 가질 수 있으며, 글로 나타난 목표라야만 이루어낼 수가 있는 것이다. 물론 목표를 머릿속으로만 새긴 사람들 중에도 성공을 거둔 이들이 있다. 그러나 그런 사람들은 극히 일부에 불과하다는 사실을 명심해야만 한다. 대부분의 성공한 사람들은 글로 적은 목표를 가지고 다니거나 눈에 잘 띄는 곳에 붙여두고 수시로 바라보며 수도 없이 반복한다. 그들은 이미 목표를 세워 뜻을 이룬 경험을 가지고 있고, 그래서 목표라는 것을 글로 적는 행위가 얼마나 대단한 효력을 발휘하는지 잘 알고 있기 때문이다.

눈에 선명하게 보이는 목표가 얼마나 중요한지 예를 들어보겠다. 요즘은 대부분의 자동차에 내비게이션이 장착되어 있다. 부산에서 태어나 한 번도 부산을 떠난 적이 없는 사람이 난생 처음으로 서울에 간다고 가정해 보자. 내비게이션이 있으니 아무 걱정이 없다. 우선 전원을 켜고 목적지를 입력하고자 한다. 그런데 목적지를 '서울'이라고만 입력하면 어떻게 될까? 아마도 내비게이션은 아무런 목적지를 선택할 수 없을 것이다. 서울시청, 서울IC, 서울터미널, 서울역 등 정확한 지명이나 상호를 입력하지 않으면 절대로 목적지에 다다를 수 없다. 목표란 이런 것이다. **돈을 많이 벌고 싶다는 마음은 결코 목표가 될 수 없다.** 내비게이션에 북쪽이라고 입력하고 서울역에 이르기를 바라는 마음과 다를 바 없다는 뜻이다. 최대한 상세한 정보를 입력하지 않으면 내비게이션이 반응하지 않듯이, 우리 삶의 목표도 정확하고 상세한 내용을 눈에 보이듯 적어야만 이루어낼 수가 있는 것이다.

목표를 적을 때 또 한 가지 대단히 중요한 사실은, 목표를 적는 것만으로 끝내서는 안 된다는 점이다. 목표에 따른 세부계획을 함께 적어야 한다. 서울역이라고 입력을 하면 내비게이션은 출발지점부터 서울역에 이르는 전체 경로를 한꺼번에 지정한다. 백 미터 앞에서 좌회전을 하고, 고속도로 어느 지점에서 진입하며, 어디쯤에 휴게소가 있고, 어디쯤에 위험한 곳이 있는지 처음부터 끝까지 완벽하게 경로를 지정한다. 때로 우리가 잘못된 방향으로 들어선다 하더라도 내비게이션은 금방 경로를 수정하여 다시 서울역으로 갈 수 있는 길을 새롭게 안내해 준다. 아무리 길을 벗어나더라도 우리는 반드시 서울역에 이를 수 있다. 다만 몇 분의 시간이 지체될 뿐이다. 삶의 목표도 마찬가지다. **우리가 목표를 정확하게 적고, 그 목표를 이루기 위한 세부계획을 자세하게 적기만 하면 우리는 반드시 목표를 이루어낼 수가 있다.** 그 과정에서 때로 잠깐씩 경로를 이탈한다 하더라도 아무런 걱정을 할 필요가 없다. 이미 글로 적어놓은 계획들을 조금씩 수정하기만 하면 목표에 이르는 시간이 조금 지연될 뿐, 그것을 이루어내는 데에는 조금도 의심할 필요가 없는 것이다.

목표에 대한 중요성을 설명하는 가운데 놓치지 말아야 할 것이 한 가지 더 있다. 바로 출발점이다. 내비게이션에 목적지를 입력할 때 출발지점을 입력하라는 신호는 전혀 없다. **목적지에 이르는 과정에서 출발점은 아무런 의미가 없다**는 뜻이다. 부산에서 출발하든, 대구에서 출발하든, 강원도에서 출발하든 아무런 관계없이 서울역에 도착할 수가 있다. 우리는 목표를 설정하고 글로 적으면서 때로 스스로를 너무 낮게 평가하는 경향이 있다. 내가 과연 이 목표를 이룰 수 있을까? 가진 것도 없고 배운 것도 없는데 내가 과연 정상에 오를 수 있을까? 스스로의 능력을 과소평가하고 자신감이 현저하게 떨어져 버린다. 그래서 목표는 점점 작아지거나 아예 글로 적는 것을 포기하고 마는 경우도 있다. 인생을 살면서 이루고 싶은 무언가가 있다면 지금 자신의 모습이나 환경에 대해 전혀 고려하지 말라고 말해주고 싶다. 목표를 이루는 과정에서는 오직 도착지점만이 중요할 뿐이다. 어디에서 출발하느냐 하는 문제는 전혀 고려의 대상이 되지 않는다. 부산에서 출발하면 대구에서 출발하는 것보다 조금 늦게 도착할 뿐이다. 서울역이라는 목적지에 도착하는 것이 반드시 이루고자 하는 내 삶의 목표라면 조금 늦게 도착하면 어떤가. 중요한 것은 서울역이라는 목적지에 무사히 도착할 수 있다는 사실이 전부다.

목표를 세우지 않거나, 목표를 글로 적지 않은 상태에서 출발한다고 가정해 보자. 낯선 길을 헤매야 한다. 몇 번의 유턴을 해야 할지 짐작도 하지 못한다. 출발할 때부터 전혀 방향감각이 없다. 기름은 떨어져가고 몇 시간을 헤매도 부산을 벗어나지 못한다. 해가 저물고 길에다 차를 세워놓고 새우잠을 자야 한다. 다음 날이 되어도 여전히 어디로 가야 할지 모른다. 서울역에 도착하고 싶다는 욕망은 강하지만 제자리를 맴돌고 있는 것만 같아 조바심이 나고 초조해지고 불안해진다. 날씨까지 험해지면 시야는 더욱 흐려지고 어찌 해야 할지 도무지 답이 나오질 않는다. 목적지를 향해 가는 과정은 힘들고 어렵다. 운전을 하는 시간이 모두 시련과 역경이다. 지독한 고통을 겪으면서도 묵묵히 참아낸다. 지금의 어렵고 힘든 시간들을 참아내고 이겨낸다면 반드시 서울역에 도착할 수 있을 거라는 확신을 거듭하며 미친 듯이 질주한다. 같은 길을 뱅뱅 돌고, 겨우 찾은 고속도로에서 남해안 방향으로 잘못 오르고 만다. 온갖 시련이 나를 향해 달려오는 듯하고, 다른 사람들은 모두 서울역을 향해 잘도 가는 듯하다. 미친 듯이 질주하고, 이를 악물고 시간을 참아내며 오직 서울역만을 향해 달려간다.

목적지를 정확하게 입력한 사람은 어떨까? 출발부터 기분이 좋다. 척척 안내해주는 내비게이션 덕분에 애써 길을 찾을 필요도 없다. 느긋한 마음으로 운전대를 잡고 노래까지 흥얼거리며 즐겁고 행복한 여행을 하게 된다. 날씨가 궂고 폭우가 쏟아진다 하더라도 아무런 걱정이 없다. 다만 속도를 조금 줄이며 안전운행에만 신경을 쓰면 된다. 졸음이 쏟아지면 휴게소에 잠시 들러 커피 한잔의 여유를 만끽하고, 담배도 한 대 피우면서 자동차를 점검할 수도 있다. 너무 오랜 시간 운전을 해서 조금 피곤할 수는 있다. 곳곳에 설치된 졸음쉼터에서 쉬어가면 그뿐이다. 몸은 조금 고될지 모르겠지만 시련과 역경을 견뎌낼 필요는 없다. 편안하고 행복한 마음으로 여유를 가지고 운전에만 집중한다면 서울역이라는 목적지에 이르는 과정에서 미친 듯이 질주할 필요도 없고, 굳이 이겨내야 할 아픔도 없다.

성공에 이르는 길도 마찬가지다. 혼신을 다해 일하고, 눈앞에 닥치는 어려움과 아픔을 극복해 내는 삶은 분명 가치있고 훌륭한 길이다. 그러나 즐겁고 행복하게 살아갈 수 있는 방법이 있다면 선택의 권한 또한 우리에게 있다. 우리는 모두 행복하기 위해 이 땅에 태어났다. 이루고자 하는 꿈이 멀리 있고, 불가능해 보인다면 지금 바로 목표를 글로 적고 계획을 세워보자. **선명한 목표와 세부계획을 글로 적고 늘 가까이 두고 볼 수 있다면, 지금 어떤 상황에 처해 있느냐와 상관없이 반드시 목표에 이를 수 있다고 확신한다.** 즐겁고 유쾌한 마음으로 내비게이션을 정확하게 입력하고 노래를 부르며 편안하고 행복하게 여행을 시작해 보자.

나는 백조다

태어나면서부터 이상하게 생긴 오리 한 마리가 있었다. 엄마오리는 다른 새끼들과 똑같이 대해주려 했지만 함께 태어난 여러 마리의 오리들은 유독 희한하게 생긴 오리 한 마리를 쉽게 받아들이지 않았다. 자신들과 다르게 생겼고, 하는 행동도 전혀 달랐기 때문에 함께 어울리기를 거부하고 흔히 말하는 왕따를 시키곤 했던 것이다. 미운 오리는 다른 오리들과 함께 어울리기 위해 최선을 다했다. 다른 오리들처럼 걸어보기도 하고, 다른 오리들과 똑같이 울음소리를 내보기 위해 미친 듯이 노력했다. 그러나 힘겨운 노력이 계속될수록 미운 오리의 모습은 더욱 우스꽝스러워 보일 뿐이었고, 다른 오리들은 점점 그를 외면하고 등을 돌리게 되었다. 외톨이가 된 오리는 늘 상념에 잠겨 있었다. 나는 왜 이렇게 태어난 걸까. 다른 오리들과 똑같이 태어나지 못하고 왜 이렇게 희한하게 생겨먹은 걸까. 이것이 내 운명이란 말인가. 나도 다른 오리들과 함께 어울리며 즐겁게 살아가고 싶다. 하루하루를 힘들고 외롭게 살아가던 그 오리는 어느 날 호숫가에 갔다가 놀라운 장면을 목격하게 된다. 잔잔한 호수의 수면 위에서 수려한 자태를 뽐내며 우아하게 모여있는 백조들을 만나게 된 것이다. 그 백조들의 모습은 다름아닌 미운 오리 자신의 모습과 똑같았다. 넓고 아름다운 날개를 활짝 펴며 창공으로 솟아오르는 백조의 모습은 실로 아름다웠으며 미움받고 따돌림 당했던 오리는 그제서야 자신이 오리가 아니라 백조였음을 깨닫게 된다.

　난데없이 미운 오리새끼의 이야기를 꺼낸 것은 이유가 있다. 여러 마리의 오리들 중에서 단 한 마리만 그 모습과 행동이 달랐다. 생김새도 비슷하고 삶의 모양도 유사한 많은 오리들은 자신들이 정상이라고 생각했다. 그래서 자신들과 조금 다르게 생겼고, 자신들과 조금 다른 삶을 살아가는 미운 오리를 받아들이지 않았던 것이다. 미운 오리의 입장에서도 마찬가지다. 자신의 생김새가 조금 다르고, 삶의 형태가 다르다고 해서 좌절하고 절망했다. 다른 오리들의 모습과 삶을 따라하기 위해 혼신을 다해 노력했지만 결국 외면당하고 말았다. 한 가지 짚고 넘어가자면, 의미의 전달을 위한 동화 속의 이야기이긴 하지만 여기에서는 분명 오리가 백조에 비해 다소 부족하고 떨어지는 동물로 그려진다는 사실이다. 실제로 오리와 백조는 그 종이 다르기 때문에 비교 자체가 불가능하다. 어쨌든 이해를 돕기 위한 전제니까 지금 이 순간만큼은 그렇게 이해하도록 하자. 미운 오리는 실제로 다른 오리들보다 훨씬 뛰어난 존재였음에도 불구하고 열등한 존재인 다른 오리들의 삶을 그대로 따라 하기를 원했다. 그것이 훨씬 더 안정적이고 행복한 삶이라 여겼기 때문이다. 이 동화가 주는 교훈을 개인적으로 해석하자면, 참다운 자신의 모습을 찾는 것이 진정한 삶이라는 사실을 알려주는 듯하다.

한 가지 가정을 해보고자 한다. 만약 미운 오리가 다른 오리들의 삶을 그대로 따라하려고 애쓰지 않고, 다른 오리들이 미운 오리의 모습과 행동을 닮기 위해 노력했다면 어떤 일이 일어났을까? 물론 여기에는 오리가 백조보다 열등한 동물이라는 단순한 가정이 전제되어 있음을 알아야 한다. 비록 오리들이 백조가 될 수는 없었겠지만, 다소 부족한 오리들은 미운 오리의 행동과 삶을 닮아가며 조금은 백조의 삶을 배울 수 있지 않았을까 하는 생각을 해 본다.

자, 이제 인간의 세계로 돌아와 보자. 우리는 살면서 많은 사람들을 만나게 된다. 그들은 결정을 내리고 선택을 하며 목표를 가지고 꿈을 이루기 위해 살아가고 있다. 수많은 사람들과 어울려 함께 살아가면서 나 자신도 그들과 자연스럽게 어울리고 같은 생각, 같은 행동을 하게 된다. 어떤 문제를 대하는 태도에 있어서 내가 갖고 있는 삶의 방식이나 문제해결의 능력을 강력하게 주장하기보다 대부분의 사람들이 향하는 방향에 어긋남이 없이 동조하게 되는 경향이 크다. 흔히 튀는 것을 싫어하는 경향이라고 말하기도 한다. 혹시 다른 사람들과 전혀 다른 의견을 내세우거나 독특한 삶의 방식을 보였다가는 그야말로 미운 오리새끼로 전락할지도 모른다는 생각이 은

연중에 내재되어 있는 것이다. 대학에 가야만 하는 절실한 이유를 찾지 못했음에도 불구하고 남들이 모두 공부를 하고 있으니 아무 생각없이 그저 따라서 입시준비를 하고 있다. 대부분의 청년들이 취업준비를 위해 스펙을 쌓고 입사지원을 하고 있으니 꿈도 없고 원하는 길도 찾지 못한 청년들조차 너도나도 이력서를 내밀고 있다. 별로 중요하지도 않은 내용을 주고 받으면서도 답장을 보내지 않으면 다른 오리들로부터 미움 받을까 두려워서 하루 온종일 스마트폰을 손에서 놓지 않는다.

나는 수영 국가대표인 박태환 선수가 우리나라에서 태어났다는 사실이 참 다행스럽다. 만약 박태환이라는 사람이 우리나라가 아닌 브라질에서 태어났다면 어떻게 되었을까? 어쩌면 수영선수로서의 박태환은 영원히 존재하지 않았을지도 모른다. 축구의 나라로 불릴 만큼 전 국민의 축구를 향한 열정이 대단한 나라가 브라질이다. 아마 박태환 선수가 브라질에서 태어났다면 어렸을 때부터 부모님이나 학교 선생님, 그리고 친구들의 자연스러운 권유와 나라 전체의 분위기에 휩쓸려 축구선수가 되었을 것이다. 축구선수로서도 성공했을지는 모르겠지만 수영에서만큼 자신의 능력을 십분 발휘하지는 못했을 거라 믿는다. 진정한 자신으로서의 삶이 아니라 **다른 사람, 사회적 분위기에 휩쓸려 생각없이 살아가는 삶은 스**

스로의 재능과 실력을 모두 잃어버리는 결과를 초래하게 되는 것이다.

또 한 번 강조하지만, **삶의 중심에는 항상 내가 있어야 한다.** 나의 이익만을 생각하는 이기주의와는 차원이 다르다고 했다. **나는 이 세상의 유일한 사람이기 때문에 당연히 다른 사람들과 다를 수밖에 없다는 점을 깨달아야 한다.** 때로 우리는 자신과 비슷한 성격의 사람을 만나면 참으로 반갑다는 인상을 갖는다. 의사소통도 잘 되고, 서로를 이해하는 마음도 크다며 좋아한다. 이 넓은 세상에서 자신과 비슷한 생각을 가지고 있는 사람을 만난다는 것 자체가 큰 인연인 듯하고 동질감을 느끼기 때문이다. 그러나 아무리 비슷한 성격, 비슷한 외모를 가지고 있다고 하더라도 분명 차이는 존재할 수밖에 없다. 같은 시간에 태어난 쌍둥이조차 전혀 다른 삶을 살아가지 않는가 말이다. 이 세상에 자신과 똑같은 사람은 단 한 사람도 존재하지 않는다. 외모는 물론이고 생각, 말, 행동 등 어느 한 가지도 완벽하게 똑같은 사람이란 절대로 없다. 누군가와 다르다는 것은 인간이기 때문에 당연한 사실이다. 이 당연한 사실을 거부하고 다른 사람들과 똑같이 생각하고 행동하려고 노력하는 것은 바람직하지 않은 태도이다. 태생부터 다르다는 사실을 인정하고 받아들여야 한다. 많은 사람들이 A코스를 이용하여 정상에 오른다고 해서 나도 그 길을 따라야 할 필요는 없다. 무조건 다른 사람들과 다른 길을 찾으라는 소리가 아니다. 스스로의 판단에 의해 길을 선택할 필요가 있다는 말이다. 모든 결정과 선택은 스스로 해야 한다. 그렇게 되면 결정이나 선택의 결과에 대해 누구를 탓하는 일도 생겨나지 않을 것이다. 스스로의 판단으로 내린 결정과 선택으로 인해 바라는 성과를 이루게 되면 그 성취감은 하늘을 찌를 것이고, 비록 실패하거나 다소 부족한 성과를 거두었다 하더라도 스스로 반성하며 새로운 도전을 모색할 수 있는 자신감이 생긴다. 어떤 도전에 있어서 실패를 경험했을 때 누구 때문에, 환경 때문에, 조건 때문에 라는 핑계를 찾는 사람들을 종종 볼 수가 있다. 그런 사람들을 유심히 관찰해 보면 결정과 선택의 기로에 서 있을 때마다 항상 눈치를 보는 습성을 가지고 있다. 옆 사람은 어떻게 하나, 대부분의 사람들이 어디로 가고 있나, 누구를 따라가면 손해를 덜 보게 될까. …… 늘 이런 생각들로 가득 차 있기 때문에 스스로의 판단은 흐려질 수밖에 없다. 이런 사람들은 원하는 결과를 얻지 못했을 때의 책임을 항상 다른 무언가에 떠넘긴다. 자신의 책임을 회피할 수 있는 가장 좋은 방법이라 여기기 때문이다. 이러한 삶의 방식을 가진 사람들은 결코 성공할 수 없다. 운이 좋아서 한두 번은 좋은 성과를 거둘 지도 모르겠지만, 그후에 이어지는 수많은 결정과 선택의 문제들 앞에서 항상 운이 따라줄 리는 없기 때문이다. 다른 사람들의 삶을 모방하려고 애쓰는 것은 백조가 오리의 모습을 갖고자 따라하는 것과 마찬가지다. 최소한 백조는 결국 진정한 자신의 모습을 찾기라도 했지만, 다른 사람에게 의지하여 결정하고 선택하며 결과에 대해서는 남탓, 환경탓만 하는 사람은 아무리 시간이 흘러도 자신의 모습을 찾을 수가 없다. 모든 결정과 선택은 스스로 내려야 한다. 누군가의 조언을 구하는 것은 현명한 방법이지만, 다른 사람들이 택하는 방식을 따라하는 삶은 자신을 잃어가는 과정이 되어 버린다. 스스로 결정하고 선택하며 그 결과에 대해 자신이 모든 책임을 진다는 생각과 태도가 진정한 자신의 삶을 구축하는 최선의 방법이 될 것이다.

내가 선택한 길이 대부분의 사람들이 결정하고 판단하는 방식과 다르다면 굳이 바꾸거나 고민할 필요가 없다. 태어날 때부터 유일한 존재로 세상에 왔으니 다른 사람들과 다를 수밖에 없다는 사실을 자연스럽게 받아들여야 한다. 한 걸음 나아가서, 내가 선택한 삶의 방식을 다른 사람들이 본받고 배울 수 있도록 살아가는 것도 매우 훌륭한 길이라 생각된다. 그렇게 하기 위해서는 신중한 태도로 바람직한 결정과 선택을 내려야 하며, 좋은 성과를 거두기 위해 최선을 다해야 한다는 전제가 따르기 마련이다. 그렇게 해서 이루게 된 나의 성과가 멋지고 찬란하다면 다른 사람들의 시선과 주목을 받을 수 있다. 꼭 다른 사람들의 주목을 받기 위해 살아가는 것은 아니겠지만, 그래도

나 자신이 다른 사람들을 따라 하며 줏대없이 살아가는 것보다는 백배 낫다고 판단된다.

　나의 생각과 말과 행동을 비난하는 다른 사람들 때문에 상처받거나 좌절하는 일은 결코 없어야 하겠다. 어느 누구도 나와 똑같지 않다. 다름을 받아들이지 않고 비난하는 것은 그들의 잘못이다. 누구에게도 타인을 비방하고 비난할 자격은 없다. 잘못된 사람들로 인해 소중한 나 자신이 상처를 받는다면 결국 나만 손해다. 당당하고 떳떳하게 나아가야 한다. 결과에 승복할 줄 알아야 하며 더 나은 선택을 하기 위해 신중하게 고민하는 자세를 견지해야만 하는 것이다.

　비난과 비평에 흔들리지 말자. 우리 삶은 누군가로부터 평가받기 위해 존재하는 것이 아니다. 있는 그대로의 내 모습이 이 세상 유일한 존재라는 점을 잊어서는 안 될 것이다. 지금 초조하고 불안한 당신의 모습이 어쩌면 진짜 백조일지도 모른다.

| 실패해도 괜찮다 - 정말 괜찮다

　내가 과거에 크게 실패할 수밖에 없었던 원인은 무엇일까? 돌이켜 보면 성공할 수 있었던 가능성이 하나도 없었을 만큼 모든 것이 실패로 향하고 있었다. 그 많은 이유들 중에서도 단 한 가지를 꼽으라면 바로 두려움이라고 말하고 싶다.

사업이 무너지기 시작했을 때 이미 실패는 예정되어 있었다. 만약 실패를 예감했던 최초의 시기에 모든 것을 포기하고 내려놓았더라면 아마 나는 그토록 처절하게 실패하지 않았을지도 모른다. 하지만 그때의 내 눈에는 아무것도 보이지 않았다. 내일 당장 무너져 내린다는 사실이 너무도 두려웠다. 그래서 악착같이 돈을 끌어다 계속 쏟아부었던 것이다. 어차피 실패할 거란 사실을 분명하게 알고 있었음에도 불구하고 현실을 받아들이기 힘들었다. 모든 것을 잃는다는 사실이 너무도 두려웠고, 감옥에 가게 된다는 사실도 인정할 수가 없었다. 당장 무너져 내린다는 현실을 회피하고 말도 안 되는 희망으로 돈을 끌어다 쏟아부은 것이 결국 모든 것을 잃고 파멸하게 된 가장 큰 원인이었다.

대부분의 사람들은 실패를 두려워한다. 이미 처절한 실패를 경험한 나조차도 실패가 두렵다. 많은 사람들이 지금보다 더 나은 삶으로의 도전을 망설이고 있는 이유가 바로 실패에 대한 두려움 때문이다. 혹시 가진 것을 잃게 되지는 않을까, 사랑하는 가족들의 안정을 내가 빼앗게 되는 것은 아닐까, 내 삶이 무너져 내리는 것은 아닐까 하는 두려움 말이다. 사람들은 나의 실패를 두고 이렇게 말한다. 젊어서 큰 실패를 한 것은 좋은 경험이 될 수 있다고 말이다. 한 번 큰 실패를 경험했기 때문에 남아 있는 내 삶에 더 이상의 실패는 없다는 진실이 존재한다면 나도 얼마나 좋을까 싶다. 하지만 사람의 인생은 모르는 것이다. 아무리 큰 실패를 경험했다 하더라도 이제 인생의 중반에 접어들었을 뿐이기 때문에 나는 언제 또 실패라는 것이 내 앞에 불현 듯 나타날 지도 모른다는 생각을 늘 하면서 살고 있다. 자, 그렇다면 나는 어떻게 살아야 할 것인가. 너무나도 치명적인 실패를 경험해 보았고, 그것이 엄청난 고통과 시련이라는 사실을 잘 알고 있기 때문에 더 이상 실패를 경험할 수는 없다고 생각한다. 실패를 하지 않기 위해 아무 것도 하지 않고 집안에 틀어박혀 조용히 책만 읽으며 살아야 하는 것인가? 아니면 실패의 위험이 없는 일당제 막노동이나 하면서 겨우 먹고 살 만큼만 벌어가며 간신히 살아가야 하는 것인가?

두려움이란 감정이 우리에게 주는 최악의 저주는 눈앞의 현실을 똑바로 바라볼 수 있는 능력을 빼앗아가는 데 있다. 자신에게 닥친 곤혹스러운 문제들을 해결하기 위해 이리저리 정신없이 뛰어다니는 사람들을 종종 볼 수 있다. 가족이나 친구들은 그들의 모습이 안타까워 조언을 해주고 충고를 아끼지 않는다. 하지만 그들은 결코 주위 사람들의 말에 귀를 기울이지 않는다. 이것은 나의 경험이기도 하다. 한 발 물러나 객관적으로 상황을 바라보는 사람들의 눈은 정확하다. 그러나 폭풍우가 치는 바다의 한가운데 놓여진 사람의 눈에는 아무것도 보이지 않는다. 오직 자신의 생각과 행동만이 옳다고 믿는다. 어쩌면 아무것도 생각할 겨를조차 없을지도 모른다. 잠시만 멈춰서서 자신이 처해 있는 상황을 객관적으로 바라본다면 문제를 완벽하게 해결할 수는 없을지 모르겠지만 적어도 최악의 상황만큼은 피해갈 수 있음에도 불구하고 그럴 만한 여유가 없다. 머릿속이 온통 두려움으로 가득차 있기 때문이다. 해결하지 못하면 정말 큰 일이 일어나고 말 거라는 상상속의 두려움이 나 자신을 완전히 지배해 버린다.

시험을 코앞에 둔 학생들을 관찰해 보면 결과를 보지 않아도 대충 성적을 짐작할 수가 있다. 공부만 하는 학생은 두말 할 필요없이 성적이 좋을 것이다. 그런데 시험기간만 되면 여기저기 복사하러 다니느라 정신이 없는 학생들이 있다. 혹시 내가 놓치고 있는 부분이 있지나 않을까 하는 불안한 마음에 친구들의 노트, 기출문제, 예상문제집, 요약정리 등 산더미 같은 수험 자료들을 하루 종일 복사하느라 시간이 부족할 지경이다. 그들은 시험공부를 하는 것보다 만약 시험을 잘못 치르게 되면 어쩌나 하는 두려움을 더 크게 가지고 있다. 시험에서 좋은 성적을 거두기 위해서는 공부를 열심히 해야 한다. 이 사실은 누구나 알고 있는 기본 진리다. 그러나 두려움에 휩싸여 있을 때는 이러한 기본진리가 전혀 눈에 들어오지 않는다. 그들은 수험자

료를 복사하고 있는 시간에 오히려 안정감을 느낀다. 실제로 공부는 하나도 하지 않았음에도 불구하고 공부해야 할 자료를 손에 넣는다는 사실 자체만으로 만족감을 느끼는 것이다. 자신의 행동이 실제 시험을 치르는 데에는 아무런 도움이 되지 않는다는 사실을 깨달을 수 없다. 이미 두려움이란 감정이 자신을 폭풍우의 한가운데 끌어다 놓았기 때문에 아무것도 보이지 않기 때문이다.

나는 이 장의 제목을 '실패해도 괜찮다'라고 정했다. 그토록 처절한 실패를 경험했음에도 불구하고 이제는 살 만하니까 다른 사람들한테 실패를 우습게 여기도록 권하는 것 아니냐는 오해의 소지가 있을 지도 모르겠다. 분명하게 말하는데, 실패는 결코 만만하지 않다. 살아가는 동안 한 번도 겪지 않을 수 있다면 피해가는 것이 현명하다. 그렇지만 우리 삶은 생각만큼 녹녹지 않다. 정도의 차이는 있겠지만 누구나 실패를 경험하게 된다. 문제는 실패를 경험하기 전에 얼마만큼의 두려움을 가지고 있느냐 하는 것이다.

실패에 대한 두려움을 크게 가지고 있을수록 더 큰 실패를 경험하게 된다. 바로 이것이 커다란 실패를 경험한 후 내가 갖게 된 최고의 교훈이다. 실패란 두려워해야 할 존재가 결코 아니다. 성공을 향해 가는 길에서 만나게 되는 필연적인 과정이자 경험이라고 여기는 자세가 필요하다. 나는 남은 삶에서 만나게 될 지도 모르는 수많은 실패들을 더 이상 두려워하지 않으려고 애쓰고 있다. 성공하기 위해 즐겁고 유쾌한 노력을 계속해 나가겠지만 그럼에도 불구하고 실패를 만나게 된다면 또 한 번의 경험으로 여기고 다시 일어서서 도전을 계속하리라 마음 먹는다.

실패의 경험이 우리에게 주는 최고의 축복은 바로 다시 일어설 수 있다는 용기다. 그토록 처절한 실패를 경험했기 때문에 두 번 다시 실패를 겪고 싶지 않다는 마음으로 두려움에 떨며 막노동이나 하고, 집안에 틀어박혀 소심한 삶을 살아간다면 나는 영원히 실패와 두려움에 패배한 사람이 된다. 그러나 커다란 실패를 단순한 경험으로 여기고 두 번 다시 두려움 따위에 휩싸이지 않도록 늘 스스로를 돌아보며 신중하게 결단하고 선택한다면 나에게 닥치는 많은 실패들을 슬기롭게 극복해 나갈 수 있으리라 확신한다.

이 세상의 모든 것은 양면성을 가진다. 남자가 있으니 여자가 존재하고, 남극이 있으니 북극이란 이름도 만들어졌다. 밝음이 있으니 어둠이 있고, 착한 사람이 있으니 나쁜 사람이란 개념도 설명이 가능한 것이다. 성공과 실패도 마찬가지다. 만약 실패라는 것이 존재하지 않는다면 우리 모두가 바라는 성공이란 개념도 설명이 불가능하다. 따라서 **실패란 성공을 이루기 위한 필수적인 요소로 자연스럽게 인식해야 할 필요가 있다.** 물론 태어나서 죽을 때까지 단

한 번의 실패도 경험하지 않고 성공만 거두는 삶이 가능하다면 그렇게 사는 것도 나쁠 건 없다. 하지만 이것은 절대 불가능한 전제다. 뜻하는 바를 이루기 위해서는 도전이라는 것을 해야 하고, 도전하는 과정에서는 필연적으로 실패를 만나게 된다. 문제는 우리의 마음가짐이다. 실패라는 것을 치명적이고 아픈 절대적인 절망과 역경의 시간으로 받아들이느냐, 아니면 단순히 성공을 향해 가는 길에서 만나게 되는 사소한 과정일 뿐이라고 여기느냐 하는 것이다.

사람은 누구나 태어나고, 나이들고, 죽는다. 이것은 진리이자 법칙이다. 누구나 죽음을 피해갈 수는 없다. 그럼에도 불구하고 우리는 죽음을 두려워한다. 왜일까? 그것은 죽음이란 것이 한 번도 경험해보지 못한 것이고, 살아 있는 동안은 영원히 경험해보지 못할 일이기 때문이다. 또 한 가지는 주변의 모든 사람들과 영원한 이별을 해야 한다는 사실이다. 만약 우리가 죽음을 경험해 볼 수 있다거나, 죽음 이후에도 계속해서 가족이나 친구들과 만날 수 있다면 조금은 두려움이 덜하지 않을까. 어쨌든 죽음은 여전히 많은 사람들에게 두려운 현실임에 틀림없다. 그렇다면 우리는 어떻게 살아야 하는가? 어차피 결국은 죽음에 이르게 되는 것이니까 하루하루를 그저 흥청망청 되는대로 살아도 되는 것일까? 전혀 그렇지 않다. 모든 사람은 죽음에 이른다는 것이 지극히 당연한 사실임에도 불구하고 우리는 평소에 죽음에 대한 두려움을 거의 갖고 있지 않다. 오히려 열심히 살아가는 것에 더 초점을 맞춘다. 치명적인 질병이나 노환으로 죽음에 임박해 있는 사람들은 예외일지 모르지만, 정상적으로 일상을 살아가는 사람들은 매 시간 죽음에 대한 두려움으로 불안해 하지는 않는다. 죽음은 두려운 현실임에도 불구하고 전혀 두려움을 느끼지 않고 살아가고 있는 것이다. 그렇기 때문에 우리 삶이 행복하고 평온할 수 있는 것 아닐까.

성공과 실패도 마찬가지다. 실패란 누구나 마주하게 되는 현실이다. 그렇다고 해서 매번 실패에 대한 두려움으로 불안하게 살아간다면 우리 삶은 결코 행복해지거나 윤택해질 수가 없다. 원하든 원하지 않든 누구나 죽음에 이르는 시간이 오듯이, 실패 또한 자연스럽게 다가오는 삶의 과정이라 여길 필요가 있다. 실패를 자연스럽게 받아들이게 되면 우리의 선택은 훨씬 현명해질 수 있게 된다. 사람은 누구나 두려움에 휩싸여 있을 때보다 냉정하고 침착할 때 더 올바른 판단을 내릴 수가 있기 때문이다.

실패했을 때의 내 마음은 하늘이 무너져 내리는 듯했다. 그러나 실패한 이후 내 마음속에 가장 크게 자리잡았던 생각은 실패 그 자체보다는 실패하기 전까지의 형편없었던 나의 삶이었다. 조금만 의연하고 초연하게 실패를 마주했더라면 소중한 내 삶을 그토록 허무하게 낭비하며 보내지는 않았을텐데 라는 아쉬움이 짙게 남는다. 내가 글을 쓰고, 책을 펴내는 가장 큰 이유는 다른 사람들이 나의 삶의 이야기를 듣고 같은 실수를 저지르지 않았으면 하는 바람에서다. **실패를 두려워하지 말자. 아무리 두려워 한다고 해도 한두 번은 만나게 된다.** 어차피 마주하게 될 필연적인 과정이라면 너무 비굴하고 굴욕적인 모습으로 무릎꿇고 만나지 말고, 어깨 쫙 펴고 당당하게 마주서서 제대로 한판 붙어보고 실패하는 것이 훨씬 멋진 삶이 아니겠는가. 실패해도 괜찮다. 얼마든지 괜찮다. 넘어져서 바닥에 누워 한숨만 쉬고 있지 말고 다시 일어나 가던 길을 계속 가기만 하면 우리를 방해하고 넘어뜨리려던 실패라는 녀석이 얼마나 당황스럽겠는가. 다부지게 마음 먹고 다시 세상 속으로 뛰쳐나가 실패가 스스로 실패하도록 만들어 버리자. 실패라는 녀석도 실패의 쓴 맛을 좀 알아야 한다.

| 불평하고 화내면 나만 손해다

가만히 서 있어도 땀이 흐르는 한여름에 복잡한 지하철이나 버스에 타고 있었던 기억을 떠올려 보자. 차가 출발하거나 갑자기 멈출 때, 그리고 급하게 회전을 할 때 주위에 서 있던 사람들이 이리저리

떠밀리면서 내 몸도 주체할 수가 없게 된다. 심한 땀 냄새가 역하게 풍겨오고, 온 몸에서는 땀이 비오듯 흐른다. 한 번씩 심하게 떠밀리고 손잡이를 잡고 있는 팔이 떨어져 나갈 듯 아파온다. 깨끗하게 손질해서 입고 나온 새옷은 구겨지고 땀에 젖어 엉망이 되어 버린다. 내가 내려야 할 정류장까지는 아직도 한참이나 남았는데 숨도 제대로 쉬지 못하는 좁은 공간에서 간신히 버티며 지옥같은 시간을 견뎌내야만 한다.

이런 상황에 처해지게 되었을 때 사람들의 반응은 어떨까? 아마 대부분의 사람들이 격하게 짜증이 나고 화가 치밀어 오를 것이다. 이런 마음으로 출근을 하면 함께 일하는 동료들에게 밝은 모습으로 인사하기란 불가능하다. 하루 종일 사소한 일에도 계속해서 짜증이 나며 만만한 상대를 만나면 기다렸다는 듯 분노를 표출해 내기도 한다.

그런데 과연 모든 사람들이 이처럼 짜증이 나고 화가 치밀어 오르는 것일까? 똑같이 복잡한 버스나 지하철 속에서 사람들에게 치이고, 더운 날씨 탓에 땀으로 범벅이 되었다 하더라도 그중에는 분명 이런 상황을 대수롭지 않게 여기며 유쾌한 자신의 마음을 잘 유지하는 사람도 있을 것이다. 똑같은 상황에 처해 있었음에도 불구하고 왜 어떤 사람은 짜증과 분노를 참지 못하고 어떤 사람은 자신의 감정을 유연하게 잘 다스릴 수 있는 것일까?

여러 가지 이유로 설명되어질 수 있겠지만, 나는 이것이 습관의 문제라고 생각한다. 참고로 나는 심리학을 공부했다거나 인간의 감정에 대해 잘 알고 있는 전문가가 아니다. 다만 한때 누구보다 다혈질이었고, 짜증과 분노가 일상처럼 여겨졌던 사람 중 하나일 뿐이다. 그렇다면 왜 내가 이런 감정들을 습관이라고 하는지 그 이유를 설명해 보겠다.

위에서 말한 예에서 볼 수 있듯이 하루를 시작하는 출근시간에 이미 짜증과 분노가 치밀어 오른 사람은 하루 종일 그 감정을 추스르지 못한다. 만나는 사람들 모두에게 편치않은 인상을 주고, 같은 말을 해도 짜증이 섞여 있으며, 사소한 일에도 불끈불끈 화를 낸다면 주위 사람들은 모두 그를 멀리 하게 된다. 위로해 준다거나 다독여 주는 사람은 극히 드물다. 도시 생활을 하는 사람들에게 다른 사람의 이유 모를 감정까지 헤아려 줄 만한 여유는 없기 때문이다. 주위 사람들이 그를 멀리하고, 혹은 똑같이 짜증과 분노로서 그를 대하게 되면 회사 업무를 비롯해 하는 일마다 제대로 풀릴 리가 없다. 일이 뜻대로 되지 않으니 짜증과 분노는 더욱 가중되고 시간이 지날수록 점점 지쳐만 갈 뿐이다. 몸과 마음이 지치면 짜증과 분노는 배가 된다. 겉으로 표출되는 더욱 격해진 그의 감정은 주위 사람들을 더 멀어지게 만들고, 주어진 일도 더 엉망이 될 것이다. 분노와 짜증은 주위 사람과 일을 힘들게 하며, 제대로 되지 않는 인간관계와 일은 자신을 더 짜증나게 하며 화나게 만드는 것이다. 이것은 끝도 없이 계속되는 악순환의 반복이다. 하루를 그렇게 짜증과 분노에 휩싸여 지낸 사람이 퇴근해서 집에 가면 가족들에게는 상냥하게 굴 것 같은가? 어림없는 소리다. 오히려 밖에서 잔뜩 쌓인 스트레스가 자신도 모르는 사이에 가족들에게 쏟아져 나오기 십상이다. 가족들은 영문도 모른 채 아빠의 폭발을 고스란히 받아들여야만 한다. 그렇게 억울하게 피해를 입은 아내와 자녀들은 마음을 잘 다스릴 수 있을 것 같은가? 천만의 말씀이다. 각자의 삶에서 또 다른 피해자들을 골라 짜증과 분노를 표출하게 된다. 스스로 자신의 감정을 멈추지 않으면 이러한 악순환은 끝도 없이 계속될 것이며, 삶은 점점 피폐해지고 인생은 고통스럽기만 할 뿐이다. 그렇다면 어떻게 해야 이런 짜증과 분노를 없애고 편안한 마음을 가질 수 있는 것일까? 여기에 대한 대답을 하기 위해서는 먼저 짜증과 분노라는 감정의 실체를 알아야 할 필요가 있다.

아주 행복하고 유쾌하며 즐거운 기분이 들 때가 있다. 어떤 이유에서든 이런 감정에 몰입되어 있을 때는 쉽게 짜증이나 분노 따위의 감정이 일어나지 않는다. 스스로를 가만히 돌이켜 보면 알 수 있을 것이다. 아침에 일어나면서부터 좋은 일의 연속일 때가 있다. 마침 오늘이 월급날이고, 내일부터 일주일간 특별 휴가를 받았다. 게다가 다음 달이면 승진을 하고, 새롭게 맡게 된 업무는 오랜시간 내가 바라고 바랐던 일이다. 인터넷으로 참여했던 이벤트에 당첨되어 휴가 기간 가족들과 해외여행을 무료로 갈 수 있게 되었다. 꿈같은 시간들이 줄지어 나를 기다리고 있단 말이다. 알람이 울리기도 전에 눈이 번쩍 떠졌다. 더할 수 없는 행복감에 출근하는 것도 즐겁다.

자, 이런 기분으로 버스에 올랐다고 가정해 보자. 복잡한 버스에서 사람들에게 이리저리 치이는 것이 뭐가 그리 대수겠는가? 날씨가 더워서 땀이 좀 흐른다고 해서 짜증이 날 리도 없다. 지독한 땀 냄새가 풍겨와도 고개만 돌리면 그뿐이다. 한참동안 만원버스에서 시달렸던 고생은 버스에서 내려서면서부터 싹 잊혀진다. 옷을 툭툭 털어 정리하고는 가벼운 발걸음으로 회사에 들어서고 만나는 사람들 모두에게 환한 웃음으로 반가운 인사를 건넨다. 그 뒤로 일어날 일들은 굳이 설명하지 않아도 충분히 짐작할 수 있으리라 본다.

짜증과 분노, 원망, 회한 등은 실제로 눈앞에 당면한 문제나 처해있는 환경, 또는 사람들 때문에 발생하는 것이라기보다는 **내면에 깊이 잠재되어 있는 감정이 어떤 사건을 계기로 표출된다**고 보는 것이 옳다. 위에서 보았듯이 만약 짜증과 분노가 하나의 문제 또는 한 명의 사람이나 사건 때문에 일어나는 감정이라면 그 상황에서 맺음되어야 한다. 그러나 실제로 짜증과 분노는 그 원인에 관계없이 끝없이 지속될 가능성이 크고, 거의 모든 일을 대하는 태도에 연결되고 있다는 사실을 인정해야 한다.

정리해 보자면, 짜증이나 분노는 결국 우리 마음속에 깊숙이 내재되어 있는 어떤 감정이 점화된 후 겉으로 드러나는 결과인 것이다. 어떤 감정이란 무엇을 말하는 것일까? 그것은 바로 삶에 대한 불만족과 불행이라고 말할 수 있다. 자신의 삶에 어떤 식으로든 만족하지 못하고 있고, 또 스스로 불행하다고 느끼는 사람들은 항상 가슴한 구석에 분노를 담고 산다. 누구를 만나든, 어떤 사건이 발생하든, 무슨 일을 하든 자신도 모르는 사이에 이 분노를 터뜨릴 궁리를 하게 되는 것이다. 더욱 심각한 문제는 화를 잘 내는 사람일수록 내 말을 믿지 않는다는 사실이다. 자신은 결코 불행하지 않다고 주장한다. 자신의 삶은 대단히 만족스러우며, 행복하게 살고 있다고 말한다. 어쩌면 이렇게 말하는 것이 당연할지도 모른다. 스스로 불만스럽고 불행한 삶을 살고 있다고 인정하는 사람은 자기 삶의 문제를 해결하기 위한 노력을 기울이지만, 결코 불행하지 않다고 주장하는 사람은 자신의 삶을 변화시킬 아무런 노력도 기울이지 않기 때문이다.

우리의 잠재의식은 상상을 초월하는 강력한 힘을 발휘한다. 그래서 아무리 마음속 깊은 곳에 숨어있는 감정이라 할지라도 반드시 찾아내고 이루게 만들어 현실에서 마주치게 하고야 만다. 아침에 눈을 뜨면서부터 유쾌하고 즐거운 마음이 가득한 사람은 특별한 노력을 기울이지 않아도 하루 종일 즐겁고 행복한 일이 마구 생긴다. 잠재의식이 스스로 알아서 즐겁고 행복한 일들만을 찾아 그의 앞에 줄지어 세워놓기 때문이다. 그럴 때 우리가 흔히 중얼거리는 소리가 바로 "오늘은 참 운이 좋은 것 같네"라는 말이다.

반면, 하루의 시작부터 인상을 구기는 사람은 아무리 피해가려 해도 좋지 않은 일을 만날 수밖에 없다. 잠재의식은 이미 그의 하루가 엉망이 되었다고 인식하고, 그 엉망인 상태가 참인 명제로 받아들인다. 그래서 혼신을 다해 잡다한 문제들을 그의 앞에 쌓아 놓는다. 잠재의식은 그의 하루가 완전히 망가질 때까지 최선을 다한다. 그가 마음속 깊이 명령을 내린 대로 한 치의 오차없이 수행하는 것이 잠새의식의 역할이기 때문이다. 이럴 때 우리가 흔히 중얼거리는 소리가 바로 "오늘은 재수가 더럽게도 없네"라는 말이다.

심리학자들은 때로 우리에게 이렇게 말한다. 짜증이나 분노같은 감정을 마음속에 쌓아두면 병이 생길 수 있으니 그럴 때는 참지 말고 충분히 드러내고 표현하라고 말이다. 맞는 말인 듯하면서도 상당히 위험한 소리인 것 같기도 하다. 짜증이나 분노를 있는 그대로 표현하다가는 정말 큰 일이 벌어질지도 모른다. 대부분의 큰 사건, 사고는 치솟는 화를 주체하지 못해 저지르게 되는 경우라 볼 수 있다. 따라서 무조건 화를 드러내는 것만이 최선은 아닌 듯하다. 그렇다면 우리는 어떻게 해야 감정을 잘 다스릴 수 있을까?

내가 활용하는 방법은 글쓰기다. 이미 출간한 나의 책에서 충분히 설명하였지만, 짜증이나 분노를 타인을 향해 직접적으로 표출하는 것은 대단히 위험한 방법이다. 상대방과 싸움이 생길지도 모른다는 우려는 차치하고서라도 그렇게 감정을 있는 그대로 드러내는 것이 스스로에게 무슨 도움이 된다는 말인가. '내가 받은 상처만큼, 내가 가지고 있는 분노만큼 너도 느껴봐라'라는 식의 분풀이는 순간적인 악감정의 표출에 지나지 않는다. 이미 말했지만 근본적인 감정의 치유가 필요한 것이다. 짜증이나 분노가 일어날 때 그런 감정들을 있는 그대로 글로 옮겨보자. 욕도 쓰고, 독설도 마구 적자. 그리고 난 후에 가만히 글을 들여다 본다. 여기서부터가 중요하다. 이제 내가 쓴 독설과 욕의 아래쪽에 나로 하여금 짜증과 분노를 일으키게 한 원인들을 적어보는 것이다. 사람, 사건, 상황, 말, 행동 등 하나도 빠짐없이 상세하게 적어본다. 모두 적었다면 이제는 그 원인들을 하나씩 읽어가며 머릿속에 떠올려 본다. 한 번만 읽는 것이 아니라 수도 없이 반복해서 읽어야 한다. 만약 그런 상황들이 실제로 나를 화나게 한 진짜 원인들이라면 아무리 반복해서 읽어도 여전히 짜증과 화가 치솟을 것이다. 그러나 그런 상황들이 나를 화나게 만든 진짜 이유가 아니라면 거듭해서 읽을수록 처음보다 훨씬 화가 줄어든다는 사실을 느낄 수 있을 것이다. 장담컨대 세 번만 반복하면 짜증과 분노가 확

줄어들 것이다. 그리고 같은 방법을 며칠만 반복해 보면 더 이상 미친 듯이 화가 치솟는 경우가 빈번하지 않다는 사실에 또 한 번 놀랄 것이다.

짜증과 분노, 불평과 불만은 누구에게도 이롭지 못하다. 그것을 듣고 보는 사람들도 물론이지만, 특히 나 자신에게 가장 해롭다. 인상을 쓰고 소리를 지르면 스트레스가 풀리는 것처럼 여겨지겠지만 실제로는 가슴속에 분노를 한층 더 쌓아가는 것과 마찬가지기 때문이다. 담배를 피우면 그 순간 맛도 좋고 기분도 좋은 듯하지만, 실제로는 우리 몸속에 독을 집어넣는 것과 같은 이치다. **짜증내지 말고 화내지 말자. 아무리 화가 나고 불만이 생겨도 내 인생이다.** 소중한 내 인생을 하찮은 외부의 무엇 때문에 고통스럽게 만들 수는 없지 않은가. 억지로라도 유쾌하고 즐거운 생각을 많이 해서 잠재의식이 가져다 주는 끝없는 행복을 맛보며 사는 것이 진정으로 내 삶을 위하는 길임을 잊지 말아야 하겠다.

| 더욱 치열하게 쉬어야 한다

대기업에서 직장생활을 했던 십 년 동안의 시간을 돌이켜 보면 참 열심히 살았던 것 같다. 매일 새벽에 일어나 지각 한 번 없이 출근했고, 늦은 밤이 되어서야 퇴근했다. 퇴근 후에도 회사 업무에 관련된 생각이 머릿속을 떠나지 않았고, 주말이나 공휴일에 사무실에 나가 일을 하기도 했다. 미친 듯이 일에만 열중했던 그때의 내 모습을 떠올려보면 참 안쓰럽고 불쌍하기까지 하다. 무엇을 위해 그토록 앞만 보며 달려갔을까. 결혼을 하고 아이를 낳아 한 가정의 가장이 되었으면서도 가족을 챙기기보다는 일에 더 매달리기만 했다. 그렇게 살면서 훗날 성공을 이루게 되면 그때 가서 가족들을 챙겨도 늦지 않을 거라 믿었다. 가족이기 때문에 나를 믿고 기다려 줄 거라고 생각했던 것이다. 나를 둘러싼 모든 환경이나 상황들은 언제나 회사의 업무에 치여 나중으로 밀려났다. 내 머릿속에는 항상 '성공한 후에'라는 생각만으로 가득차 있었다. 그때도 지금처럼 피부병과 천식을 달고 살았다. 알코올 중독까지는 아니었지만 술도 꽤 많이 마셨기 때문에 건강도 엉망이었다. 그러나 나 자신의 건강까지도 나중에 성공하고 나면 운동도 하고 건강검진도 받아야지 하는 생각으로 뒷전으로 밀려나기 일쑤였다.

성공을 향해 치열하게 달려가던 그 시절의 기억들을 고스란히 가지고 있기 때문에 지금 내 주변에서 미친 듯이 열심히 일을 하고 있는 사람들을 볼 때면 그들의 열정이나 희망을 느끼기보다는 안타까운 생각이 더 많이 드는 것이 사실이다. 혼신을 다해 달려가는 그들의 모습보다는 뒷전으로 밀려나 그들을 기다리고 있는 가족들과 사랑하는 사람들의 애처로운 모습이 눈에 보이는 듯 선하기 때문이다.

외국 사람들이 우리나라에 와서 일을 하거나, 우리나라 사람들이 일하는 모습을 보면 깜짝 놀란다고 한다. 도무지 쉬지를 않고 일하기 때문이다. 직장에서 유일하게 업무를 벗어나는 시간이 바로 점심시간인데, 이 한 시간의 휴식시간조차 제대로 온전하게 쉬는 사람을 볼 수가 없다는 말이다. 십 분 만에 허둥지둥 밥을 먹고는 곧장 사무실로 다시 들어간다. 물론 외국 사람들이 일하는 모습을 배울 필요가 있다는 것도 아니고, 우리나라 사람들의 열징직인 모습을 비난할 마음은 더더욱 없다. 그러나 분명한 것은 사람은 기계가 아니란 사실이다. 일을 하는 만큼 쉬어야 한다. 휴식을 취하지 못하는 사람들은 그만큼 일의 능률도 떨어지기 마련이다. 내가 이렇게 말할 때마다 꽤 많은 사람들이 "나도 다 알아서 쉴 만큼 쉬니까 걱정하지 마세요"라고 대답을 한다. 문제가 아주 심각하다는 뜻이다.

어린 아이들의 모습을 잠깐 떠올려보자. 요즘은 스마트폰이 아이들의 세계에도 너무 깊이 침입한 상황이라 예전과 많이 달라지긴 했지만 그래도 여전히 아이들은 놀이공원에 가서 신나게 노는 것을 좋아한다. 어린이 날을 비롯해서 모처럼의 휴일을 맞아 엄마, 아빠와 함께 놀이공원을 찾은 아이들은 잠시도 가만히 있지 않는다. 놀이기구를 타기 위해 한 시간이 넘도록 줄을 서는 것도 마다하지 않으며 그 넓은 놀이공원을 마치 앞마당 뛰어다니듯 펄펄 날아다닌다. 어디서 그런 기운이 치솟는지 시간이 갈수록 더 활기가 넘친다. 아이들의 육체적인 상태만 들여다본다면 도무지 이해하기가 어려울 지경이다. 체력적으로 봤을 때 도저히 그렇게 오랜 시간 동안 멈추지 않고 뛰어논다는 것이 불가능해 보임에도 불구하고 놀이공원이 문을 닫는 시간까지 결코 먼저 집에 가자는 말을 꺼내지 않는다.

아이들의 세계에서 놀이공원에 가서 뛰어논다는 것은 어떤 의미가 있을까? 분명히 일을 하거나 공부를 하는 것은 아니다. 그렇다면 쉬는 것으로 볼 수 있을까? 흔히 우리 어른들이 생각할 때 휴식을 취한다는 의미는 편안하게 소파에 누워 리모컨을 들고 TV 채널을 이리저리 돌리는 모습을 뜻한다. 그런데 잠시도 몸을 가만두지 않고 하루 종일 이리저리 뛰어다니는 것을 과연 휴식이라 말할 수 있을까?

나만의 생각을 묻는다면, 당연히 예스다. 그것도 아주 훌륭한 휴식이라고 말하고 싶다. 급변하는 세상 속에서 휴식이란 말의 의미를 잘못 이해하고 있는 사람이 너무 많은 듯하다. 휴식이란 말 그대로 지금 자신에게 주어진 업무와 책임에서 완전히 벗어나 머리와 몸을 식히는 시간이다. 아이들에게 강요되는 현실은 공부다. 그런데 놀이공원에 가서 못다한 공부를 염려하는 아이는 단 한 명도 없다. 머릿속에 한 톨도 공부에 대한 생각이 남아있지 않은 것이다. 하루 종일 넓은 놀이공원을 뛰어 다녀도 몸이 다소 피로할 지경에 이른다고 하더라도 그것은 완벽한 휴식이 될 수 있다고 본다. 반면 우리 어른들은 어떤가. 물론 어른들 중에서도 제대로 된 휴식을 취하는 사람들이 많이 있다. 예를 든다면 일주일 동안 열심히 일을 하고, 주말이 되면 예외없이 가족들과 낚시를 떠나는 사람도 있고, 서예나 그림 등 나름의 취미활동에 젖어 소중한 휴식을 갖는 사람도 많다. 하지만 대부분의 사람들은 주말이나 공휴일이 되면 집에서 누워 TV를 보거나 잠을 잔다. 어쩌면 이것도 휴식이라고 강하게 반박하는 사람들이 많을 지도 모르겠다. 중요한 것은 머릿속의 생각이다. 편안하게 누워 TV를 보는 동안 머릿속에는 어떤 생각이 들어 있는가? 혹시 눈은 TV를 향하고 있으면서도 머릿속으로는 월요일에 출근해서 처리해야 할 업무로 가득차 있지는 않은가? 잠을 자면서도 업무에 시달리는 꿈을 꾸고 있지는 않은가? 휴식이란 내려놓음의 시간이다. 조금도 집착하지 않고 완전하게 내려놓을 수 있을 때 비로소 진정한 휴식이 될 수 있다. 집에서 아무리 회사업무를 걱정해봤자 실제로 달라질 것은 아무것도 없다. 어차피 사무실에 나가 일을 해야만 뭔가 성과가 생겨나는 것이다.

그렇다면 우리는 왜 이렇게 집에 와서까지 회사의 업무를 머릿속에서 지워버리지 못하는 것일까? 그것은 스스로에 대한 믿음의 부족에서 비롯되는 경우가 많다. 불안하다는 뜻이다. 한 번만 실험을 해보기로 하자. 토요일과 일요일 이틀 동안 의식적으로 회사업무를 절대 생각지 않는다고 다짐하는 것이다. 도저히 자신이 없다고 하는 사람들이 있을지 몰라서 딱 이틀만 해보기로 하는 것이다. 결과를 보지 않고도 장담할 수 있다. 아마 주말 동안 회사업무에 대한 생각에서 벗어나지 못하고 출근한 월요일과 완전히 회사업무를 잊어버리고 지내다 출근한 월요일 사이의 차이점은 아무것도 없을 것이다. 내기를 해도 좋다. 그럼에도 불구하고 이처럼 집에서조차 회사업무를 걱정하고 염려하는 것은 일을 완벽하게 처리하지 못하면 어떻게 하지 라는 두려움과 불안함이 마음속을 가득 채우고 있기 때문이다. 전문가들은 이를 두고 완벽주의라고 표현하기도 하지만 그렇게 전문용어를 쓸 필요도 없을 것 같다.

아주 오래 전 우리의 선조들은 남녀가 맡는 일을 정확하게 구분했었다. 남자들은 들판에 나가 활과 창을 들고 짐승을 사냥했고, 여자들은 아이를 등에 업은 채 밭에 나가 나물을 캤다. 사냥을 하는 남자들은 필사적으로 짐승을 쫓아 달렸고, 오직 한 가지 성과를 위해 혼신을 다했다. 사냥에 실패하면 먹을 식량이 없고, 가족들은 굶어야만 한다. 그런 사실 때문에 주위를 돌아볼 겨를도 없이 오직 눈앞의 사냥감만을 향해 전력을 다했던 것이다. 반면 아낙네들은 어땠는가?

아이를 등에 업고 밭에 나가 나물을 캤으니 나물캐는 일과 아이를 돌보는 일을 동시에 해야만 했다. 게다가 함께 일을 나간 동네 아낙들과 이런저런 담소까지 나누었다. 그래서 요즘도 남자와 여자의 성향이 다른 것이다. 남자는 TV를 볼 때 곁에서 아내가 말을 시키면 조용히 하라고 소리친다. TV만 봐야 하는 것이다. 오직 눈앞의 사냥감에만 집중하던 습관이 그대로 이어져 한 번에 한 가지 일밖에 못하는 것이다. 여자들은 어떤가? TV를 보면서도 얼마든지 주위 사람들과 이야기를 나눌 수 있는 능력이 있다. 아이를 등에 업고 나물을 캐면서 주위 아낙들과 이야기를 나누던 습관이 그대로 이어져 동시에 여러 가지 일을 할 수 있는 능력이 있는 것이다. 중요한 것은 가족의 생계를 책임지던 남자들의 성향이 현재까지 오롯이 이어졌다는 사실이다. 사냥에 실패하면 가족은 굶어죽는다. 그래서 필사적으로 사냥을 했던 것이다. 회사에 나가 일을 하면서도 반드시 성공해야만 한다는 강박에 사로잡혀 있다. 그런데 여기에는 큰 차이가 존재한다. 사냥이란 것은 눈앞에 보이는 짐승을 잡는 것으로 일단락 되지만, 회사의 업무란 것은 도무지 끝이 없다. 오늘 밤을 새워 업무를 처리한다 하더라도 내일이 되면 또 새로운 일이 생긴다. 아무리 높은 지위에 올라도 직장이란 곳에는 늘 나보다 지위가 높은 사람이 존재하기 마련이다. 그래서 평생을 부하직원으로 살아야 한다. 윗사람이 하달하는 명령과 지휘에 따르지 않으면 회사를 그만두어야 하니 마치 사냥감을 쫓듯 필사적으로 일에 매달릴 수밖에 없는 것이다.

이제는 강박에서 벗어나야 한다. 직장에서 일을 한다는 것은 스스로의 능력을 발휘하고 개발함으로써 삶에 대한 만족도를 높이고 행복한 인생을 살아가기 위함이다. 우리는 늘 본질을 잊고 사는 경향이 있다. 성공을 향해 달려가면서도 왜 성공을 해야만 하는가 라는 근본적인 이유를 잊지 말아야 한다. 우리가 성공을 거두려는 가장 큰 이유는 바로 행복한 삶에 있다. 자신이 원하는 성공의 모습이 돈에 있든 명예에 있든 권력에 있든 아니면 학문적 성취에 있든 관계없이 결국에는 행복한 삶을 사는 것이 궁극의 목표가 되는 것이다. 그런데 성공을 향해 지나치게 집착하다 보니 행복한 삶이라는 본질의 요소는 잊어버리고 그에 이르는 도구에만 집중하게 된 것이다. **행복한 삶을 영위하기 위해 진정한 성공을 거두기 위해서는 늘 멈추어서서 자신을 돌아보는 시간을 가져야만 한다.** 바로 이것이 휴식의 진정한 가치다. 눈앞의 일을 완전히 내려놓고 머릿속을 비워내야만 자신을 돌아볼 여유가 생긴다. 마음 한 구석에 회사 업무에 대한 불안함을 가진 상태에서 자신의 삶을 돌아보기란 결코 쉽지 않다.

제대로 쉬는 것이 정말 필요한 시대다. 스마트폰이라는 기발한 제품이 등장한 탓에 너도 나도 손에서 떼놓질 못한다. 소통도 중요하고 게임을 하는 것도 즐겁겠지만, **머릿속을 비우고 가만히 나를 돌아보는 시간을 많이 가질수록 성공을 향해 나아가는 길이 훨씬 즐겁고 행복해 질 수 있다는 사실을 명심해야 한다.**

5장

Pain Study

아픈세상, 그 너머를 보라

사람은 살아가면서 수많은 위험 또는 예상치 못한 일들을 만나게 된다. 그런 위험이나 예상치 못한 일들에 잘 대처하기 위해 늘 준비하는 자세를 갖게 된다. 또한 어떤 위험이나 예상치 못한 일을 마주했을 때 반드시 해결해 내고야 말겠다는 의지도 강하다. 물론 위험을 준비하는 태도는 반드시 필요하며 문제해결을 위해 최선을 다하는 모습 또한 부정적이지 않다. 그러나 이러한 준비와 해결에 너무 지나치게 집착하다 보면 사소한 실수나 실패에 크게 좌절하고 절망하게 되는 경우가 발생할 수도 있다. 우리 삶은 말 그대로 한치 앞도 내다볼 수 없는 기나 긴 과정의 연속이다. 아무리 철저한 준비를 한다고 해도 뜻하지 않은 위험은 늘 마주하게 되고, 해결할 수 없는 문제도 얼마든지 닥쳐오기 마련이다. 치열한 준비와 필사적인 해결 없이도 충분히 행복할 수 있는 세상임을 알아야 한다.

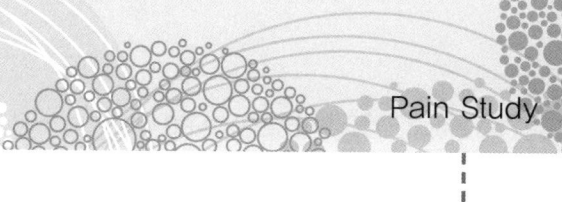

Pain Study

그냥 살아도 멋진 인생이다

| 왜 자꾸만 나를 바꾸라고 하는 거지?

어느 마을에 대단히 못 생긴 여자가 살고 있었다. 외모는 볼품 없었지만 신을 향한 신앙심만큼은 누구보다 깊었다. 그녀는 하루도 빠짐없이 신을 섬기며 감사의 기도를 올렸다. 그녀의 깊은 신앙심과 기도에 감동한 신은 어느 날 그녀의 꿈에 나타나 이렇게 말했다.

"너의 신앙심과 진실한 마음에 감동하여 선물을 주고자 하노라. 너는 이제부터 영생을 얻게 될 지어다."

잠에서 깨어난 그녀는 당장 성형외과로 달려갔다. 아무리 생각을 해봐도 못생긴 자신의 얼굴로 영원히 살 수는 없을 거라고 판단했기 때문이다.

그런데 성형수술을 하고 난 바로 다음 날 그녀는 그만 죽고 말았다. 화가 머리 끝까지 난 그녀는 신을 만나 따지듯 물었다.

"영원히 살 수 있게 해준다면서요!"

그러자 신은 이렇게 대답했다.

"미안하다. 못 알아봤다."

성공을 향한 수많은 조언들, 힘겨운 삶과 역경을 헤쳐 나가는 사람들이 흔히 듣게 되는 이야기 중 한 가지가 바로 **"세상을 변화시키려면 먼저 자신을 변화시켜야 한다"**라는 말이다. 스스로가 변화하고 새롭게 태어날 수 있으면 지금과는 전혀 다른 세상을 만날 수 있다는 뜻이다. 세상은 내 뜻대로 바꿀 수가 없지만 스스로의 생각이나 태도, 행동 등은 얼마든지 바꿀 수 있기 때문에 주어진 조건이나 주변의 환경에 대해 불평하고 부정적인 생각을 갖는 것보다는 세상을 바라보는 관점을 바꾸어 내 삶을 좀더 주도적인 입장에서 이끌어 갈 수 있도록 충고해 주는 말이다.

안 좋은 일이 생길 때마다 습관적으로 술을 마시는 사람들은 자신이 잘못된 습관을 가지고 있다는 사실을 깨달아야 하며 이른 시일 내에 이를 고쳐야만 한다. 잘못된 음주습관은 건강을 해치는 것은 물론이고 맑은 정신을 유지할 수 없기 때문에 점점 더 현실의 문제를 제대로 처리할 수 있는 능력을 잃어버리게 된다.

아침마다 습관적으로 지각을 하는 학생이나 회사원은 좀더 일찍 잠자리에 들거나 아침 잠을 줄일 필요가 있다. 시간관념이 부족하다는 인식을 심어줄 수도 있으며 아무리 공부나 일을 잘 한다고 해도 게으르고 나태한 사람으로 낙인 찍힐 소지가 크기 때문이다.

틈만 나면 불평과 불만 등 부정적인 말들을 쏟아내는 사람들은 말을 줄임과 동시에 좀더 긍정적인 말과 행동을 하려고 애쓸 필요가 있다. 부정적인 말들은 다른 사람들로 하여금 함께 일하고 싶지 않은 인상을 갖게 하며 스스로도 세상과 자신에 대한 만족감이 지극히 떨어지기 때문에 삶의 의욕이나 열정을 불러 일으키기가 대단히 어렵기 때문이다.

이처럼 성공을 향해 나아가는 과정에 있어서 이를 방해하는 잘못된 습관을 지닌 사람들은 최대한 이른 시간 안에 스스로 새로운 변화를 일으켜야만 한다. 삶을 포기한 채 허송세월을 보낼 것이 아니라면 말이다. 자신이 세운 목표를 달성하는 데 있어서 아무리 열심히 노력하고 땀을 흘려도 사소한 잘못된 습관 한두 가지 때문에 결실을 맺기 힘들어지는 경우가 있다. 중요한 것은 본인 스스로는 이러한 자신의 모습을 제대로 깨닫기 어렵다는 사실이다. '나는 왜 아무리 노력해도 성공하지 못하는 걸까'라는 의구심이 생기는 때가 있다. 그럴 때 우리는 책을 찾아 읽기도 하고 자기계발 강연에 참석하기도 한다. 그래서 나보다 먼저 경험한 사람의 이야기 또는 이미 성공을 이룬 사람들의 조언을 듣고 스스로를 돌아보게 되는 것이다. 나에게 부족한 점은 무엇일까, 내가 잘못하고 있는 점은 어떤 것인가, 앞으로 고치고 변화시켜야 할 나의 모습에는 어떤 것이 있을까 라는 생각들을 신중하게 고민해 보고 반성하여 실천으로 옮기게 된다. 더 나은 모습으로 다시 도전하고 노력하면 이전까지 이루지 못했던 새로운 성과와 결실을 마주할 수 있게 될 것이다.

그런데 이 부분에서 우리는 대단히 중요한 착각 하나를 짚고 넘어가야 한다. 그것은 바로 인식의 문제다. 변화를 일으키기 위해서는 반드시 절실한 필요와 동기부여가 전제되어야 한다. 예전 삼성전자를 비롯해 삼성그룹 전체가 전례없는 성과를 거두었던 때에 이건희 회장은 사장단 전원을 앞에 두고 이런 말을 했다. "마누라와 자식을 빼고는 모두 바꾸어야 한다. 지금 상황을 진지하게 생각하다 보면 나는 등에 식은 땀이 흐른다"라고 말이다. 실적이 부진하거나 그룹이 침체된 상황도 아니었음에도 불구하고 그룹의 총수는 이처럼 변화를 강력하게 주장했다. 그것은 앞을 내다보는 이건희라는 사람의 선견지명이라 할 수도 있고 빠르게 변화하는 시대를 치밀하게 읽어낸 그룹총수의 역량이라 할 수도 있겠다. 결국 삼성이란 그룹은 다른 많은 기업들이 위기를 맞았던 것과 달리 지금도 여전히 대한민국 최고의 기업으로 그 가치를 전 세계에 떨치고 있는 것이다. 최고의 기업이 변화할 수 있었던 가장 큰 이유는 리더가 가진 절박한 위기의식이었다. 이처럼 변화란 것이 일어나기 전에는 반드시 그 변화를 필요로 하는 무언가가 전제되어야 한다. 바로 여기서 내가 강조하고 싶은 부분이 있다.

성공을 향해 나아가는 과정에서 스스로를 돌아보고 자신의 부족한 부분과 앞으로 필요한 부분을 찾아내어 새롭게 거듭나겠다는 다짐을 하게 되면 변화는 상당히 긍정적으로 다가온다. 그러나 심각한 문제는 자신을 돌아보는 시간은 전혀 갖지 않은 채 남들이 변화를 말하고 시도하니까 아무런 생각도 없이 그저 따라서 변화하려는 사람들이 많다는 것이다.

아침형 인간이란 말이 사회를 떠들썩하게 움직이고 있으니 자신도 무작정 아침형 인간이 되려고 한다. 매일 아침 7시에 일어나 출근하던 사람이 난데없이 새벽 4시30분에 기상을 한다는 소리다. 계획은 참 좋다. 새벽에 일어나 영어공부도 하고, 자기계발서도 읽어야 한다며 책도 잔뜩 구입해 두었다. 결과는 어떤가. 새벽 4시 30분에 일어나 졸리는 눈을 뜨지도 못한 채 책상 앞에 앉아 흔들흔들 졸고 있다. 아무 것도 하지 못한 채 출근 시간이 되면 부족한 잠 때문에 정신이 혼미하다. 그런 사람의 하루가 어떨 지는 보지 않아도 눈에 선하다.

다이어트 열풍이 불고 S라인의 몸매가 여기저기 눈에 띄기 시작하니 아무 생각없이 다이어트를 시작한다. 하루 세 끼를 꼬박꼬박 잘 챙겨먹던 여자가 갑자기 아침과 점심을 고구마 한 개로 때운다. 저녁은 아예 굶어 버리기로 한다. 사흘 동안 실천하던 여자는 어느 날 현기증을 느끼며 쓰러지고 병원으로 실려가고 만다. 퇴원을 하고 나면 다시 원래의 삶으로 돌아가 이전보다 훨씬 많이 챙겨먹기 시작한다.

매년 새해가 시작되는 1월이 되면 헬스클럽, 영어회화 학원, 서점 등이 발 디딜 틈도 없이 가득 찬다. 그러다가 2월만 되면 언제 그랬냐는 듯 휑하니 사람들의 발길이 뚝 끊겨 버린다. 워낙 자주 반복되다 보니 이제는 아예 그러려니 하고 별로 신기해 보이지도 않는다.

아침형 인간을 시도해 보려고 했던 남자는 왜 새벽마다 힘없이 졸고 앉아 있었을까? S라인의 몸매를 가지기 위해 다이어트를 시도하던 여자는 왜 실패하고 말았을까? 왜 사람들은 매년 1월이 되면 새롭게 뭔가를 시도하려고 도전했다가 불과 한 달도 채 되지 못해서 포기하고 마는 것일까?

이것은 모두 자신만의 꿈과 목표가 없기 때문이다. 바로 절박한 목표, 절실한 이유의 부재에서 오는 부작용들이다.

나는 공부가 즐겁다고 말하는 학생들을 본 적이 없다. 앞으로 살면서 혹시 공부가 정말 즐겁다고 말하는 학생을 만나게 되더라도 나는 그 학생의 말을 믿지 않을 것이다. 공부란 말처럼 쉽지 않다. 아마 대부분의 사람들이 내 말에 공감하리라 믿는다. 책을 보고 머릿속에 새로운 지식을 입력한다는 것은 대단히 어렵고 힘든 일이며, 특히 그 새로운 지식이라는 것이 실생활에 바로 쓸 수 있는 실요적 학문이 아닐 경우에는 더더욱 그렇다. 그럼에도 불구하고 분명 공부를 잘하는 사람이 있고 못하는 사람이 있다. 이것은 어떤 차이에서 오는 것일까? 흔히 말하는 공부하는 방법에서 비롯된 것일까? 아니면 실제로 공부를 많이 하고 적게 하는 시간적 차이 또는 집중력의 차이에서 오는 것일까? 나는 결코 그런 이유 때문이 아니라고 본다. 공부를 잘하는 학생들은 그들의 목표가 선명하다. 어떤 모습으로 자신의 삶을 살아갈 것인지 이미 결정을 해 두었다. 그렇게 하기 위해서는 반드시 원하는 대학, 원하는 학과에 진학해야 하며 그 후에도 어떤 과정을 거쳐 원하는 모습에 이르게 되는지 훤히 꿰뚫고 있다. 공부를 하지 않으면 안 되는 것이다. 아무리 힘들고 하기 싫은 공부라 할지라도 자신이 원하는 모습에 이르기 위해서는 반드시 해야만 하기 때문에, 그리고 이미 이루어진 자신의 모습이 항상 눈앞에 선명하게 그려지기 때문에 공부를 제대로 할 수 있게 되는 것이다. 남들이 하니까, 부모님과 선생님이 하라고 하니까 억지로 공부를 하는 사람들은 결코 공부를 잘 할 수가 없다. 어쩌다 시험을 잘 치거나 좋은 대학에 들어갈 정도는 될지 모르겠지만 그것은 극히 일부의 예외일 뿐이며, 설령 작은 성공을 거둔다 하더라도 오래 가지 못할 것이 뻔하다.

자신만의 분명한 목표가 있어야 한다. 스스로 변화를 일으키기 위해서는 간절하고 절실한 뜻한 바가 있어야 한다는 말이다. 남들이 말하니까 새벽에 일어나고, 모두들 살을 빼니까 자신도 다이어트를 하고, 다른 사람들이 담배를 끊으니까 나도 끊어야지 하는 생각만으로는 결코 진정한 변화를 가져올 수가 없다. **아무런 목표나 절실함이 없다면 차라리 변화하지 말아야 한다.** 그냥 살아도 아무 문제 없다. 굳이 새벽에 억지로 일어나서 두 시간을 졸고 앉아 있느니 차라리 따뜻한 이불 속에서 편히 자는 것이 건강에라도 훨씬 낫다. 당연히 성공은 포기해야겠지만 말이다.

자신의 잘못된 습관을 변화시키고 한 걸음 더 성장하는 것은 매우 중요하고 가치있는 문제다. 그러나 변화를 생각하기 전에 내가 왜 변화해야 하는가 라는 질문에 충분히 절실한 답변을 할 수 있어야 한다. 강력한 동기부여가 전제된다면 약한 의지 때문에 스스로 무너지는 실패의 반복이 두 번 다시 되풀이되지 않을 것이다.

경험은 무엇보다 소중한 가치다

A라는 남자 아이가 있다. 그는 이제 겨우 열 살이다. 어린 나이에도 불구하고 천재적인 두뇌의 소유자로 독특한 컴퓨터 시스템을 개발해 냈다. A는 자신의 능력으로 인해 엄청난 부와 명예를 가질 수 있었으며 최연소의 나이로 세계적인 갑부의 대열에 올라서게 되었다. 수많은 신문과 방송의 기자들이 매일같이 그의 집을 둘러싸고 인터뷰를 했으며 세상은 이 천재소년에게 엄청난 관심을 가지게 되었다.

B라는 노인이 있다. 그의 나이는 칠십이 넘었다. 평생토록 큰 돈이라고는 만져본 적이 없는 평범한 사람이다. 그러나 갖은 고생과 험난한 역경을 거쳐온 그의 삶의 경험 덕분에 이제는 주변에서 일어나는 모든 일들에 대해 초연할 수 있는 마음의 여유와 평온을 간직하게 되었다.

A와 B 두 사람이 같은 날 같은 시간에 강연을 한다. 만약 성인이 된 우리들 모두 삶의 커다란 문제에 직면해 있는 상황이며, 두 사람의 강연 중 한 가지는 반드시 참석해야 한다고 가정해 본다면 과연 우리는 누구의 강연을 듣고자 할까? 자신의 직업이 컴퓨터 개발자라든가 아니면 오직 돈에 대해서만 삶의 초점이 맞춰진 사람이라면 어

떨지 모르겠지만, 아마 내 생각에 대부분의 사람들이 B라는 노인의 강연에 참석하게 되지 않을까 싶다.

A라는 열 살짜리 아이가 세상을 살아온 시간은 고작 10년이다. 아무것도 모른 채 엄마와 아빠의 보살핌을 받아야만 했던 시간이 적어도 3~4년은 될 테니 그것을 제외하고 나면 A가 실제로 세상을 경험한 것은 불과 6년 정도에 불과한 것이다. 이미 수 십 년을 살아온 성인들이 고작 6년 정도를 살아온 아이에게 인생의 문제에 대한 조언을 듣고자 할 리는 만무하다. 비록 큰 돈을 벌거나 명예로운 지위에 오르거나 막강한 권력을 가지지는 못했지만 70년이 넘는 삶을 살아온 B라는 노인에게는 세상을 살아오면서 겪은 온갖 경험들이 녹아있기 때문에 그의 말에는 힘이 있을 수밖에 없다. 게다가 혹시 자신이 지금 겪고 있는 문제와 유사한 경험을 노인이 했을지도 모른다는 생각에 더 귀를 기울이게 될지도 모른다.

삶의 경험이란 위대한 것이다. 흔히 나이가 많은 노인 한 사람은 도서관과 같다고 표현한다. 그만큼 살아온 세월의 경험이 풍부하다는 것은 배울 점이 많다고 해석하는 것이다.

사탕이나 장난감 하나를 갖고 싶어서 엄마, 아빠에게 때를 쓰며 울고 불었던 어릴 적의 기억을 한두 가지쯤은 가지고 있을 것이다. 그 때로 돌아가 보자. 얼마나 갖고 싶었던가. 마치 사탕 하나, 장난감 하나가 세상의 전부인 듯하다. 그것만 가질 수 있다면 더 이상 소원이 없을 것만 같다. 다행히도 엄마와 아빠가 흔쾌히 사주면 온종일 품에 안고 행복과 기쁨을 만끽할 수 있다. 그러나 끝내 사주지 않으면 세상이 무너진 것 같은 절망감과 허망함에 눈물을 터뜨리고 원망과 분노에 휩싸여 하루 종일 기분이 최악인 상태가 되어 버린다. 이제 기억에서 깨어나 현실로 돌아와 보자. 곁에서 어린 아이가 사탕과 장난감을 사달라고 조르고 있다. 당신의 마음은 어떠한가? 그 아이의 가슴속에 담겨 있는 절실한 욕망과 삶의 최대 고민이 고스란히 느껴지는가? 아닐 것이다. 그저 웃으며 달랜다. 마치 별 것 아닌 것처럼 어르고 달래기도 하고, 사탕은 치아에 안 좋다고 하고 장난감은 별로 쓸모가 없을 거라며 자세하게 설명하기도 한다. 아이들에게는 세상을 등질 만큼 심각한 고민거리인데, 우리가 보기엔 귀여운 투정으로밖에 보이지 않는 것이다.

 이번에는 초등학교 3학년쯤으로 성장해 보자. 아마 열 살쯤 될 것이다. 학교에서 시험을 치른다고 한다. 좋은 성적을 거둘 수 있을지 고민이다. 나름대로 열심히 공부는 했다고 하지만 그래도 시험이란 언제나 사람을 긴장시킨다. 원하는 만큼 성적이 나오면 다행이지만 그렇지 못할 경우에는 엄마에게 혼날 게 뻔하고, 다음 시험 때까지 꼼짝없이 공부만 하게 될지도 모른다. 시험이 없는 세상에서 살고 싶은 마음이 간절하다. 시험만 없으면 살 것 같다. 친구들과 놀아도 노는 것 같지도 않고 늘 마음 한구석이 어둡다. 이제 다시 기억에서 깨어나 현재의 삶으로 돌아오자. 곁에서 초등학교 3학년짜리 아이가 시험에 대해 자신의 고민을 털어놓는다. 자, 당신은 어떤 조언을 해 줄 것인가? 진지하게 마주앉아 시험이 인생에서 갖는 의미를 설명해 줄 수 있겠는가? 아마 대부분의 어른들은 그렇게까지 진지하게 아이를 상대하지 않을 것으로 짐작된다. 나 같으면 이렇게 말할 것 같다.

"야, 이놈아. 초등학교 3학년짜리가 무슨 시험 걱정을 하고 있냐? 시험 못 친다고 누가 잡아먹냐? 엄마한테 혼나는 게 그렇게 무섭냐? 별 것도 아닌 걸로 걱정하고 앉아있네."

엄청난 스트레스와 심각한 고민을 하고 있는 초등학교 3학년짜리 아이가 나의 이런 말을 듣는다면 아마 자신의 고민을 제대로 이해해 주지 않는다며 원망할지도 모르겠다. 우리가 보기엔 참 별 것도 아닌 고민이 초등학교 3학년에게는 삶의 중요한 문제인 것이다.

우리는 모두 성장하면서 이런 삶의 고민들을 거쳐왔다. 인정하고 싶지 않거나 자신은 그렇게까지 고민하지 않았다고 쉽게 말할 수는 없다. 이미 오래 전의 일이기 때문에 제대로 기억하지 못할 가능성이 크다. 분명한 것은 사람은 누구나 비슷한 과정을 겪으면서 성장한다는 사실이다.

사람은 나이가 들어가는 과정에서 매번 그때의 나이에 어울리는 고민을 하게 된다. 사탕과 장난감을 갖고 싶다는 고민을 하고 있는 어린 아이가 결혼과 배우자에 대해 고민을 하고 있다면 전혀 어울리지가 않을 뿐더러 그런 고민을 할 리도 만무하다. 바꿔 말하면 회사에서 열심히 일을 하고 있는 삼십 대 후반의 가장이 사탕이나 장난감을 갖고 싶어서 하루 종일 심란해 하는 모습도 상상하기 어렵다. 중학생이나 고등학생쯤 되면 이성문제로 고민을 하기도 하고, 앞으로의 진로 때문에 머릿속이 복잡하기도 하다. 대학생이 되면 취업에 대한 문제가 인생의 전부인 듯하고, 직장생활을 하다 보면 승진이나 성공을 위해 끝없이 고민하게 된다. 결혼 적령기가 되면 당연히 평생의 짝을 찾는 것이 인생 최대의 문제가 되며, 중년이 넘어서면 이렇게 사는 것이 내 삶의 전부인가 라는 철학적인 문제로 가슴속이 가득 차게 된다. 세월이 흘러 머리가 희끗해지고 삶의 끝머리에 도달하게 되면 죽음을 의식하게 되기도 하고, 때로는 사는 것이 참 별게 아닌데 너무 많은 고민과 걱정으로 살았구나 하는 후회를 남기기도 한다.

노인을 공경해야 하는 가장 큰 이유는 그들이 삶의 모든 과정을 거쳤기 때문이다. 사탕과 장난감에 인생을 걸었던 시절부터 죽음에 이르는 문제들까지 우리 인생의 희로애락을 거의 모두 거쳤다는 그 소중하고도 위대한 경험을 지녔기 때문에 그들보다 경험이 부족한 우리들은 항상 노인들로부터 뭔가를 배울 수가 있는 것이다. 어린 아이들에게 무한한 가능성이 존재한다면, 노인들은 삶의 최고의 가치인 경험이란 것을 가지고 있다. 우리 삶은 언제나 경험으로 이루어진다. 기쁨, 슬픔, 분노, 후회, 두려움 등 거의 모든 감정들은 경험에서 우러나온다. 실제로 자신이 직접 겪지 않았다고 해서 경험이 될 수 없다는 소리가 아니다. 예를 들어 불은 아주 뜨겁고 위험하다는 사실은 우리 모두가 알고 있지만, 그렇다고 해서 모든 사람이 불에 데어 화상을 입거나 목숨을 잃을 뻔하는 경험을 가지고 있지는 않다. 아주 어릴 적부터 부모나 주위 사람들로부터 불은 위험하니까 가까이 가서는 안 된다는 말을 들었고, 영화나 TV를 통해서도 불이란 것이 얼마나 위험한 것인지 충분히 보고 들었기 때문에 알고 있는 사실이다. 간접경험이란 것이 갖는 힘은 매우 중요하다. 암이라는 병이 인간에게 치명적일 수 있고 위험하다는 사실은 우리 모두가 알고 있지만, 그렇다고 해서 모든 사람이 암에 걸려본 적이 있는 것은 아니다. 살아가는 과정에서 보고, 듣고, 읽었던 간접경험 덕분에 알고 있는 사실인 것이다. 경험이란 것은 이처럼 중요하며, 살아가는 데 매우 큰 도움이 된다.

그렇다면 우리는 어떻게 해야만 풍부한 경험을 가질 수 있을까? 말 그대로 직접 경험해 보는 것이 가장 좋긴 하겠지만 그것은 물리적으로 불가능하다. 우리 삶의 시간은 정해져 있고, 정해진 시간 안에 수많은 경험을 동시에 겪어본다는 것은 현실적으로 불가능하다. 그래서 필요한 것이 바로 간접경험이다. 경험이 풍부한 사람의 강연회에 참석하거나, 이미 큰 성공을 이루어낸 사람들의 강의를 듣는 것도 좋은 방법이다. 강연을 듣는 것조차 시간적으로 여유가 없거나 경제 사정이 마땅치 않을 때에도 간접경험을 쌓을 수 있는 최고의 방법은 여전히 남아 있다. 바로 책을 읽는 것이다.

책 속에는 수많은 사람들이 살아간 흔적이 고스란히 담겨 있다. 굳이 커다란 업적을 남긴 위대한 인물의 자서전이 아니라 하더라도 누군가가 직접 겪은 사소한 경험 한 가지조차 나 자신에게는 좋은 간접경험이 될 수 있다. 책 속에 등장하는 인물의 경험이 마음에 들지 않거나, 나의 삶과는 동떨어진 이야기라 할지라도 그것을 거울삼아 정 반대로 적용시킬 수 있는 기회는 얼마든지 있다. 타산지석이란 말이 바로 이런 것에서 비롯된 성어다.

만약 지금 어려운 문제에 봉착해 당장이라도 삶이 무너질 것 같아 걱정이 되는가? 아무리 찾아봐도 도무지 해결방법이 없어서 낙심하고 있는가? 도대체 왜 나에게만 이런 일이 생기는 걸까 라며 세상을 원망하고 한탄하고 있지는 않은가? 지금 당장 근심과 걱정을 내려놓자. 우리가 하고 있는 수많은 걱정과 근심은 이미 이 세상을 살아간 수많은 사람들이 모두 한 번씩은 겪었던 일들이며, 누군가는 그런 문제들을 슬기롭게 극복한 사례가 얼마든지 존재한다. 우리는 그런 좋은 경험들을 책으로 읽어 자신의 것으로 만들 수 있는 기회를 가지고 있다. 설령 책에서조차 찾을 수 없는 유례없는 고통을 겪고 있다 하더라도 걱정과 근심이 그것을 해결해 주지는 않는다. 어쩌면 지금 우리 앞에 놓여있는 거대한 문제라는 것이 시간이 지나고 나면 어린아이의 사탕과 장난감 문제처럼 별것 아닌 것이 되어 버릴지도 모를 일이다.

| 아프거나 미친 사람들을 위해

뭔가를 이루고자 하는 과정에서 흔히 만나게 되는 것이 실패와 좌절이다. 말을 너무 쉽게 하는 것 같지만 그만큼 실패와 좌절은 흔한 것이며, 나 혼자만 겪게 되는 일이 아니다. 세상 모든 사람들은 실패와 좌절을 경험하고 있으며, 중요한 것은 그것을 받아들이는 마음에 있다.

어떤 사람들은 똑같은 실패에도 불구하고 마음에 크게 상처를 받지 않으며 세상이 끝난 것처럼 좌절하지 않는다. 오히려 오뚝이처럼 다시 일어나 도전을 멈추지 않는다. 어떤 종류의 실패와 좌절도 그들을 멈추게 할 수 없으며 결국 그들은 원하는 바를 이루어낸다. 그들에게 실패란 새로운 도전을 불러일으키는 자극에 불과하며 오히려 실패를 즐기기까지 한다.

반면, 아주 작은 실패에도 무릎을 꿇고 넘어져 다시는 일어서지 못할 것처럼 흐느껴 우는 사람들도 있다. 이들은 제대로 시도해 보기도 전에 도저히 해낼 수 없을 것 같다는 불안한 심리를 안고 산다. 매사에 부정적이며 불평과 불만을 입에 달고 있다. 그들에게 성공은 이루지 못할 꿈과 같고, 굶주린 마음은 술과 자기연민으로 채우며 하루하루를 낭비하며 산다. 그들에게 실패란 치명적이고 돌이킬 수 없는 과거이며 헤어나올 수 없는 늪이다. 결코 만나지 말았어야 하는 불운의 상징인 것이다.

똑같은 상황임에도 불구하고 왜 이렇게 사람마다 실패를 마주하는 자세가 다른 것일까? 흔히 마음가짐에 그 이유가 있다고 말하는데, 그렇다면 마음가짐이란 무엇을 말하는 것일까?

이 질문에 대한 대답으로 나는 집착과 조급함을 이야기하고 싶다. 집착이란 욕심과 그 맥을 같이 한다. 예를 들어 글을 써서 책을 출간하여 작가가 되는 것을 꿈으로 간직하고 있는 사람이 있다고 보자. 작가가 되기 위해서는 꾸준하게 글을 써야 하며 책을 내기 위해서는 충분한 분량의 원고가 준비되어야 한다. 그리고 출판사에 원고를 투고하고 받아들여지기를 기다려야 한다. 설령 출판사와 계약이 이루어진다고 하더라도 실제 책이 만들어져 세상에 나오기까지는 또 다시 얼마간의 시간이 필요하다. 이런 과정들이 모두 순조롭게 진행되는 것은 아니다. 우선 충분한 양의 글을 쓴다는 것 자체가 쉽지 않다. 아무리 콘텐츠를 잘 잡았다고 하더라도 300페이지짜리 책을 한 권 쓰려면 방대한 지식과 사례들이 결집되어야만 한다. 독자들은 여기저기서 베껴온 듯 짜깁기한 책을 정확하게 집어낸다. 비록 충분한 양의 글이 준비되고, 스스로 만족할 만한 수준이 되었다고 하더라도 출판사에서 받아들여주지 않으면 책으로 출간할 수가 없다. 물론 자비를 들여 출판을 하는 경우도 있지만 지금의 논의에서는 예외로 한다. 다시 말해 출판사의 문을 열지 못하면 결코 작가라는 꿈을 이룰 수가 없는 것이다. 그 유명한 조앤 롤링조차도 수 차례에 걸친 출판사의 거절을 겪은 후 해리포터를 출간할 수 있었다는 사실은 익히 알고 있는 바와 같다.

실패를 유연하게 받아들이지 못하는 사람들의 경우부터 살펴보도록 하자. 그들은 원고를 쓰기 시작하는 때부터 걱정과 근심에 빠져든다. 내가 쓴 글을 아무도 알아봐주지 않으면 어떻게 하나. 많은 노력과 시간을 들인 원고가 세상의 빛을 보지도 못한 채 쓰레기통에 처박히는 일을 상상하니 끔찍하기만 하다. 도무지 글은 진척이 없고 시간이 갈수록 마음은 초조해지기만 한다. 꿈을 이루기는커녕 굶어죽지나 않을까 걱정이 태산이다. 어찌어찌하여 간신히 원고를 마무리했다고 치자. 이제 출판사에 원고를 보내야 하는데 또다시 걱정이 밀려온다. 그동안 내가 얼마나 고생해서 쓴 글인데 출판사에서 거절을 당하면 그 충격을 어찌 감당해야 하는가. 가능하다면 출판사 대표를 만나 무릎을 꿇고 사정이라도 해보고 싶다. 이 한 편의 원고로 대박이 나서 큰 돈과 명예를 한꺼번에 손에 쥘 수 있다면 얼마나 좋을까. 제발 내 원고를 받아주는 출판사가 한 군데라도 나와주길 간절히 바란다. 그럼에도 불구하고 출판사의 차가운 거절이 하나 둘씩 이메일로 통보된다면 그들은 힘을 잃고 쓰러지고 만다. 이 원고를 준비하는 동안의 모든 과정들이 허송세월처럼 느껴지고, 작가로서의 꿈은 물거품처럼 사라진 듯하다. 다시 글을 쓴다는 것은 그들에게는 상상조차 할 수 없는 일이다. 다행스럽게도 출판사와 계약이 되어 책을 낼 수 있게 되었다고 치자. 이번에는 출간 시기가 문제다. 아무리 빨리 출간을 하고 싶어도 출판사에는 계획과 일정이란 것이 있고, 시장상황도 살펴야 한다. 늦으면 6개월에서 1년이 걸릴 수도 있고 아무리 일러도 2~3개월은 기다려야 한다. 그럼에도 불구하고 그들은 참지 못한다. 당장 내일이라도, 늦어도 다음 달에는 세상에 나오는 내 책을 보고 싶은 마음이 간절하다. 대형서점의 판매대 위에 전시되는 나의 책, 그리고 날개돋힌 듯 팔려나가는 상황이 머릿속에 마구 그려진다. 빨리빨리 라는 말이 머릿속을 가득 채우고 있다는 말이다.

자, 이번에는 실패를 대수롭지 않게 여기는 사람들의 경우를 보자. 그들의 꿈도 마찬가지로 작가가 되는 것이다. 그러나 그들은 실패에 힘없이 무너지는 사람들과는 근본적으로 다르다. 그들은 작가가 된다는 미래의 모습도 중요하게 여기지만 그보다는 글을 쓰는 과정 자체를 즐길 줄 안다. 책을 내야만 작가가 되는 것이 아니라 오늘 글을 쓰는 사람이 작가라는 인식을 강하게 가지고 있다. 그래서 글을 쓰는 과정 내내 즐겁고 행복하다. 비록 지금 쓰고 있는 글이 책으로 출간되지 못하는 극단적인 상황이 닥친다 하더라도 이미 글을 쓰는 과정에서 충분한 행복과 기쁨을 느꼈기 때문에 실패가 미치는 영향이 극히 미미할 수밖에 없다. 아무리 많은 양의 원고라 하더라도 그들에게는 결코 부담이 된다거나 초조한 마음이 생기는 경우가 없다. 출판사의 문을 두드릴 때에도 아무런 거리낌이 없다. 행복한 마음으로 쓴 글이기 때문에 출판사의 거절 따위는 아무런 상관이 없다는 말이다. 게다가 자신의 글에 이미 충분한 자신감이 있기 때문에 한 곳의 거절을 받으면 또 다른 곳의 문을 두드리면 된다는 느긋한 마음과 가능성을 품고 있다. 아무리 많은 거절도 결코 그들을 쓰러뜨리지 못한다. 계약이 체결된 후 책이 출간되는 날짜까지 기다리는 시간도 그들에게는 얼마든지 가치있는 기간이다. 출판사와 함께 머리를 맞대고 이왕이면 시장상황이 좋고, 사람들이 더 많이 책을 구입하는 적절한 시기를 고를 수 있도록 노력하며 현실적인 대처방안을 함께 찾는다. 가장 중요한 것은 바로 지금부터다.

 실패에 좌절하고 마는 사람들은 책 한 권을 출간하고 나면 그뿐이다. 그토록 오랜 시간 걱정과 근심, 그리고 고통과 힘겨움 속에서 작업했던 기억 때문에 두 번 다시 책을 쓰고 싶지 않다. 처음이자 마지막으로 쓴 책 한 권이 대박나기를 손꼽아 기다리며 또다시 마음 졸인다. 그러나 실패를 유연하게 받아들이는 사람들은 자신의 첫 책이 출간되고 나면, 아니 이미 첫 원고가 완성되고 난 직후부터 또다시 글을 쓰고 있다. 그들에게 작가란 꿈이자 삶 그 자체이기 때문이다. 즐겁고 행복하게 글을 썼다는 기억 덕분에 항상 손에서 펜을 놓지 않는다.

 책의 내용은 과연 어떠할까? 첫 번째는 걱정과 근심으로 늘 불안하고 초조했던 사람이 쓴 글이다. 책을 출간해서 돈벼락을 맞을 거라는 유일한 희망으로 쓴 책이다. 두 번째는 기쁨과 행복으로 충만하여 쓰는 행위 자체에 큰 의미를 둔 사람이 쓴 글이다. 글쓰기가 얼마나 사람의 마음을 평온하고 행복하게 해주는지 여실히 증명해 줄 수 있는 사람이 쓴 책이란 말이다. 나와 같은 생각이라면 당연히 두 번째 사람의 책에 손이 닿을 것이다.

 욕심은 실패를 불러일으키는 가장 주요한 요인이다. 우리는 꿈이란 것을 해석할 때 뭔가를 더 가지려는 것이라고 착각하는 경우가 많다. **꿈이란 우리가 바라는 모습 그 자체다.** 꿈을 이루기 위해 살아가는 근본적인 이유는 무엇인가? 결국 행복하고 편안한 삶에 이르기 위함이다. 행복하고 편안한 삶이란 바로 마음을 두고 하는 말이며, 절대 물질적인 소유를 의미하는 것이 아니다. 돈이 많다고 해서 마음이 편안하고 행복한 것은 아니란 말이다. 내 마음이 평화롭고 충만하면 그것이 곧 행복이다. 꿈이란 그런 삶을 위해 존재하는 것이다. 그런데 욕심이란 이런 평화로운 마음과는 전혀 반대의 개념이다. 지금보다 더 가지려는 마음이 욕심인데, 이것은 끝이 없다. 아무리 많이 가지게 되어도 더 가지려는 것이 욕심의 본질이며, 그 때문에 항상 마음속에는 부족하다는 갈증이 생겨나기 마련이다. 뭔가 부족하다는 느낌이 든다는 것은 절대 평화롭고 만족스러울 수 없다는 뜻이며 결코 행복해질 수 없다는 말과 같다. 글을 쓰는 삶 자체가 만족스러운 것이 아니라 책을 내고, 유명한 작가가 되어 돈을 많이 버는 것이 궁극적인 목표인 사람은 제대로 된 글을 쓸 수 없을 뿐더러 작가가 된다고 해도 만족을 느끼지 못한다. 더 많은 돈을 벌고자 하는 욕심이 있기 때문에 이미 작가의 삶에는 미련이 없어진다. 또 다른 방법으로 돈을 벌기 위해 매일 고민할 것이며, 그의 뜻대로 더 많은 돈을 번다면 이번에는 그 돈을 잃을까 또 걱정할 것이다. 삶이 끝나는 날까지 부족하고, 걱정하고, 근심스러우며, 불만족스럽고, 불평하고, 두려워하게 될 것이다. 욕심을 버려야 한다는 말은 작가뿐만 아니라 모든 일에 적용된다. 어떤 꿈을 갖고 있다 하더라도 그 본연의 마음을 잊어서는 안 된다. 우리가 추구하는 삶의 축은 언제나 행복하고 평온한 삶이다. 욕심은 행복한 삶과는 전혀 반대의 개념임을 잊어서는 안 된다.

조급한 마음도 마찬가지다. 아무리 돈이 급해도 하루 아침에 큰 돈을 벌 수 있는 방법은 없다. 내가 어마어마한 빚 때문에 정신을 차릴 수가 없었던 그때, 지푸라기라도 잡는다는 심정으로 인터넷을 뒤지며 하루아침에 큰 돈을 벌 수 있는 방법을 찾아 보았다. 지금 생각하면 말도 안 되는 얘기지만 그때의 나는 매우 진지했고 절실했다. 광활한 인터넷의 세계에서 나는 질문의 답을 찾을 수 있었다.

"던전에서 일확천금 버는 법"
"하루아침에 골드 10만 캐는 법"
"복권 당첨 되는 꿈"
"열흘 만에 주식투자 고수 되는 법"

모두가 컴퓨터 게임, 복권, 도서제목뿐이었다. 한 마디로 하루아침에 뭔가를 이루는 일이란 세상에 존재하지 않는다는 이야기다. **마**

음이 급할수록 여유를 가져야 한다. 조급함을 갖고 있다고 해서 더 빨리 이루어지는 일은 절대로 없다. 오히려 서두르다 보면 일을 더 그르칠 수도 있으니 차라리 여유를 갖고 현명한 방법을 찾는 것이 문제의 해결에 훨씬 도움이 될 것이다.

성공을 향해 미친 듯이 달려가고, 이를 악물고 참아 견디는 사람들이 잘못된 것이라고 말한 적은 한 번도 없다. 다만, 잠시만 멈춰서서 자신을 돌아보길 바랄 뿐이다. 혹시 지금 가고 있는 길이 진정 자신의 삶을 행복하게 만들어 주는 길이 맞는지, 너무 조급하게 서둘러 잘못된 길에 접어든 것은 아닌지 점검하고 쉬어가라고 말해주고 싶을 뿐이다.

| 나를 유행시키자

요즘 TV 채널을 돌리다 보면 열 중 아홉은 음식과 관련된 방송인 듯하다. 요리를 하는 과정을 보여주기도 하고, 맛있는 식당을 찾아 메뉴를 소개하고 먹는 모습을 보여주기도 한다. 어떤 요리가 더 맛있는지 경쟁을 하는 프로그램도 있고, 전국에서 유명한 맛집을 찾아 다니는 방송도 있다. 이런 방송들을 요즘 말로 먹방 또는 쿡방이라고 한다. 아주 오래 전에도 오늘의 요리 등의 타이틀로 방송이 된 적이 있었지만, 요즘처럼 대세를 이루지는 못했던 것 같다. 그렇다면 왜 요즘들어 이렇게 '먹는' 프로그램이 인기를 끌게 되었을까?

사실 먹는 음식은 특별할 게 없다. 누구나 하루 세 끼 식사를 하고, 가끔씩 외식을 하기도 하며, 집에서 배달을 시켜 먹기도 한다. 난생 처음보는 음식을 방송에 등장시키는 것도 아니고 가만히 보면 우리가 늘 접하는 음식들임에도 불구하고 시청률이 꽤 높은 것은 뭔가 특별한 이유가 있는 듯하다. 개인적으로 그 이유를 생각해 보니 요리사라는 직업에 대한 인식의 차이에서 비롯된 것이 아닌가 싶다.

요리사는 사회적으로 크게 인정받는 직업이 아니었다. 별 다섯 개짜리 호텔의 최고 주방장 정도면 몰라도 흔히 요리사라고 하면 식당 주방에서 궂은 일을 도맡아 하는 사람 정도로 여겼다. 물론 꽤 오래 전의 이야기이긴 하지만 내가 어렸을 때만 해도 요리사라는 직업을 꿈으로 갖는 친구들이 거의 없을 정도였으니까 말이다. TV에 자주 등장하는 요리사 중 한 명, 일명 백선생이라 불리는 사람을 보자면 과거에 수많은 실패를 겪고 난 후 엄청난 성공을 거둔 프랜차이즈 업계의 거목이라 할 수 있다. 백종원씨는 사업에 실패하여 엄청난 빚더미에 앉았던 과거를 딛고 일어나 260여개의 매장을 가지게 된 그야말로 인생역전의 대표적인 경우라 볼 수 있겠다. 밖에 나가서 접하게 되는 대부분의 프랜차이즈 식당이 그가 만든 것이라 하니 그 대단함에 놀라지 않을 수 없다. 게다가 유명한 여자 연예인과 결혼까지 하게 되었고, 구수한 말솜씨와 사람좋은 인상은 순식간에 사람들의 인기를 독차지하기에 이르렀다. 시련과 역경을 딛고 일어선 좋은 본보기가 아닐 수 없다.

  그를 내세운 방송들은 시청자들의 관심을 끌기 시작했고, 급기야 셰프라고 불리는 수많은 요리사들이 방송에 한꺼번에 등장하면서 요리에 관한 프로그램이 급물살을 타게 되었다. 요리라고 해서 거창하게 프랑스나 이탈리아식 먹을거리를 보여주는 것도 아니고 아주 쉽게 밥상에 올릴 수 있는 쉽고도 간단한 반찬들이 주가 되니 가정주부를 비롯해 혼자 사는 독신들까지 마니아가 되어 버린 것이다. 똑같은 김치찌개를 끓여도 아주 사소한 팁 한두 가지로 인해 그 맛이 매력적으로 변하니 어찌 인기가 없을 수 있겠는가. 덕분에 인터넷 블로그나 동영상에도 요리에 관한 자료들이 속속 출현하고 공감이나 댓글이 넘쳐날 지경까지 이르렀다. 특히나 2015년은 먹방이 대세를 이룬 한 해였다고 하니 사회적 흐름을 완전히 사로잡았다고 할 수 있겠다.

  이렇듯 사회적 분위기가 먹방에 맞춰지다 보니 언제 어디서나 음식에 관한 이야기가 끊이지 않는다. 네이버 검색창에 김치찌개라고 입력하면 그와 관련된 내용이 셀 수 없을 정도다. 주목할 만한 사실은 요리사 즉 셰프를 꿈꾸는 사람들 또한 엄청나게 늘어났다는 점이다. 한때 전혀 인기가 없었던 직업이 시대의 흐름을 타고 최고의 인기 직업으로 자리매김하게 된 것이다. 내가 지금까지 쓴 글을 단순하게 연결지어 본다면, 백종원이란 사람은 대한민국 직업의 선호도를 바꾸는 데 크게 기여한 사람이 된다는 결론이다. 본인의 성공은 물론이고 다른 사람들의 가슴속에 꿈과 희망까지 심어 주었으니 실로 명예롭고 영광스러운 삶이 아닌가 싶다. 나는 개인적으로 백종원씨를 알지도 못하거니와 그렇게 후덕하게 생긴 남자를 별로 좋아하지 않는다. 내가 너무 날카롭게 생겼다는 말을 많이 듣기 때문에 나와 정반대로 생긴 사람에게 별 매력을 느끼지 못하기 때문이다. 그럼에도 불구하고 그가 이루어낸 업적, 특히 과거의 실패를 멋지게 극복해낸 과정은 마음속 깊은 곳에서부터 존경심이 우러나오게 만든다.

나는 백종원이라는 사람이 만든 요리보다 그가 만들어낸 삶이 더 훌륭해 보인다. 우리는 늘 유행에 민감하고 그 유행을 따라하기를 원한다. 흔히 '유행에 뒤떨어진다'라는 말을 많이 쓰곤 하는데, 나는 개인적으로 이 말을 아주 싫어한다. 유행이란 좋은 말로 하면 시대의 흐름이다. 많은 사람들이 이메일을 사용하고 인터넷뱅킹을 이용하는데 혼자서만 손편지를 고집하고 직접 은행에 가서 계좌이체를 한다면 다른 사람들과의 교류나 비즈니스에 큰 곤란이 생길지도 모른다. 이런 유행이라면 필수적으로 따라야 하며 나이를 불문하고 습득해야만 하는 정보이자 지식이라 생각한다. 그러나 단순히 옷차림이나 헤어스타일, 직업의 선택 등과 같은 지극히 개인적인 것들마저 지나치게 유행을 따라가다 보면 개인이 가진 특성이나 독창성을 완전히 잃어버리게 될지도 모른다는 염려를 무시할 수가 없다.

유행이란 것도 결국 이 세상 누군가가 창조해낸 것이다. 시대의 흐름을 완전히 무시할 수는 없겠지만 결국은 누군가의 머릿속에서 가장 먼저 태어난 생각이다. 바꿔 말하면 유행이란 것은 뒤떨어지지 않게 따라갈 수도 있는 것이지만 나 자신이 스스로 창조하고 앞서 나갈 수도 있다는 뜻이다. 방송이란 시청률을 고려한 사업이다. 당연히 흐름을 거스르기에 부담이 있다. 그러나 우리 개인은 아무 것도 거리낄 것이 없다. 다만 다른 사람들의 시선이나 말에 상처를 입을지도 모른다는 두려움만 극복하면 되는 것이다. 남들이 모두 요리사가 되려고 하니 나도 덩달아 요리사가 되겠다고 하는 것은 결코 꿈이 될 수 없다. 이런 식으로 **남들이 하니까 나도 한다는 식의 선택과 결정 때문에 꿈을 향해 가는 길이 어렵고 힘든 것이다.** 진정한 자신의 꿈이 아니라 가짜 꿈이다. 그러나 얼마나 힘이 들겠는가. 가짜 꿈을 향해 가는데도 불구하고 성공하기 위해서는 미쳐야 한다고 하니 또 억지로 미치려고까지 한다. 진정 원하는 일도 아닌데 혼신을 다해 미치려 하니 그야말로 미칠 지경이다. 즐겁고 유쾌하게 도전한다는 것은 상상도 하지 못한다. 매일이 고되고, 불안하고, 초조하며, 마음이 편치 않다. 그러니 당연히 뜻대로 잘 되지 않고 실수와 실패를 거듭하게 된다. 마음의 상처는 커져만 가는데 살면서 이런 상처와 아픔은 당연히 만나는 것이라 하니 이를 악물고 참고 견딘다. 먼 훗날의 성공하는 모습은 눈에 보이지도 않고 오늘 하루 동안 몸과 마음에 깊은 상처만 남는다.

몇 번을 강조하지만 다른 사람들의 시선에서 자유로워져야 한다. 그래야만 내 인생의 주인이 될 수 있다. 내가 처음 글을 쓰기 시작했을 때 주위의 많은 사람들이 한결같이 말했다.

"네 처지에 무슨 글쓰기냐."
"글을 써서 무슨 돈이 되겠냐."
"네 가족들 생각좀 해라. 먹고 살 길이 막막한데 지금 글이나 쓰고 있을 때냐."
"잘 나가는 사람들도 책 내기가 힘들다는데 너 같은 사람의 책을 출판사에서 내주기나 할 것 같으냐."
"쓸데 없는 소리 하지 말고 노가다나 열심히 해라. 아니면 기술이나 똑바로 배우든가."

직장에 다니던 십 년 동안 나도 다른 사람의 말이나 행동, 평가 따위에 상당히 신경을 쓰며 살았던 기억이 난다. 상사들로부터 인정을 받고 싶었고, 동료나 선배들로부터 좋은 평가를 받고 싶었다. 내가 작성하는 기획서나 지시받은 업무를 처리한 결과에 대해 매우 흡족하다는 말을 들을 때면 일에 대한 의욕과 열정이 넘쳐 더욱 열심히 일을 했고, 조금이라도 실망스럽다거나 부족하다는 평가를 들을 때면 나 자신이 너무나 무능력하다는 좌절감에 사로잡혀 한동안 헤어나오질 못할 지경에 이르곤 했다. 지금 돌이켜 보면 사실 '나'라는 사람은 아무 것도 달라진 게 없었다. 단지 평가를 내리는 사람들의 관점이 조금씩 달랐을 뿐이다. 똑같은 기획서를 보면서도 어떤 날은 아주 훌륭해 보이고 또 어떤 날은 형편없이 보이기도 한다. 나도 마찬가지였다. 그날 그날의 기분에 따라, 기획서를 바라보는 초점에 따라 사람의 평가란 달라지기 마련인 것이다. 그럼에도 불구하고 그때의 나는 주위를 둘러싼 사람들의 반응과 행동에 따라 나 자신의 삶 자체를 판단하고 있었던 것이다.

크게 실패를 경험하고 오랜 시간 방황을 거친 끝에 나 자신을 돌아보는 시간을 많이 가질 수 있었고, 이제는 더 이상 다른 사람들의 시선에 따라 내 삶을 이리저리 흔들어대는 일은 없어야겠다고 마음 먹었다. 내 삶의 주인은 바로 나 자신이고, 외부의 어떤 자극도 소중한 내 삶에 영향을 미칠 수 없다고 단호히 선언하게 되었다.

글쓰기를 만나 마음의 평온을 얻게 된 나는 앞으로의 삶에서 어떤 일이 있어도 글을 쓰는 일만큼은 내 손에서 내려놓지 않겠다고 다짐했다. 책을 내고 작가가 되겠다는 꿈은 평생토록 글을 쓸 수 있다는 마음에서 우러난 목표이기 때문에 실제로 글만 쓸 수 있다면 굳이 책을 내지 못해도, 작가가 되지 못한다 하더라도 크게 문제될 것이 없었다. 요즘은 인터넷의 발달로 인해 굳이 책이라는 형태를 갖추어 세상에 나오지 못한다 하더라도 내가 쓴 글을 많은 사람들이 읽을 수 있도록 세상에 알리는 방법은 얼마든지 많다. 그리고 내가 글을 쓰는 가장 큰 이유는 누군가에게 보여주기 위함이 아니다. 스스로를 돌아보고 내면의 자신과 대화할 수 있으며 이를 통해 평온하고 행복한 마음을 유지할 수 있었던 경험 때문이다. 대부분의 주위 사람들이 내가 글을 쓴다는 말을 듣고 위와 같이 부정적인 반응을 보였던 것은 내가 오직 돈을 벌기 위한 수단으로 글쓰기를 선택했다는 잘못된 선입견 때문인 듯했다. 예전 같았으면 사람들의 부정적인 반응에 크게 동요하며 마음이 흔들렸을지도 모른다. 아예 글쓰기를 접어버렸을지도 모를 만큼 외부의 자극에 민감했던 탓이다. 그러나 이제는 전혀 아무렇지도 않다. 나를 제외한 어느 누구도 내 삶에 부정적인 영향을 미칠 수 없다. 그들이 무슨 말을 하든, 어떤 시선으로 나를 바라보든 아무 상관없이 나는 오직 나의 신념대로 행동하고 그 결과에 충실히 책임을 질 것이다.

세상은 끊임없이 변하고, 그 변화의 속도 또한 엄청나게 빠르다. 지금을 살아가고 있는 우리들은 이러한 급변하는 세상에 발을 맞추어야 하고, 때로는 유행이란 것에 어느 정도 관심을 기울여야 할지도 모른다. 하지만 중요한 것은 나를 잃지 말아야 한다는 점이다. 내가 없는 세상은 전혀 의미가 없다. 세상의 유행에 발을 맞출 필요도 있겠지만, 때로는 내가 중심이 되어 나 자신을 유행시켜 보는 것도 삶에 있어 큰 의미와 보람이 있지 않겠는가.

I 꼭 무엇을 이루어야만 성공한 인생은 아니다

故 정주영 회장은 현대그룹의 창시자다. 스티브 잡스라는 이름은 애플과 아이폰을 떠오르게 한다. 조앤 롤링은 해리포터를 세상에 등장시켰고, 서태지는 음악 대통령이라는 신조어를 탄생시켰다. 정주영, 스티브 잡스, 조앤 롤링, 서태지 등 이런 사람들을 가리켜 우리는 흔히 성공한 사람들이라 말한다.

성공이란 뜻한 바를 이루어낸다는 의미다. 그런데 이 성공이란 말의 뜻을 잘못 이해하고 있는 사람들이 많은 것 같다. 매스컴이나 책을 통해 성공한 사람들의 사례가 많이 등장하는 것은 그들의 삶의 이야기가 평범하게 살아가고 있거나 역경 속에서 힘들어하는 많은 사람들에게 힘과 용기를 줄 수 있기 때문이다. 그러다 보니 아주 크게 성공한 사람들의 이야기가 주를 이룰 수밖에 없다. 이미 성공을 거둔 사람들의 모습에는 돈과 명예가 함께 보인다. 그들은 일반인들이 상상도 못할 만큼 엄청난 부를 이루었고, 많은 사람들의 존경과 사랑을 한몸에 받고 있다. 자신이 살아가면서 이루고자 하는 뜻을 세우고 그 목표를 달성했다는 사실 자체에 큰 의미를 두는 것이 아니라, 얼마나 많은 돈을 벌었으며 얼마나 세상 사람들로부터 사랑과 존경을 받고 있느냐에 따라 성공을 가늠하는 잘못된 경향이 생겨버렸다. 그래서 이제는 어떤 분야에서든 돈을 많이 벌지 못하면 성공한 삶이라고 보지 않는 분위기가 팽배해 버렸다. 이유야 어쨌든 돈을 바라보는 우리의 관심이 극도로 높다는 사실을 인정해야만 할 것이다.

요즘은 블로그 활동을 하는 사람들이 대단히 많다. 물론 나도 매일 블로그에 글을 쓰고 있지만, 얼마 전 꽤 충격적인 사실을 알게 되었다. 블로그 활동을 하는 데에는 여러 가지의 이유가 있을 수 있다. 다른 사람들과의 원활한 소통, 자신의 일상을 담는 추억, 그리고 마케팅을 위한 수단 등 사람마다 제각기 다른 이유와 목적을 가지고 있다. 그런데 대부분의 사람들이 바라는 공통된 요소가 하나 있다.

이왕이면 자신의 블로그에 많은 사람들이 방문해주길 원한다는 사실이다. 그래서 어떻게 하면 하루 방문자 수를 늘릴 것인가에 대해 고민을 많이 하고, 실제로 매일 엄청난 숫자의 방문객을 맞이하고 있는 파워 블로거들은 그들의 노하우를 공개하기도 한다. 다른 사람들의 블로그를 방문하다 보면 그들이 얼마나 방문자의 숫자를 늘리기 위해 고민하고 애쓰고 있는지 여실히 느낄 수 있다. 나도 초보자로서 열심히 다른 사람들의 노하우를 배우고 있다. 며칠 전 어느 블로그에 우연히 들렀는데, 그날 그 사람의 블로그 방문자 수가 자그마치 10만 명이 넘는 것을 보고 깜짝 놀랐던 것이다. 2천~3천명 정도만 되어도 하루 방문자 숫자로는 꽤 많은 것이고, 5천~6천명 수준이 되면 파워 블로거라고 부를 수가 있을 정도인데 자그마치 10만 명이라니 놀라지 않을 수가 없었다. 그 사람이 그날 블로그에 올린 글은 단순했다. 삼십 대 초반의 그는 주식투자를 통해 수 백 억원의 자산가가 된 사람이었고, 마침 그날은 자신이 무료 강의를 실시한다는 내용의 포스트를 작성한 날이었다. 사람들의 돈에 대한 관심은 상상을 초월한다. 누군가 큰돈을 벌었다고 하면 도대체 무엇을 어떻게 해서 그렇게 큰돈을 벌 수 있었는지 물어보려 하고 배우고 싶어 한다. 특히 부모에게 물려받은 재산 없이 평범하거나 가난하게 살던 사람이 엄청난 부를 이루었다고 하면 더 관심을 집중하게 되는 것이다. 자신과 비슷한 처지에 있던 사람이 큰돈을 벌었다고 하니 혹시

나도 가능하지 않을까 하는 가능성과 기대감을 가지게 되는 것이 일반적인 심리가 아닐까.

돈에 대해 관심을 갖고, 돈을 많이 벌고자 하는 것은 인간이 가진 당연한 욕구라고 본다. 돈이 인생의 전부는 아니지만 인생에 있어서 돈은 반드시 필요한 존재다. 현대사회는 단순히 먹고 사는 정도의 기본적인 삶만으로 행복이 충족되는 시대가 아니다. 어느 정도의 물질적인 가치가 동반되어야만 스스로 만족하는 삶을 살아갈 수 있기 때문에 한 푼이라도 더 벌고 싶고 부자가 되고 싶다는 사람의 마음이 결코 잘못된 것이 아니라고 본다. 다른 사람에게 해를 끼친다거나, 지나친 욕심을 부려 무리하게 돈을 좇는 행위만 아니라면 부유해지고 싶다는 욕망은 긍정적으로 해석되어야 할 것이다.

그런데 여기에는 필수적으로 동반되어야 할 것이 한 가지 있다. 바로 행복한 삶이다. 우리가 돈이든 황금이든 물질적인 요소를 지향하는 근본적인 이유는 행복한 삶을 위해서이다. 행복한 삶은 빈곤보다는 풍요에서 찾는 것이 더 쉽다는 생각 때문에 많은 사람들이 돈을 가지려 애쓰는 것이다. 만약 엄청난 부를 이루었는데도 불구하고 전혀 행복을 느끼지 못한다면 그의 삶은 아무런 의미가 없을지도 모른다. 가난한 삶을 살아가는 사람들은 이 말을 듣고 울컥할지도 모르겠다. 때로 우리는 돈이 많은 사람들이 불행해 하는 모습을 보면서 이렇게 말한다.

"으이구, 배부른 소리 하고 있네. 행복한 줄 알아야지. 쯧쯧쯧."

가진 것이 많으니 아쉬울 것이 없고, 돈을 벌기 위해 하루 종일 고생할 필요도 없는데 도대체 뭐가 불행하냐며 손가락질을 할지도 모른다.

살아가는 데 넉넉한 돈을 가지고 있는 사람들 중에서도 행복을 느끼지 못하는 사람들이 너무도 많다. 이것은 부정할 수 없는 사실이다. 바꿔 말하면 돈이 많다고 해서 반드시 행복한 삶을 살게 되는 것은 아니란 소리다. **돈은 우리들의 삶에 반드시 필요한 요소지만, 돈만 많다고 해서 행복한 것은 아니란 사실을 깨달아야 한다.** 실제로 돈이란 것이 행복에 있어서 절대적인 요소가 아니란 사실은 이미 대부분의 사람들이 알고 있는 점이기도 하다. 그럼에도 불구하고 우리는 다른 무엇보다 돈에 대한 집착과 관심을 항상 최우선으로 두고 살고 있다. 간단한 글 한 줄에 10만명이 순식간에 몰려드는 모습을 보아도 쉽게 알 수가 있다.

성공이란 뜻한 바를 이룬다는 의미다. 우리는 성공을 향해, 그리고 성공을 이루어가며 살고 있다. 우리의 삶에서 성공을 빼놓을 수 없는 것은 그만큼 성공이 우리 삶의 지향점이기도 하기 때문이다. 성공이 우리 삶의 지향점이란 얘기는 달리 말하면 '성공=행복'의 공식이 성립한다는 말이다. 모든 사람들의 궁극적인 삶의 목표는 행복한 삶이다. 이것은 부정할 수 없는 법칙이다. 그런데 행복한 삶을 살기 위해서는 성공을 해야 한다고 즉, 성공하면 행복할 수 있다고 믿고 있으니 당연히 '성공=행복'일 수밖에 없는 것이다.

성공을 하면 행복하다. 뜻한 바를 이루었으니 얼마나 행복할까. 작은 성공도 당연히 행복하겠지만, 인생을 걸 만큼 크게 바라던 뜻을 이루게 된다면 더욱 행복할 것이다. 대단히 심각한 문제는, 성공을 돈으로만 계산하려 할 때 발생한다. **성공하면 행복하다는 기본적인 공식은 돈이 끼어드는 순간 부서지고 만다.** 자신이 진정 바라던 꿈을 이루었느냐 하는 판단을 돈으로 따지는 것이다. 얼마를 벌었느냐, 얼마를 가질 수 있느냐 하는 문제에만 관심이 맞춰졌기 때문에 얼마나 행복한지를 돌아볼 겨를이 없다. 게다가 돈에 대한 욕심은 끝이 없기 때문에 아무리 많은 돈을 벌어도 더 벌고 싶은 것이 인간의 마음이다. 끝이 없는 마음은 욕심이며 집착이 된다. 그토록 바라던 내 삶의 진정한 꿈이 죽을 때까지 이룰 수 없는 욕심과 집착으로 바뀌어 버리는 순간이다.

성공(成功)이란 단어에서 공(功)이란 말을 유심히 들여다 볼 필요가 있다. 흔히 혁혁한 공을 세우다, 오랜 시간 공을 들이다, 공든 탑이 무너지랴 등과 같이 사용되는 말이다. 이 공(功)이란 말에 담겨 있는 진정한 의미는 바로 '노력'과 '정성'인 것이다. 우리는 성공이란 말을 뜻한 바를 이룬다는 의미로 사용하고 있지만 실제로 한자 그대로 풀이하자면 '노력과 정성을 이루는 것'이 된다. 노력과 정성이란 결과를 말하는 것이 아니라 과정을 일컫는 말이다. 따라서 성공이란 결과를 가리키는 말이 아니라 과정에 더 초점이 맞추어진 단어로 해석해야 한다.

우리 삶의 궁극적인 목표가 행복한 삶이고, 행복한 삶을 위해서는 반드시 성공해야만 한다는 믿음을 제대로 인식하려면 성공이란 단어가 가진 진짜 의미를 알아야만 한다. 결국 행복한 삶을 위해서는 노력과 정성을 이루어야만 한다는 뜻이다. **행복한 삶을 결과에서 찾지 말고 과정에서 찾아야 한다.** 노력과 정성이 가득한 과정에서 행복을 찾을 수 있다면 실제로 결과가 어떻든 충분히 행복한 삶을 살아갈 수가 있다.

진정 바라던 꿈이 물질적인 가치로 전락되는 것은 성공을 결과 지향적으로 해석하는 잘못된 습관 때문이다. 만약 성공을 향하는 과정에 정성과 노력을 기울이며 바로 그 과정 속에서 행복을 찾는다면 '얼마나 벌었느냐'라는 잣대로 스스로의 행복을 파멸하는 경우는 사라질 수 있을지도 모른다.

성공한 삶에 대한 해석을 결과에만 맞추려 애쓰다 보면 두 가지의 악습이 생긴다. 그 첫 번째는 자신의 삶에서 성공 이외에는 아무것도 무의미하게 느껴진다는 사실이다. 오직 성공을 이루게 되는 미래의 모습에만 초점이 맞춰져 있어서 그때가 오기 전까지는 모든 것을 뒤로 하게 된다. 오늘 하루 내가 흘린 땀의 가치, 사랑스러운 가족들, 나를 도와준 사람들의 진심, 조언과 충고를 아끼지 않는 친구들, 세상 모든 아름다움과 즐거움 등 이 모든 것들을 '성공한 다음에 보자'라는 생각으로 덮어버린다. 미친 듯이 달려가면 성공할 수 있다는 말을 아주 제대로 실천하게 되는 것이다. 말 그대로 아무것도 보이지 않는다. 그럼에도 불구하고 스스로를 위안할 수 있는 최고의 핑계와 변명이 있다.

"모두를 위한 길이야. 내가 성공하고 나면 그때 가서 다 보상할 수 있어. 여기서 멈춘다면 아무것도 이룰 수가 없지. 그래, 가는 거야!"

지금 이 순간의 행복은 두 번 다시 찾아오지 않는다. 나중에 보상할 수 있다는 생각은 결국 물질적인 가치에 초점이 맞춰졌다는 말이다. 명심해야 한다. 아무도 기다려주지 않는다는 사실을. 주위의 소중한 사람들에게 오늘의 행복을 되돌려 줄 수 있는 기회는 영원히 오지 않는다는 사실을 말이다.

결과론적 해석의 두 번째 악습은 고통을 참는다는 사실이다. 시련과 역경은 극복해야 할 문제이지 무조건 참는다고 해결되는 것이 아닙니다. 이런 사람들에게 성공은 오직 결과이기 때문에 이들은 결승점에 도달하기 전에는 어떤 이유로도 멈출 수가 없다. 잠시 멈춰서서 자신을 점검하고 반성하고 휴식을 취한 후에 방향을 잡아 다시 출발하면 얼마든지 성공할 수 있음에도 불구하고 결코 그럴 만한 여유를 찾지 못한다는 것이다. 아픈 것이 당연하다고 믿는다. 참는 것이 유일한 방법인 줄 안다. 몸의 상처는 건강을 해치고, 마음의 상처는 불행을 가져온다는 사실을 외면한 채 오직 성공만 하면 된다는 생각뿐이다. 다시 말하지만 **과정이 불행한 사람은 결코 행복한 결과를 가질 수 없다.**

우리는 행복하기 위해 태어났다. 뭔가를 이루어내기 위해 태어난 것이 아니다. 스스로 원하는 삶을 찾아 도전하고 이루어내는 것은 바람직한 현상이긴 하지만, 뭔가를 반드시 이루어내야만 성공한 인생이라는 강박은 오히려 스스로를 불행하게 만드는 최악의 생각임을 잊지 말았으면 좋겠다.

| 달력도 못 받는 인생

대기업에서 근무하던 시절에는 설과 추석, 그리고 근로자의 날, 창

립기념일 등 특별한 날이 다가올 때마다 푸짐하게 선물을 받을 수 있었다. 회사의 복리후생 차원에서 지급되는 보너스와 상여금, 그리고 선물들이 너무도 당연하게 느껴졌다. 게다가 많은 거래처에서 소위 '인사'라는 것을 핑계로 작은 정성을 잊지 않고 보내주었기 때문에 살림살이에도 꽤 많은 도움이 되었다. 중소기업에 다니거나 개인사업을 하고 있는 친구들이나 주위 사람들에 비해 풍족한 삶을 살았던 나는 그런 상여금과 선물들이 내 삶에 너무나 당연히 주어지는 대가라고 여기며 고마운 줄도 몰랐다.

대기업에서 받았던 수많은 선물과 상여금을 오직 나 스스로의 노력과 헌신에 대한 보상으로만 여겼다. 거래처에서 제공하는 선물은 주로 책이나 볼펜, 도서상품권 등이었는데 그런 것들까지도 내가 잘나서 받는 것으로만 여겼다. 그러나 모든 것을 잃고 난 후 깨닫게 되었다. 직장생활을 하는 동안 나에게 주어졌던 모든 권리와 복리와 선물들은 내 능력에 대한 보상이 아니라 내 명함을 향한 것이었다는 사실을 말이다. 아마 그 자리에 내가 아닌 어떤 누군가 앉아 있었다 하더라도 똑같은 혜택을 받았을 것이다. 나라는 사람이 중요했던 것이 아니라, 내가 앉아 있던 자리가 중요했던 것이다.

취업을 하기 위해 많은 노력을 기울이고 있는 사람들에게는 다소 실망스러운 이야기가 될지도 모르겠지만, 회사에서 직원으로 일을 한다는 것은 자신만의 삶을 누릴 수 있는 기회를 상당히 많이 포기해야 한다는 사실을 의미한다. 나 자신은 없고, 내 자리만 있을 뿐이다. 그 자리에는 내가 아니라 누가 앉아도 회사 입장에서는 큰 차이가 없다. 대기업에는 수많은 사람들이 팀장으로 근무한다. 대기업에서 팀장 정도 되려면 직급으로는 부장이 되어야 하고, 나이로는 거의 오십 안팎은 되어야 한다. 팀장이란 자리는 꽤 많은 급여를 받는 자리이기도 하고, 많은 팀원을 거느리고 있기 때문에 어느 정도 권력과 명예도 가진다. 그러면 그 팀장의 자리에 앉아 있는 사람들의 능력은 어떠할까? 인사를 총괄하는 인사팀장과 홍보를 담당하는 홍보팀장의 경우를 보자. 만약 이 두 사람의 자리를 바꿔보면 어떨까? 인사는 엉망이 되고 홍보는 진창이 될까? 전혀 아니다. 며칠만 지나면 아무 일도 없었다는 듯 인사팀도, 홍보팀도 잘만 돌아갈 것이다. 회사라는 곳은 그 사람만이 가지고 있는 고유의 능력을 제대로 발휘할 기회도 드물 뿐더러 전공을 제대로 살려 일하는 사람들도 극히 일부 부서에 불과할 뿐이다. 자신이 회사의 주인이 되어 사람을 뽑는다고 가정해 보자. 꼭 한 사람을 뽑아야 하는데 수백 명이 지원을 했다. 어떤 사람을 뽑을 것인가? 우리 회사에 큰 기여를 할 만한 탁월한 인재를 뽑고 싶을 것이다. 과연 그런 사람이 있을까? 그런 인재는 직장인이 되려 하지 않는다. 결론만 얘기하자면, 누구를 채용하든 크게 다를 바가 없다는 얘기다.

한때 나는 대기업의 배지를 가슴에 달고 어깨를 펴고 살았다. 많은 사람들이 나를 대단하게 여겼고, 늘 우러러 보는 듯 느꼈다. 큰 회사에 다니는 만큼 능력이 대단하다고 평가를 해주는 듯했다. 그러나 그것은 나만의 착각이었다. 세상 사람들은 큰 회사에 다니는 사람이든, 작은 회사에 다니는 사람이든 그저 직장생활을 하는 월급쟁이 정도로밖에 보지 않는다. 어떤 능력을 가지고 있는가 하는 것에는 관심이 없고 어떤 자리에 앉아 있느냐 하는 것만 중요할 뿐이다. 지금 취업을 하기 위해 혼신을 다하고 있는가? **회사에 입사하려는 것을 목표로 삼지 말고 어떤 일을 하고 싶은가에 매달려 보라.** 자신의 목표가 단순히 회사라는 곳에서 일을 하는 것인지, 아니면 정확히 자신이 가진 어떤 능력을 발휘해 보고 싶은 것인지 명확하게 정할 필요가 있다.

예를 들어 누군가와 대화 나누기를 좋아하고 나의 이야기에 공감을 얻고 상대방을 설득시키는 재주가 뛰어난 사람의 경우에는 당연히 영업부서에서 근무를 해야 한다. 이런 사람이 만약 취업에 성공하여 회계부서로 발령이 난다면 6개월도 버티기가 힘들 것이다.

대학에 진학하고, 취업을 하고, 결혼을 하고, 집을 사고, 가정을 꾸려 살아가는 가장 근본적인 이유는 행복한 삶을 이루는 데 있다. 진학, 취업, 결혼 등 모든 일련의 행위들이 행복한 삶이라는 하나의 목표를 향해 가는 과정들인 것이다. 그런데 이러한 과정들 하나하나에서 너무도 큰 시련과 고통을 겪고 있으니 진정한 삶의 목표를 생각할 겨를이 없는 것이다. 대학 진학이란 것이 나의 행복한 삶을 살아가는 데 꼭 필요하다면 당연히 공부를 해야 한다. 그러나 행복은 아예 생각지도 않고 오직 입시 합격만을 목표로 삼고 공부를 하고 있으니 공부가 얼마나 힘들고 괴로울 것인가. 취업을 하는 것이 나의 행복한 삶을 이루는 기본적인 도구라고 생각한다면 당연히 도전해야 한다. 이왕이면 내가 가장 좋아하고 잘 하는 일을 찾아 직업으로 삼는 것이 훨씬 도움이 될 것이다. 그럼에도 불구하고 행복한 삶은 아예 생각지도 않고 오직 직장에 들어가는 것에만 목표를 삼고 있으니 면접에서 몇 번 떨어지고 나면 세상이 끝난 것처럼 절망하고 마는 것이다.

우리는 항상 뭔가를 향해 도전하고 실패하는 과정들을 반복하면서 살고 있다. 이 모든 과정들은 오직 행복한 삶을 위해 필요한 것들이다. 행복하기 위해서는 반드시 불행해야 한다는 말을 받아들일 수 있겠는가? 나는 절대로 인정할 수가 없다. 수많은 불행을 겪어야만 행복해질 수 있다는 개념은 도대체 어디서 나온 이야기일까? 만약 최초로 이런 개념을 만들어낸 사람이 있다면 한 번 만나보고 싶을 정도다. 만약 어차피 인생이란 것이 행복과 불행의 공존이라면 최대한의 행복과 최소한의 불행을 선택하는 것이 지극히 정상적인 삶이 아닐까. 그럼에도 불구하고 우리는 너무 오랜 시간 불행하고 지극히 짧은 시간 동안 행복한 듯하다. 그나마 짧은 행복조차 누릴 수 있다면 다행인 삶을 살아가는 것이다.

　연말이 다가오면서 집안에 냉랭한 공기가 흘렀다. 밖에서 일을 마치고 돌아온 나는 영문도 모른 채 집안 분위기가 왜 이러냐고 물었다. 아무도 대답하지 않았지만 시간이 조금 흐른 뒤에서야 나는 그 이유를 알게 되었다. 이제 조금만 있으면 새해가 되는데 집안에 신년 달력이 하나도 없다는 것이다. 거실과 방에 하나씩은 걸어야 하고, 작은 탁상용 달력도 있으면 좋겠는데 아예 하나도 없다는 말이다. 예전 같았으면 연말에 달력이 넘쳐났다. 벽걸이용, 탁상용, 다이어리 등 새해 필요한 달력과 다이어리가 종류별로 색상별로 다양했고 그 수도 셀 수 없을 만큼 많았다. 회사에서는 물론이고 여기저기서 보내온 달력들 때문에 감당이 안 될 지경이었다. 그 많던 달력은 다 어디로 가고 하나도 없다는 현실이 가족들을 우울하게 만들었던 모양이다.
　이미 생각을 완전히 바꾸고 살아가던 중이었기 때문에 그런 가족들의 마음에 안타까워 한다거나 우울해 하지 않았다. 오히려 웃으면서 말했다. 내가 알아서 구해 올테니 아무 걱정 말라고. 별 것도 아닌 걸로 신경쓰냐고 말이다. 다음 날 일을 마치고 현관문을 들어설 때 내 가슴에는 한아름의 달력이 안겨 있었다. 벽걸이는 물론이고 탁상용 달력까지 예전만큼은 아니었지만 그래도 집안 곳곳에 걸어두고 올려놓을 만큼 충분한 양이었다. 가족들은 반색을 하며 기뻐했고, 서로 포장지를 뜯어가며 각자의 방에 하나씩 걸어두느라 분주했다. 그날, 일을 조금 일찍 마친 나는 집 근처에 있는 은행, 병원, 약국, 우체국 등을 남김없이 방문했다. 연말이 되면 달력을 무료로 나눠주는 곳이 얼마든지 많다. 내가 가진 신분과 지위로 인해 주위에서 받는 달력이나, 어디서나 쉽게 구할 수 있는 달력이나 아무런 차이가 없다. 달력 하나 받지 못하는 삶을 우울해 하는 것은 오직 우리의 마음에서 비롯된 착각이며 오해일 뿐이다. 마치 대기업에 근무하면 사람들이 자신을 우러러 볼 거라고 믿는 잘못된 생각이나 전혀 다를 바가 없다.

행복한 삶을 달력 하나만 가지고 이야기 해보자. '달력을 받을 수 있다, 없다'라는 사실만으로 행복을 가늠해서는 안 된다. 만약 그렇게 생각한다면 달력을 받지 못했을 경우에는 행복할 수 있는 방법이 전혀 없게 된다. 오직 불행만이 남을 뿐이다. 그러나 달력 자체가 내 삶에 미칠 수 있는 영향은 아무 것도 없다고 생각해 버리면 내가 가진 행복이 달라질 이유가 없어진다. 우리가 생각해야 할 문제는 어떻게 하면 달력을 구할 수 있을까 하는 것뿐이다. '어떻게'라는 질문은 해답을 찾게 해주며, 질문과 답을 반복하는 삶은 아무리 사소한 일이라도 성취감과 행복을 더해 줄 수 있다. 모든 행복은 우리 마음속에 달려 있다. **취업에 성공하느냐, 실패하느냐의 문제는 우리 삶의 행복에 큰 영향을 미치지 못한다.** 다만, 내가 진정 하고 싶은 일이 무엇인지, 어떻게 하면 나의 꿈을 이룰 수 있을 것인지에 대해 끊임없이 스스로에게 질문하고 대답해 가는 과정이 있다면 언젠가 반드시 바라는 바를 이루게 될 것이다.

그럼에도 불구하고 내 길을 간다

세상은 참 냉정한 것 같다. 사업에 크게 실패했던 그 시점을 전후로 내 삶을 나누어 본다면, 나는 변한 것이 하나도 없다. 여전히 내 얼굴, 내 모습 그대로이고 내 심장 그대로이다. 그럼에도 불구하고 세상이 나를 대하는 태도는 전혀 달랐다. 중간고사를 딱 한 번 형편없이 치뤘더니 어제까지의 모범생을 문제아로 보는 듯하다.

감옥에서, 그리고 막노동의 현장에서 내가 만난 모든 사람들은 나의 과거에는 아무런 관심이 없었다. 지난 세월을 자세히 설명하고, 단 한 번의 실수로 인해 벼랑에서 떨어졌다는 구구절절한 사연을 쏟아내 보았지만 그들의 반응은 차가웠다.

"당신도 우리랑 다를 바 없어. 처음부터 잘못된 길을 걷는 사람은 없는 거야. 누구나 작은 실수 한 번으로 세상 밖으로 밀려나는 거지. 아무리 아니라고 부정해도 소용없어. 무너진 건 무너진 거야. 어떻게 무너졌느냐는 중요하지 않아. 정말 중요한 건 당신이 지금 바닥에 있다는 사실이야."

삶의 바닥. 그렇게 힘없이 추락했으면서도 나는 여전히 끈을 놓지 못하고 있었다. 그들에게라도 항변하고 싶었던 것이다. '내가 원래 이런 사람이 아니었는데 말이죠'라고 말이다. 감옥에 갈 사람도 아니었고, 막노동을 할 사람도 아니었다고 말하고 싶었다. 원래는 참 내단하고 잘 나가던 사람이었는데 어쩌다 보니 실수를 해서 지금 잠깐 이렇게 된 것뿐이라고 변명하고 싶었다. 단 한 사람에게만이라도 "당신 같은 사람이 어쩌다가 이렇게 됐는지 이해가 되질 않는구만"이란 말을 간절히 듣고 싶었다. 그래서 만나는 사람들마다 옷깃을 붙잡고 하소연을 했는지도 모르겠다.

지금 생각해 보면 참 우스운 얘기다. 원래부터 감옥에 갈 사람도 있나. 원래부터 막노동을 할 사람도 있나. 내 이야기를 들은 사람들이 속으로 얼마나 나를 비웃었을지 상상하며 지금도 얼굴이 시뻘겋게 달아 오른다.

누군가로부터 인정받고 싶은 사람의 욕구가 얼마나 강한 것인지 떨쳐버리기가 정말 힘든 모양이었다. 직장생활을 하면서도 늘 누군가로부터 인정받고 싶어 했고, 그렇게 남들이 생각하는 내 모습이 삶의 전부라 여겼던 습관 때문에 바닥으로 추락한 지경에 이르러서도 여전히 다른 사람들에게 내가 어떤 사람인가를 알리려고 애썼던 것이다.

우리가 살아가는 데 있어서 타인과의 교류와 소통은 매우 중요하다. 힘들고 지칠 때 누군가의 위로와 격려는 큰 힘이 되고, 즐겁고 행복할 때 함께 해 주는 사람이 있다면 그 기쁨은 배가 된다. 같은 일을 해도 누군가와 함께라면 더 쉽고 즐겁게 할 수 있으며, 뜻이 맞는 사람들과 어울린다는 것은 아주 유쾌한 일이다. 그러나 이 모든 것들은 온전한 나 자신을 가지고 있을 때에만 비로소 가능하다. 갓난 아기들은 하루 종일 엄마에게만 매달려 있다. 만약 아기가 잠도 자지 않고 하루 온종일 엄마 품에서 벗어나지 않는다면 아무리 아기를 사랑하는 엄마라도 지치고 힘들지 않겠는가. 우리도 마찬가지다. **나의 중심은 없고 오직 다른 사람의 생각과 말만 중요시하면서 살아가는 것은 스스로는 물론이고 다른 사람들까지 피곤하게 만든다.**

자신만의 주관과 철학을 뚜렷하게 가진 사람은 '대화'가 가능하다. 자신의 의견이란 것이 있기 때문이다. 그러나 아무리 원활한 인간관계를 유지하는 사람이라 할지라도 줏대 없는 사람은 '대화'하기 힘들다. 이래도 허, 저래도 허 하는 사람은 처음엔 좋을지 모르지만 시간이 흐를수록 매력도 없고 강단도 없는 사람임을 금방 알 수가 있다.

회사에 다니던 시절 친하게 지내던 동료 한 명이 나를 보고 '황희정승' 같다고 했다. 한 번도 누군가와 다툰 적이 없었고, 두 사람이 다투면 누구의 편도 들지 않는 중립적인 태도를 보였기 때문이다. 그 당시에는 좋은 말인 것만 같았다. 그러나 지금 돌이켜 보면 은근히 나를 비웃는 소리가 아니었을까 싶다. 괜한 소리를 해서 누군가로부터 비난받게 되는 것이 싫었기 때문에 나는 항상 어정쩡한 태도를 유지했던 것이다. 덕분에 누구와도 사이가 틀어진 적이 없었지만, 누구와도 마음을 털어놓을 만큼 깊은 관계를 갖지도 못했다. 다른 사람들이 나를 어떻게 생각할 것인가 하는 문제에 몰두했던 나의 삶이 얼마나 의미없는 시간들이었는지 이제야 제대로 깨달을 수 있을 것 같다.

감옥에서, 그리고 막노동을 하면서 힘겹게 삶을 유지하고 있었던 내가 글쓰기를 시작하면서부터 찾게 된 삶의 행복은 이루 말할 수가 없을 정도다. 오죽하면 한 번도 글을 써본 경험조차 없던 내가 처음으로 출간한 책이 글쓰기에 관한 책이었겠는가. 그만큼 글쓰기가 가진 매력과 힘에 푹 빠져들었던 나는 앞으로 어떤 일이 있어도 글쓰기만큼은 놓치고 싶지 않다. 글쓰기가 가진 최고의 힘은 내면의 나와 이야기를 나눌 수 있다는 사실이다. 정신 나간 사람처럼 혼자서 벽을 보고 대화하듯 중얼거린다는 의미가 아니라 지금 이 순간 내가 무슨 생각을 하고 있는지, 나는 어떤 삶을 살아가야 하는지, 나라는 존재는 어떤 의미인지 등 이런 생각들을 무수히 많이 할 수가 있다는 뜻이다. 스스로에 대한 생각을 많이 하면 할수록 나 자신이 너무나 소중하다는 느낌을 지울 수가 없다. 이렇게 살아 숨쉬고 있다는 사실만으로도 감사하고, 내 주변을 둘러싼 많은 사람들과 말 못하는 동·식물들까지 모두가 나를 위해 존재하고 있는 것만 같은 황홀함에 빠진다. 내 삶의 주인은 오직 나뿐이며, 누구도 내 삶을 위축시키거나 대신 행복하게 만들어 줄 수 없다는 확신이 든다. 이것은 매우 중요한 문제다. 왜냐하면 지금 현재의 내 모습이 이 자리에 이른 것은 모두가 오직 나 때문이라는 생각을 가질 수 있기 때문이다. 다른 사람들의 판단과 말에 귀를 기울이던 시절에는 뭔가 일이 잘못되기라도 하면 모든 원인을 내가 아닌 다른 것으로 돌리기 일쑤였다. 누군가 무슨 말을 했기 때문에, 날씨가 좋지 않았기 때문에, 시간이 없었기 때문에, 다른 사람이 잘못했기 때문에 등등 항상 책임을 회피할 만한 이유를 찾기에 바빴다. 다른 사람들로부터 인정을 받아야만 내 삶이 의미를 가졌기 때문에 아무리 사소한 잘못이나 책임도 인정하고 받아들일 수가 없었던 것이다.

이제는 누가 무슨 말을 해도 나의 생각대로 세상을 살아간다. 잘못된 방식과 판단을 고집하며 오기를 부리고 살아간다는 뜻이 아니라, 변화를 하더라도 스스로 책임을 지겠다는 마음으로 임한다는 뜻이다. 주인이란 늘 자신의 집안에 책임을 진다. 회사의 사장은 특별히 많은 일을 하지 않으면서도 가장 많은 월급을 받는다. 그 이유는 모든 책임을 지고 있기 때문이다. **스스로 모든 책임을 지겠다는 마음이 삶에 녹아 있으면 어떤 일을 하더라도 자신의 뚜렷한 주관을 가지게 된다.** 다른 사람들의 말이나 행동에 영향을 받지 않고 오직 나만의 주관과 철학으로 내 삶을 이끌어 갈 때, 진정한 행복을 추구할 수가 있다. 아무리 주위에서 나의 삶을 우습게 여기고 비난한다 하더라도, 그럼에도 불구하고 꿋꿋하게 나의 길을 걸어갈 수 있을 때 한 걸음, 한 걸음이 의미있고 행복한 삶의 과정이 될 수 있을 것이다.

■ 마치는 글

마음이 마음대로 되지 않는다는 말이 있다. 오랜 전 이 말을 처음 들었을 때에는 별 느낌이 없었지만, 시련과 역경의 시간을 겪으면서 마음에 관한 생각을 참 많이 하게 되었다. 내 마음인데 왜 마음대로 되지 않을까. 너무 힘들고 괴로워서 마음이 편하면 바랄 게 없겠다는 생각까지 하기에 이르렀다. 문득 이런 생각이 들었다.

'정말 마음이란 것이 마음대로 되지 않는 걸까?'

한 번 실험을 해보고 싶었다. 이미 모든 것을 잃었던 나는 내 마음을 깊이 연구하고 생각해 보는 시간을 가져보기로 했다. 그 시간이 비록 아무런 의미가 없다 하더라도 더 이상 잃을 게 아무것도 없었기 때문이다.

결과는 놀라웠다. 지금까지 내가 알고 있었던 사실과는 전혀 달랐다. 내가 마음먹기에 따라 얼마든지 내 마음의 상태를 조절할 수 있다는 사실을 알 수 있었다. 물론 어떤 경우에도 평정심을 유지할 수 있다는 말은 아니다. 나는 무슨 도를 닦는 사람도 아니고, 수행을 하는 부처도 아니다. 그러나 폭발하듯 출렁이는 감정을 가라앉히거나, 원망과 회한으로 둘러싸이는 마음을 내려놓는다거나, 울컥 치미는 분노를 잠재우는 데에는 매우 익숙해졌다. 게다가 가장 크게 얻은 기쁨은, 언제든 내가 행복하다고 마음만 먹으면 소름이 끼치듯 행복해진다는 사실이었다.

마음에 대한 놀라운 발견을 한 후부터 나에게 일어난 가장 큰 변화는 지금까지 살면서 내가 알고 있었던 세상의 진리라는 것들에 대해 한 번씩 의문을 가져보는 것이었다. 그중에서 가장 먼저 생각했던 것이 바로 나의 삶이다.

나는 사회생활을 시작하던 그 순간부터 내 삶을 성공시켜야겠다는 마음이 간절했다. 그래서 미친 듯이 일했고, 온갖 시련과 고통을 참아가며 일에만 매진했었다. 내 삶의 성공만이 유일하게 내가 바랐던 목표였고, 성공을 이루고 난 후에 부족했던 삶을 채워나가면 된다고 믿었다. 그럼에도 불구하고 나는 모든 것을 잃었고, 절벽 아래로 떨어져 버리고 말았던 것이다.

바로 거기서부터 시작했다. 나 자신의 성공이 오직 유일한 목표였고, 그것이 제대로 된 삶이 아니었다는 결론을 얻었으니 이제부터 내 삶에서 가장 중요한 것은 나의 성공이 아니란 말이다. 그렇다면 어떻게 살아야 하는가. 이제까지 평생을 살면서 나의 성공만이 세상의 진리라 여겼던 내가 아무것도 없는 상태에서 어떻게 시작을 해야 할까 신중하게 고민하기 시작했다. 그리고 마침내 결론을 내렸다.

나는 다른 사람들의 성공을 돕는 인생을 살아가기로 결심했다. 이제 나만의 성공이란 것이 내 삶의 진리가 아님을 충분히 깨달았으니, 다른 사람들이 성공으로 가는 길을 돕는 것을 내 삶의 목표로 삼아보자는 생각을 하게 된 것이다. 마음이 마음대로 되지 않는다는 진리가 엉터리였음을 스스로 깨달았으니, 이 새로운 발상 또한 충분히 의미 있고 가능하다는 판단이 섰다.

그렇다면 어떻게 해야만 다른 사람들의 성공을 도울 수 있을까? 나는 지금 가진 것이 아무 것도 없다. 그러니 물질적으로 후원을 한다는 것은 도저히 불가능했다. 자원봉사라도 해야 할까? 불우한 사람들을 돕는 것도 크게 의미가 있겠지만, 하루 종일 막노동을 하고 난 후 부서질 것 같은 몸을 이끌고 봉사활동을 한다는 것도 말처럼 쉬운 일이 아닐 것 같았다. 성공을 향해 달리고 있는 많은 사람들을 돕기 위해 내가 선택한 방법은 바로 글쓰기였다.

한 치 앞도 보이지 않는 캄캄한 터널을 지나면서 수많은 책을 읽었다. 지금도 틈만 나면 책을 읽는다. 자기계발서는 물론이고 인간의 심리를 다루는 책, 역사, 장르 소설 등 그 종류를 가리지 않고 손에 잡히는 대로 읽는다. 그 많은 책을 읽으면서, 나는 견디기 힘든 고통의 시간을 꿈과 희망을 가지는 시간들로 바꿀 수가 있었다. 책은 또 다른 세상이었으며, 아마 책이 없었다면 정말로 더 이상 견디지 못했을지도 모른다.

그렇다면 나도 글을 쓰고 책을 쓰자. 그래서 성공을 이루기 위해 노력하는 많은 사람들에게 힘이 되어 주도록 하자. 이것이 새롭게 태어난 나의 결심이었다. 특히 그중에서 가장 동기부여가 되었던 믿음은 성공을 향해 가는 사람들 중에서도 나처럼 시련과 역경 속에서 힘겨워하는 사람들에게 내가 얻은 모든 것들을 전해줄 수 있겠다는 확신이었다.

혼신을 다해 앞만 보며 달리는 사람들, 그리고 실패로 인해 마음에 상처를 받고 아파하며 좌절하고 있는 모든 사람들에게 전하고 싶다. 우리는 행복하기 위해 세상에 태어났다. 어떤 이유로도 불행하게 살아서는 안 되며, 행복이란 결코 멀리 있는 것이 아니다. **성공이란 뜻한 바를 이루는 것이지만, 행복은 완성된 성공의 나무에 매달린 열매가 아니라 나무가 자라는 하루하루의 과**

정에 있다는 사실을 알아야 한다. 부모의 입장에서 태어난 아기를 바라볼 때, 자식이 성인으로 자랐을 때에만 성공한 것이 아니다. 자식이 태어난 그 순간부터 하루도 빠짐없이 부모는 행복하다. 우리의 삶도 마찬가지다. 지금 이 순간 행복할 수 있다면, 성공으로 가는 과정도, 성공으로 이뤄낸 성취도 모두 행복할 수 있다. 잠시 멈추어 자신을 돌아보자. 미친 듯이 뛰어가던 발걸음을 멈추고, 쓰라린 상처를 만져보자.

아프지도 말고, 미치지도 말자. 우리 삶은 매 순간 행복할 수 있다는 사실을 잊지 말았으면 좋겠다.